PRAKNV394
O22c

Staats- und völkerrechtliche Abhandlungen
der Studiengruppe für Politik und Völkerrecht

Band 19

Herausgeber:
Dieter Blumenwitz   Gilbert H. Gornig   Boris Meissner
Georg Brunner   Eckart Klein   Dietrich Murswiek
Karl Doehring   Hans v. Mangoldt   Dietrich Rauschning

in Verbindung mit der
Kulturstiftung der deutschen Vertriebenen, Bonn

Ein Jahrhundert Minderheiten- und Volksgruppenschutz

Herausgegeben von Dieter Blumenwitz, Gilbert H. Gornig
und Dietrich Murswiek

Verlag
Wissenschaft und Politik
Köln 2001

© 2001 bei Verlag Wissenschaft und Politik · Helker Pflug
Redaktion: Heribert Kammers, Helker Pflug
Alle Rechte vorbehalten · Layout: Frank Grefges, Agentur ELL (Köln)
Papier: 80 g/qm Plano Book mit 1.5 fachem Volumen und 270 g/qm Efalin
Druck und Bindung: Druckerei Steinmeier (Nördlingen) · Printed in Germany
Die in dieser Reihe veröffentlichten Beiträge geben ausschließlich die Ansicht
der Autoren wieder.

Gedruckt mit Unterstützung des Bundesministeriums des Innern.

Bestellungen über den Buchhandel oder bei

Kulturstiftung der deutschen Vertriebenen
Kaiserstr. 113
D-53113 Bonn / Deutschland
Tel.: 0228-91512-0
Fax: 0228-91512-29
kulturstiftung@t-online.de

Verlag Wissenschaft und Politik
Pf: 25 01 50
D-50517 Köln / Deutschland
Tel. 0221-2196490
Fax 0221-2196491
helker.pflug@t-online.de

Die Deutsche Bibliothek — CIP-Einheitsaufnahme

Ein Jahrhundert Minderheiten- und Volksgruppenschutz /
hrsg. von Dieter Blumenwitz ... [In Verbindung mit der
Kulturstiftung der Deutschen Vertriebenen, Bonn]. -
Köln : Verl. Wiss. und Politik, 2001
  (Staats- und völkerrechtliche Abhandlungen der Studiengruppe
  für Politik und Völkerrecht ; Bd. 19)
  ISSN 1434-8705
  ISBN 3-8046-8887-X

0101 deutsche buecherei

Inhaltsverzeichnis

Vorwort 9
Preface 11

Nachruf auf Jens Hacker 13
Obituary of Jens Hacker 14

Grußwort 15
Greeting 17

Die Definition des Minderheitenbegriffs aus historisch-völkerrechtlicher Sicht
Gilbert H. Gornig, Marburg 19

Minderheitenschutz nach dem Ersten und dem Zweiten Weltkrieg
Ein Rechtsvergleich unter besonderer Berücksichtigung der deutschen
Minderheit in Polen
Dieter Blumenwitz, Würzburg 49

Minderheiten zwischen Segregation, Integration und Assimilation
Zur Entstehung und Entwicklung des Modells der Kulturautonomie
Stefan Oeter, Hamburg 63

Das Verhältnis des Minderheitenschutzes zum Selbstbestimmungsrecht der Völker
Dietrich Murswiek, Freiburg i. Br. 83

Der Minderheitenschutz vor dem Ständigen Internationalen Gerichtshof
Michael Silagi, Göttingen 101

Minderheiten und die OSZE
Die Rolle des OSZE-Hochkommissars für Fragen der nationalen Minderheiten
Falk Lange, Den Haag 125

Die Kulturautonomie in Estland. Ein Modell?
Boris Meissner, Köln 137

Die Rolle der Menschenrechts- und Minderheitenpolitik in den
baltisch-russischen Beziehungen
Henn-Jüri Uibopuu, Salzburg 147

Nationale Minderheiten und zwischennationale Beziehungen in Weißrußland
Sławomir Tecław, Łomża 157

Podiumsdiskussion
Minderheitenschutz versus Vertreibung, Deportation und ethnische Säuberung 171
Udo Fink, Mainz 171
Stefan Oeter, Hamburg 180
Elisabeth Sándor-Szalay, Fünfkirchen/Pécs 184
Verica Spasovska, Köln 185
Adelheid Feilcke-Tiemann, Köln 188

Personenregister 193
Sachregister 195
Abkürzungsverzeichnis 199

A Century of the Protection of National Minorities and Ethnic Groups
Edited by Dieter Blumenwitz, Gilbert H. Gornig, and Dietrich Murswiek

Content

Preface	11
Obituary of Jens Hacker	14
Greeting	17

The Definition of Minorities with Respect to Public International Law
and Historic Aspects (Abstract)
Gilbert H. Gornig, Marburg 47

Protection of Minorities and Ethnic Groups after World War I and after World War II
A Comparison of the Legal Regimes with Specific Reference
to the German Minority in Poland (Abstract)
Dieter Blumenwitz, Wuerzburg 61

Minorities between Segregation, Integration and Assimilation
Thoughts upon the Development of the Model of Cultural Autonomy (Abstract)
Stefan Oeter, Hamburg 82

The Relationship between Protection of Minorities
and the Right of Peoples to Self-Determination (Abstract)
Dietrich Murswiek, Freiburg 99

Minority Protection and the Permanent Court of International Justice (Abstract)
Michael Silagi, Goettingen 124

Minorities and the OSCE
The Role of the OSCE High Commissioner on National Minorities (Abstract)
Falk Lange, The Hague 136

Cultural Autonomy in Estonia
A Role Model? (Abstract)
Boris Meissner, Cologne 145

The Relevance of Human Rights and Minority Policies
in the Russio-Baltic Relations (No Abstract)
Henn-Jueri Uibopuu, Salzburg 147

National Minorities and the Relations between the State and National Minorities
in Belorussia (No Abstract)
Slawomir Teclaw, Lomza 157

Panel Discussion (No Abstracts)
Minority Protection versus Expulsion, Deportation and Ethnic Cleansing
Udo Fink, Mainz 171
Stefan Oeter, Hamburg 180
Elisabeth Sandor-Szalay, Fuenfkirchen/Pecs 184
Verica Spasovska, Cologne 185
Adelheid Feilcke-Tiemann, Cologne 188

Register of Characters 193
Register of Deeds 195
List of Abbreviations 199

Vorwort

„Ein Jahrhundert Minderheiten- und Volksgruppenschutz" — das war der Titel der 19. Fachtagung der „Studiengruppe für Politik und Völkerrecht", die vom 15. bis 17. März 2000 in Bonn-Bad Godesberg stattfand. Die Tagungen der Studiengruppe konzentrieren sich seit etlichen Jahren auf den Minderheitenschutz. Der staatliche Umbruch in Ost-, Ostmittel- und Südosteuropa hat viele Minderheitenprobleme in ein neues Licht gesetzt, aber auch in Westeuropa finden Minderheitenfragen zunehmende Beachtung. Die Tagungen der Studiengruppe versuchen, die Entwicklung des Minderheitenschutzrechts zu fördern, bestehende Regelungen präziser herauszuarbeiten und Anregungen für die Verbesserung der praktischen Anwendung des Minderheitenschutzrechts zu entwickeln. Dabei bemühen sie sich, die praktischen Erfahrungen von Minderheitenangehörigen, aber auch von Angehörigen der Mehrheitsvölker aus verschiedenen europäischen Staaten, die als Teilnehmer, als Referenten oder als Podiumsredner ihre Erfahrungen in die Tagung einbringen, aufzunehmen und zu verarbeiten.

Im Jahr 2000 lag der Schwerpunkt auf der historischen Entwicklung des Minderheitenschutzes. Zugleich diente die Tagung der systematischen Vergewisserung der Einordnung des Minderheitenschutzrechts in die Völkerrechtsordnung. Die Grundsatzreferate wurden durch Vorträge über praktische Probleme und konkrete Problemlösungen in bezug auf bestimmte Minderheiten ergänzt. Den historischen Rahmen steckten Gilbert H. Gornig und Dieter Blumenwitz mit ihren Referaten ab. Während Gornig sich mit der Entwicklung des Begriffs der Minderheit befaßte, entwickelte Blumenwitz die strukturellen Unterschiede der Minderheitenschutzregelungen nach dem Ersten und dem Zweiten Weltkrieg. Stefan Oeter beschrieb die heikle Lage von Minderheiten zwischen Segregation, Integration und Assimilation; er begründete die Notwendigkeit von Kulturautonomie und zeigte, daß diese mit den berechtigten Interessen der Staaten, ihre politische Einheit zu sichern, durchaus vereinbar ist. Dietrich Murswiek legte dar, daß Minderheitenschutzrecht und Selbstbestimmungsrecht der Völker sich überschneidende Rechtsgebiete sind und daß es Minderheiten gibt, die sich sowohl auf die Minderheitenrechte als auch auf das Selbstbestimmungsrecht berufen können. Michael Silagi rundete die historischen Aspekte mit einer Darstellung der Rechtsprechung des Ständigen Internationalen Gerichtshofs zum Minderheitenschutz ab. Die Rolle des OSZE-Hochkommissars für Fragen der nationalen Minderheiten wurde von Falk Lange behandelt, der als Berater des Hochkommissars tätig ist. Speziellen Minderheitenfragen mit Bezug zu Estland, Lettland, Litauen und Weißrußland waren die Referate von Boris Meissner, Henn-Jüri Uibopuu und Sławomir Tecław gewidmet. Die Tagung fand mit der Podiumsdiskussion über „Minderheitenschutz versus Vertreibung, Deportation und ethnische Säuberung" ihren Abschluß. Die auf der Tagung gehaltenen Vorträge sowie die Eingangsstatements der Podiumsdiskussion werden mit diesem Band der Allgemeinheit übergeben.

Die „Studiengruppe für Politik und Völkerrecht" widmet diese Schrift ihrem langjährigen Mitglied Professor Dr. Jens Hacker, der Anfang 2000 verstorben ist.

Für die Betreuung des Manuskripts, insbesondere das Korrekturlesen und das Erstellen der Register, danken die Herausgeber Frau Renate Schwartze und Herrn Alexander Koberg vom Institut für Öffentliches Recht der Philipps-Universität Marburg.

Würzburg/Marburg/Freiburg, im Oktober 2001   Dieter Blumenwitz
                                                  Gilbert H. Gornig
                                                  Dietrich Murswiek

Preface

"A century of the protection of minorities and ethnic groups" — that was the title of the 19th conference of the "Studiengruppe fuer Politik und Voelkerrecht", which was held from 15th-17th March 2000 in Bonn-Bad Godesberg. For several years now the conferences of the study group have concentrated on the protection of minorities. The radical changes in Eastern Europe, East-Middle Europe and Southeast Europe have let to the problems of minorities being seen in a different light altogether. Questions relating to minorities are also an ever growing issue in Western Europe. In its conferences the study group seeks to develop the protection of minorities and attempts to improve the identification of the existing regulations. It also proposes improvements to minority rights and helps to develop a better practical application of the rules regulating minority protection. At these conferences the study group always tries to consider the experiences of conference participants, speakers or members of panel discussions, be they members of minorities or representatives of majorities of European States.

This year's conference focused on the historic development of minority protection. At the same time the conference served as a forum where the rules regulating minority protection were seen in the context of public international law. In addition to lectures on fundamental principles there were also lectures regarding practical problems and specific solutions relating to particular minorities. The historic framework was presented by Gilbert H. Gornig and Dieter Blumenwitz. Whereas Gornig dealt with the development of the definition of the term minority, Blumenwitz focused on the structural differences of the regulations after World War I and World War II. Stefan Oeter described the difficult situation of minorities between segregation, integration and assimilation; he showed how important cultural autonomy is and how this autonomy is compatible with the state's legitimate interest in unity. Dietrich Murswiek made it clear that minority protection and the right of self-determination are overlapping areas of law and that there are minorities who are able to rely on both principles. Michael Silagi rounded off the historical aspects with his report on the jurisdiction of the Permanent International Court of Justice in minority matters. The role of the OSCE High Commissioner on National Minorities was presented by Falk Lange, who is a personal advisor of the High Commissioner. The speeches of Boris Meissner, Henn-Jueri Uibopuu and Slawomir Teclaw illustrated problems of specific minority groups in Estonia, Latvia, Lithuania, and Belorussia. The conference was concluded with a panel discussion on the topic "Minority protection versus expulsion, deportation and ethnic cleansing". In this book the lectures of the conference and opening statements of the panel discussion are made ascertainable to the public with.

The "Studiengruppe fuer Politik und Voelkerrecht" dedicates this work to Professor Dr. Jens Hacker, who has been a member for many years and who passed away in 2000.

The editors would like to thank Mrs. Renate Schwartze and Mr. Alexander Koberg of the Institute of Public Law of the Philipps-University in Marburg for editing of the manuscript, especially for proof-reading and compiling the indices.

Wuerzburg/Marburg/Freiburg, October 2001   Dieter Blumenwitz
                                               Gilbert H. Gornig
                                               Dietrich Murswiek

Nachruf auf Jens Hacker

17. Juni 1933 – 17. Januar 2000

Nach kurzer Krankheit ist am 17. Januar 2000 Jens Hacker im Alter von 66 Jahren verstorben. Bis zu seiner Emeritierung im Jahre 1998 lehrte er Internationale Politik an der Universität Regensburg.

Als viele Westdeutsche den Gedanken an eine Wiedervereinigung ihres Vaterlandes längst aufgegeben hatten, schrieb Jens Hacker tapfer dagegen. Er war so ein natürlicher Verbündeter unserer „Studiengruppe für Politik und Völkerrecht" sowie der „Kulturstiftung der deutschen Vertriebenen", in deren Tagungen, Publikationen und Diskussionen er in den vergangenen drei Jahrzehnten eingebunden war.

Nicht nur die Politik, auch die Wissenschaft war nach 1969 geneigt, die Spaltung Deutschlands als endgültig anzusehen. Nüchtern und präzise analysierte Hacker in seinem 1983 erschienen Werk „Der Ostblock. Entstehung, Entwicklung und Struktur 1939-1980" das östliche Lager und besonders die Verhältnisse in der DDR. Anders als diejenigen, die sich dem Wandel durch Annäherung verschrieben hatten, für akzeptierte Zweistaatigkeit und doppelte Staatsangehörigkeit plädierten, trat Hacker stets für das erforderliche Maß an Abgrenzung der freiheitlich-demokratisch verfaßten Bundesrepublik vom Zwangssystem der DDR ein. Immer wieder warnte er davor, den Machthabern im anderen Teil Deutschlands zu sehr entgegenzukommen, die Augen vor der permanenten Verletzung von Menschenrechten dort und einer Unterschätzung der wirtschaftlichen Schwierigkeiten im Comecon-System zu verschließen.

Hacker durfte die Wende in Mitteleuropa noch miterleben. Er hat 1994 in seinem Buch „Deutsche Irrtümer, Schönfärber und Helfershelfer der SED-Diktatur im Westen" mit seinen einstigen Kritikern in gebührender Form abgerechnet. Das hat ihm kaum neue Freunde verschafft. Viele fühlten sich peinlich berührt und unverstanden, denn hinter der Teilungsstrategie steckte angeblich eine tiefe dialektische List oder eine Strafe für deutsche Verbrechen in der Vergangenheit. Andere sahen den eigenen Beitrag an der Wiedervereinigung Deutschlands nicht ausreichend gewürdigt. Jens Hacker konnte auch noch in den vergangenen Jahren das hindernisreiche Zusammenwachsen Deutschlands kommentieren. Seine letzte große Arbeit ist der Klärung der Rolle des vereinten Deutschlands in Europa und der Welt gewidmet und 1995 unter dem Titel „Integration und Verantwortung. Deutschland als europäischer Sicherheitspartner" erschienen.

Würzburg/Marburg/Freiburg, im Oktober 2001

Dieter Blumenwitz
Gilbert H. Gornig
Dietrich Murswiek

Obituary of Jens Hacker

17th June 1933 – 17th January 2000

On 17th January 2000 Jens Hacker died at the age of 66 after a short illness. Until his retirement in 1998 he was a lecturer of International Politics at the University of Regensburg.

At a time when many West-Germans had long given up on the idea that their home country could be reunited, Jens Hacker bravely wrote the contrary. Hence he was a natural ally of the "Studiengruppe fuer Politik und Voelkerrecht" as well as of the "Kulturstiftung der deutschen Vertriebenen" and he was involved in their conferences, publications and discussions during the last three decades.

After 1969 not only the political but also in academic point of view tended to accept the division of Germany as final. In his work "Der Ostblock. Entstehung, Entwicklung und Struktur 1939-1980", which was published in 1983, Hacker gave a rational and precise analysis of the situation in the eastern camp in particular the GDR. Contrary to those who sought change through rapprochement and pleaded for an acceptance of two states and dual nationality, he spoke a policy in which the free and democratic Federal Republic of Germany took a necessary degree of disassociation from the system of constraint in the GDR. Time after time he warned against to close relations with those in power in the other part of Germany, against the danger of permanent violations of human rights and against underestimating the economic difficulties in the Comecon-system.

During his lifetime Hacker was able to witness the changes in central Europe and in 1994 in his book "Deutsche Irrtuemer, Schoenfaerber und Helfershelfer der SED-Diktatur im Westen" settled up in a suitable manner with his former critics. This did not bring him any new friends. Many felt embarrassed and misunderstood because there allegedly either lied a dialectic list behind the strategy of separation or they saw the division of Germany as a punishment for German crimes of the past. Others felt that their own contribution towards German reunification was not appreciated enough. Jens Hacker was also able to comment on the difficult integration process in recent years. The last larger piece of work "Integration und Verantwortung. Deutschland als europaeischer Sicherheitspartner", published in 1995, dealt with the identification of the role of the reunited Germany in Europe and the world.

Wuerzburg/Marburg/Freiburg, October 2001

Dieter Blumenwitz
Gilbert H. Gornig
Dietrich Murswiek

Frank Willenberg

Grußwort

Am Ende eines Jahrhunderts ist es von besonderer Wichtigkeit, eine Bestandsaufnahme für den Bereich des Minderheiten- und Volksgruppenschutzes in Europa zu versuchen. Denn der Schutz nationaler Minderheiten und traditioneller Volksgruppen innerhalb eines freiheitlich-demokratischen Europas ist untrennbarer Teil des Menschenrechtsschutzes und als solcher nicht nur eine der tragenden Säulen der derzeitigen Staatenordnung, sondern auch eine Zukunftsaufgabe für ein friedliches Miteinander in Europa. Dabei richten wir aus deutscher Sicht unser Augenmerk in besonderer Weise auch auf die Situation der deutschen Minderheiten in den EU-Beitrittsländern. Das Thema dieser Tagung „Ein Jahrhundert Minderheiten- und Volksgruppenschutz" ist auch deshalb für uns von hoher Aktualität.

Die Bundesrepublik Deutschland weiß sich mit den übrigen demokratischen Staaten in Europa einig, daß der Umgang mit nationalen Minderheiten eine Meßlatte für Freiheit und Demokratie in der Gesellschaft darstellt. Das friedliche Zusammenleben der Mehrheitsbevölkerung mit nationalen Minderheiten und traditionellen Volksgruppen, ihr Schutz und ihre Förderung sind Voraussetzungen für die innerstaatliche Stabilität in vielen Staaten Europas, für gute Beziehungen zwischen diesen Staaten und damit auch für die Schaffung eines dauerhaften Friedens in Europa.

Bekanntlich ist Europa ein Kontinent mit recht unterschiedlichen Völkern und Sprachen. Staatliche Strukturen haben sich in der Vergangenheit häufig unterschiedlich von ethnischen und sprachlichen Abgrenzungen entwickelt. Erst im 20. Jahrhundert ist diese Problematik schrittweise in das Bewußtsein der Völker gedrungen und hat im Zuge nationaler Erweckungen politische Bedeutung erhalten. Europa ist – auch in seinen Teilen – niemals ein Schmelztiegel wie zum Beispiel Nordamerika geworden, dessen autochthone Bevölkerung und die Zuwanderer aus unterschiedlichen Völkern zu einer Nation verschmelzen. Europas Stärke hingegen liegt auch heute noch in der Vielfalt seiner Kulturen und Sprachen, die nach wie vor die einzelnen Länder und Regionen prägen. Dies wird im Zuge der geöffneten Grenzen und des Zusammenschlusses immer größerer Teile der Bevölkerung unserer Staaten bewußt. Die Menschen lernen, das Anderssein des Nachbarn nicht nur zu respektieren, sondern auch zu achten.

Dabei ist von elementarer Bedeutung, daß Identität, Kultur und Sprache von nationalen Minderheiten und traditionellen Volksgruppen, also von Menschen, die in einem Staat mit anderer Sprache heimisch sind, zum einen durch rechtliche Regelungen und zum anderen durch politische oder administrative Maßnahmen und finanzielle Hilfen des Staates zu schützen sind. Vier Kriterien sind für diesen Schutz maßgeblich:

1. Rechtliche Regelungen zur Sicherung der juristischen, gesellschaftlichen und chancenmäßigen Gleichheit und des Verbots der Diskriminierung;
2. Schutz zur Erhaltung der Minderheitensprache wie etwa Maßnahmen für den Unterricht in der Minderheitensprache und ihren freien Gebrauch in der Öffentlichkeit;
3. die Freiheit der Minderheiten, die eigene Kultur, den eigenen Glauben sowie die angestammte Tradition zu erhalten und auszuüben sowie dafür wirksame staatliche Unterstützung zu erhalten; und schließlich
4. wirksame Mitwirkungsmöglichkeiten der Minderheit in der Gesellschaft.

Die europäische Staatengemeinschaft hat mittlerweile rechtliche Instrumente geschaffen, die diesem Schutz nationaler Minderheiten und traditioneller Volksgruppen dienen und einen gemeinsamen europäischen Standard entwickeln sollen. Entsprechende Bestimmungen sind zum einen in der „Europäischen Menschenrechtskonvention" (EMRK) enthalten. Zum anderen wurden als völkerrechtlich verbindliche Instrumente des Europarats das Rahmenübereinkommen zum Schutz nationaler Minderheiten und die Europäische Charta der Regional- oder Minderheitensprachen geschaffen, die durch die Bundesrepublik Deutschland inzwischen ratifiziert wurden und in Deutschland am 1. Februar 1998 bzw. am 1. Januar 1999 in Kraft getreten sind. Diese Rechtsinstrumente sind die juristische Basis, auf der eine positive Entwicklung der Situation von Minderheiten und Volksgruppen im zusammenwachsenden Europa vorangetrieben werden kann. Tagungen wie diese sind wichtige Impulsgeber für eine solche Entwicklung.

MinDir. Frank Willenberg ist Unterabteilungsleiter im Bundesministerium des Innern.

Frank Willenberg

Greeting

At the end of a century it is of particular importance to reconcile on the topic of the protection of minorities and ethnic groups within Europe. The protection of national minorities and traditional ethnic groups within a democratic Europe is not only an integral part of the protection of human rights and a basis of our current governmental organisation but also constitutes a task for the future in order to ensure a peaceful co-existence within Europe. In this context the German perspective places particular emphasis on the situation of the German minorities in those Eastern European countries applying for membership in the EU. The topic of this conference "A century of the protection of national minorities and ethnic groups" also has a high level of relevance for us Germans.

The Federal Republic of Germany is certain that it is in accordance with the other democratic states in Europe in believing that the dealing with national minorities is a gradient for freedom and democracy in our society. The peaceful co-existance between the majority population and the national minorities and traditional ethnic groups and the support for these groups are preconditions for inner stability within numerous European states, the good relations between the states and therefore for the creation of permanent peace in Europe.

As commonly known Europe is a continent with a great variety of peoples and languages. In the past stata structures often did not develop in accordance with ethnic and linguistic divisions. Only since the 20th century have these problems been brought to light in the awareness of the peoples and through a national awakening gained political importance. Unlike North-America neither the whole of Europe nor its regions has ever been a melting pot with the aim to melt immigrants and autochthonous people into one nation. Europe's strength is and has always been its diversity of cultures and languages, which characterise its different countries and regions. This has become more and more apparent to large parts of the European population as borders are opening and in times of growing integration. The people learn to accept and finally respect their neighbour's differences.

Hence it is of fundamental importance to protect the identity, culture and language of national minorities and traditional ethnic groups, in other words people habitant in a state with a different language, by implementing legal measures and through political or administrative measures or financial help. Measures granting such protection must take into account the following four criteria:

1st legal regulations to secure the judicial and social equality, equal chances, and the prohibition of discrimination;

2nd the protection of the minority language; e.g. measures for education in the minority language and its free application in public;

3rd the freedom of minorities to preserve and practice their own culture religion or believe and inherited traditions encouraged by appropriate governmental; and finally

4th the possibility to play an active role in society.

By now the international community has developed legal instruments for the protection of national minorities and traditional ethnic groups, which also ensure a common European standard. Such regulations can be found first in the "European Convention of Human Rights". Additionally the European Council drew up the basic agreement for the "Protection of National Minorities" and the "European Charter of Regional and Minority Languages", both legally binding documents under Public International Law. These are both ratified by the Federal Republic of Germany in force in Germany since 1st February 1998 and 1st January 1999 respectively. These instruments provide the legal platform, which can be used to support a positive development of the situation of minorities and ethnic groups in an ever closer Europe. Conferences like this are an important catalyst for these desired developments.

Gilbert H. Gornig

Die Definition des Minderheitenbegriffs aus historisch-völkerrechtlicher Sicht[*]

I. PROBLEMAUFRISS

Das Problem der Definition der Minderheiten hat sich schon immer als schwieriger erwiesen als die Umschreibung der Rechte der Minderheiten bzw. der Personen, die Minderheiten angehören.[1] Politikwissenschaftler, Sozialwissenschaftler, Historiker, Ethnologen, aber auch Juristen beschäftigen sich seit langem mit dem Begriff „Minderheit", kommen aber alle zu unterschiedlichen Ergebnissen. Während die Soziologen und Politologen mehr an politische und soziale Minderheiten denken, diese aber nicht exakt definieren, weil dies ihre Wissenschaft nicht unbedingt erfordert, benötigen Juristen exakte Tatbestände, um darunter subsumieren zu können. Das heißt nun aber nicht, daß alle Rechtsordnungen denselben Minderheitenbegriff zugrunde legen müssen. Vielmehr bleibt es jeder Rechtsordnung überlassen, den Begriff der Minderheit nach eigenen Vorstellungen und unter Berücksichtigung eigener Traditionen zu umschreiben.

Der internationale Gesetzgeber und die Völkerrechtslehre haben es allerdings bis heute nicht geschafft, sich auf einen Minderheitenbegriff zu einigen, obwohl man sich schon seit etwa 185 Jahren – nimmt man die Wiener Schlußakte 1815[2] als ernsthaften Beginn der Bemühungen – immer wieder mit verschiedener Intensität dem Schutz der Minderheiten angenommen hat. Zu unterschiedlich waren die Auffassungen, zu weitgehend und damit unerwünscht die Auswirkungen, die sich aus einer zu weiten Auslegung des Minderheitenbegriffs ergeben könnten. Häufig begnügte man sich daher mit der Feststellung, daß es sich bei einer bestimmten Bevölkerungsgruppe jedenfalls um eine Minderheit handele.

Einig sind sich die Staatenpraxis und die Lehre, daß es bei einer Minderheit um eine Personengruppe geht, die zahlenmäßig einer Mehrheit gegenübersteht. Auch der Begriff Minorität bringt dies zum Ausdruck, leitet sich doch dieses Wort vom Lateinischen *minor*, also kleiner[3], ab. Trotz der deutschen Vorliebe für Fremdwörter hat sich dann aber in den deutschen Wissenschaften sowie im Sprachgebrauch der Begriff der Minderheit

---

[*] Meinem Mitarbeiter Herrn Dr. Tido Oliver Hokema ist für seine Unterstützung zu danken.
[1] Vgl. Karl Doehring: Völkerrecht (1999) Rdnr. 1017 sowie Kay Hailbronner. In: Völkerrecht. Hrsg. von Wolfgang Graf Vitzthum (1997) Rdnr. 287.
[2] Die erste Minderheitenschutzbestimmung schuf der Wiener Kongreß 1815 in Art. 1 Abs. 2 der Schlußakte des Wiener Kongresses im Zusammenhang mit der Behandlung der Folgen der letzten Teilung Polens. Rußland, Österreich und Preußen erklärten sich bereit, den Polen zur Erhaltung ihrer Nationalität gewisse Einrichtungen zuzugestehen.
[3] parvus, minor, minimus: klein, gering (der Zahl oder der Menge nach), kurz (zeitlich). Der Begriff „minoritae, -arum" war im Spät- und Mittellatein für Franziskaner (Minoriten) im Gebrauch.

durchgesetzt. Aus völkerrechtlicher Sicht umfaßt der Begriff der Minderheit ferner eine Volksgruppe, deren Mitglieder bestimmte gemeinsame Merkmale aufweisen, die sie von der Mehrheit unterscheiden.[4] Ansonsten konnten sich die Staaten weder auf universeller noch auf regionaler Ebene auf eine adäquate Begriffsbestimmung hinsichtlich der wesentlichen Merkmale einer Minderheit verständigen.[5]

II. MINDERHEITENRECHTE

Zunächst genießen die Angehörigen der Minderheiten die Menschenrechte so wie alle anderen Menschen auch. Im Bereich des Minderheitenschutzes wird aber das Recht der Angehörigen der Minderheit auf physische Existenz und ein allgemeines Diskriminierungsverbot der Minderheiten in hervorgehobener Weise akzentuiert. Von besonderer Bedeutung für Minderheiten sind ferner die Religionsfreiheit, die Reise- und die Informationsfreiheit – vor allem über Staatsgrenzen hinweg –, das Recht auf Bildung sowie die Vereinsfreiheit.

Zum Minderheitenschutz gehört ferner das Recht der Minderheit, ihre kulturelle Identität zu bewahren und zu entfalten und die eigene Sprache, falls eine solche vorhanden ist, auch im amtlichen Verkehr zu benützen, sowie schließlich das Recht auf ungestörte Ausübung ihrer Religion, auch in der Öffentlichkeit. In engem Zusammenhang damit steht das Recht auf Errichtung und Unterhaltung eigener Institutionen wie das Recht, an staatlichen Schulen in der Minderheitensprache unterrichtet zu werden und eigene Gotteshäuser zu haben und in ihnen auch Gottesdienste zelebrieren zu dürfen. Auch sollen Minderheiten zunehmend bei den sie betreffenden Fragen durch Beteiligung an den regionalen nationalen Entscheidungsgremien mitwirken können. Die optimale Lösung läge hier in der politischen Autonomie, die sezessionistischen Tendenzen vorbeugt, im Übrigen aber nur möglich ist, wenn die Minderheit in einem geschlossenen Siedlungsraum lebt. Andernfalls könnte eine Lösung in der kulturellen Autonomie liegen, also in der Selbstverwaltung im Schul-, Religions- und Wohlfahrtswesen oder in der Personalautonomie, bei der die Volksgruppe selbst Rechtsträger ist und bestimmte Regelungsbereiche autonom handhaben kann.

Darüber hinaus bedürfen Minderheiten zu ihrer Erhaltung aber auch noch des besonderen staatlichen Schutzes, temporärer Bevorzugung (positive Diskriminierung – *affirmative actions*) und finanzieller Förderung (positive Gewährleistungspflichten). Die Notwendigkeit besonderer Vorkehrungen ergibt sich aus der Tatsache, daß die Minderheit bzw. Volksgruppe durch eine „einfache" Nichtdiskriminierung – das heißt durch die schlichte Gleichbehandlung mit der Mehrheitsbevölkerung – nicht ausreichend geschützt werden kann. Da also eine Minderheit in vielen Fällen besser behandelt werden muß als die Mehrheit, bedarf es gründlicher Überlegung, welche Gruppen in den Kreis der begünstigten Personen fallen sollen.

---

[4] Vgl. Doehring (Anm. 1) Rdnr. 1017 sowie Hailbronner (Anm. 1) Rdnr. 287.
[5] Vgl. Hailbronner (Anm. 1) Rdnr. 287 ff.; Doehring (Anm. 1) Rdnr. 1017 sowie Francesco Capotorti: Minorities. In: EPIL III (1997) S. 410 ff. (411).

III. GESCHICHTLICHE ENTWICKLUNG DES MINDERHEITENBEGRIFFS

1. Vor dem 18. Jahrhundert

Vor dem 18. Jahrhundert spielten hauptsächlich Minderheiten im religiösen Sinne, also Menschengruppen, deren Glauben sich von dem der Mehrheit der Gesellschaft unterschied, eine Rolle. Mit seiner Politik gelang es dem Römischen Reich, eine auf sehr heterogenen Gruppen basierende Gesellschaft zu bilden, die mit Hilfe einer toleranten Religion und der lateinischen Sprache homogenisiert werden sollte. Diese Gesellschaft bestand aus durch zahlreiche Eroberungen mehr oder weniger integrierten ethnischen, religiösen und sprachlichen Gruppen, die trotz einer gewissen Assimilierung ihre Besonderheiten behielten.[6]

Bis zum Mittelalter gab es eine Vielfalt von kleinen organisierten Gruppen, die innerhalb einer größeren Gesellschaft zusammenlebte: Religion und Sprache waren die Hauptfaktoren zu ihrer Vereinheitlichung. Traditionen sowie die Unmöglichkeit der permanenten Kontrolle dieser Gruppen durch die Herrschenden waren aber die Garantie für ihr Überleben.

Im Mittelalter sah sich das Christentum oft mit religiösen Minderheiten konfrontiert. Von anderen Arten von Minderheiten war keine Rede, da in den meisten europäischen Gemeinwesen Menschen verschiedener ethnischer Herkunft lebten, man den Begriff der Nation nicht kannte und man kein einheitliches Rechtssystem anbieten konnte. Der Mensch war nicht Bürger, sondern Untertan. Das Recht basierte hauptsächlich auf der Idee von Unterwerfung und Abhängigkeit. Dies bedeutete, daß nicht alle Glieder der Gesellschaft dieselben Rechte und Pflichten hatten und daß Besonderheiten der Gruppen von Region zu Region umso besser akzeptiert wurden, je toleranter die lokalen Regeln und Gewohnheiten waren.

Das Feudalsystem wurde ausschließlich mit religiösen Minderheiten konfrontiert. Das System des Vasallentums und im allgemeinen der Machtdelegation erlaubte eine wichtige Dezentralisierung, so daß jeder Herrschaftsbereich seine Traditionen und Gewohnheiten und vor allem seine Rechtsgrundlagen und Normen behielt. Die mittelalterlichen Strukturen und Verhältnisse bedingten große regionale und lokale Unterschiede.

Die Konfessionen standen im Mittelpunkt des Nürnberger Religionsfriedens (Nürnberger „Anstand") vom 23. Juli 1532 und des Augsburger Religionsfriedens vom 25. September 1555. Die Suspension des Wormser Edikts durch den Nürnberger Religionsfrieden war ein erster, allerdings befristeter Schritt zur reichsrechtlichen Anerkennung des Augsburgischen Bekenntnisses. Ein weiteres Reichsgesetz in Richtung Gleichberechtigung der Konfessionen war der Augsburger Religionsfriede. Mit ihm wurden die Protestanten (Lutheraner) geduldet, was aber keinesfalls die rechtliche Gleichberechtigung bedeutete.[7]

---

[6] Vgl. A.-L. Sanguin: Quelles minorités pour quels territoires. In: Ders.: Les minorités ethniques en Europe (1993) S. 7 ff. sowie Gilles Despeux: Die Anwendung des völkerrechtlichen Minderheitenrechts in Frankreich (1999) S. 13 f.

[7] Vgl. Fritz Wolff: Corpus Evangelicorum und Corpus Catholicorum auf dem Westfälischen Friedenskongreß. Die Einfügung der konfessionellen Ständeverbindungen in die Reichsverfassung (Münster 1966) S. 17 sowie Fritz Dickmann: Das Problem der Gleichberechtigung der

Die formalparitätische Bestimmung der Landfriedensklausel sicherte beiden Konfessionen — der katholischen und der protestantischen, aber nicht den Reformierten (Calvinisten, Zwinglianer) — gleichen äußeren Schutz. Nur die reichsunmittelbaren Stände konnten ihre Religion frei wählen. Dabei war die Entscheidung des Landesherrn für seine Untertanen maßgeblich. Dieses Recht des Landesherrn wird später als *ius reformandi*, der dahinterstehende Grundsatz mit der Umschreibung *cuius regio eius religio* bezeichnet. Letzteres geht auf die evangelischen Kirchenrechtslehrer Joachim und Matthias Stephani zurück, die den Satz um 1585 prägten.[8] Andersgläubige Untertanen, die sich der Konfession des Landesherrn nicht anschließen wollten, konnten auswandern (*ius emigrandi*).

Auch außerhalb des Heiligen Römischen Reiches Deutscher Nation gab es wichtige religiöse Minderheitenschutzbestimmungen wie das Edikt von Nantes vom 13. April 1598, das den Hugenotten die freie Religionsausübung gewährte.[9]

Das Vertragswerk des Westfälischen Friedens von 1648 bestand aus zwei Teilen. In Osnabrück (*Instrumentum Pacis Osnabrugense*, IPO) wurden die Verhandlungen zwischen dem Kaiser und Schweden geführt, die sich mit den *gravamina ecclesiastica* beschäftigten, die in Artikel V und VII IPO geregelt wurden. Die Verhandlungen zwischen dem Kaiser und Frankreich fanden in Münster statt. Im *Instrumentum Pacis Monasteriense* (§ 47) wurden die Artikel V und VII IPO bestätigt. Die Annahme des IPO erfolgte am 5. August 1648, das gesamte Friedenswerk wurde am 24. Oktober 1648 in Münster unterzeichnet.[10] Im Westfälischen Frieden[11] wurde der Augsburger Religionsfriede bestätigt (Art. V). In allen von den Bestimmungen dieser beiden Verträge nicht erfaßten Fällen sollte genaue Gleichheit zwischen den Ständen herrschen (*aequalitas exacta mutuaque*). Das *ius reformandi* des Augsburger Religionsfriedens wurde aufgegeben (Normaljahrsregelung). Andersgläubige Untertanen konnten vom *ius emigrandi* Gebrauch machen.[12] Die Bestimmungen sahen also das Recht zur Auswanderung vor, verknüpft mit einem Verbot der Benachteiligung, aber auch ein landesherrliches Ausweisungsrecht gegenüber Untertanen, die nach 1624 (Normaljahrsregelung) konvertierten oder künftig ihren Glauben wechseln würden. Die österreichischen Länder wurden ausgenommen, da 1624 im Zuge der Gegenreformation der Katholizismus im Herrschaftsbereich der Habsburger zur einzigen erlaubten Religion bestimmt worden war. Den dortigen Protestanten blieb nur das Emigrationsrecht, da der Kaiser nicht gewillt war, sie zu dulden.[13]

Konfessionen im Reich im 16. und 17. Jahrhundert. In: Historische Zeitschrift Bd. 201 (1965) S. 265–305 (272–278).

[8] Vgl. Martin Heckel: Parität. In: Zeitschrift der Savigny-Stiftung für Rechtsgeschichte, Kanonistische Abteilung Bd. 49 (1963) S. 261–420 (268 und 325). Heckel verweist in diesem Zusammenhang auf das Werk „Institutiones iuris canonici" von Joachim Stephani.

[9] Vgl. Otto Kimminich: Rechtsprobleme der polyethnischen Staatsorganisation (1985) S. 53.

[10] Paulus Volk: Die kirchlichen Fragen auf dem Westfälischen Frieden. In: Pax optima rerum. Beiträge zur Geschichte des Westfälischen Friedens 1648. Hrsg. von Ernst Hövel (Münster 1948) S. 99–136 (126).

[11] Instrumenta Pacis Westphalicae. Die Westfälischen Friedensverträge 1648. Vollständiger lateinischer Text mit Übersetzung der wichtigeren Teile und Regesten. Bearb. von Konrad Müller. 2. Aufl. Bern 1966.

[12] Gabriele Haug-Moritz: Kaisertum und Parität. Reichspolitik und Konfessionen nach dem Westfälischen Frieden. In: Zeitschrift für Historische Forschung Bd. 19 (1992) S. 445–482 (454).

[13] Harm Klueting: Das Reich und Österreich 1648–1740. In: Sacrum Imperium. Das Reich

Die Spannungen zwischen Lutheranern und Reformierten hatten verhindert, daß im Augsburger Religionsfrieden den Reformierten die Zugehörigkeit zur Augsburger Konfession zugestanden wurde. Damit gehörten sie zu den Religionen, die nach dem Religionsfrieden ausgeschlossen sein sollten und in seinen Regelungen keine Berücksichtigung fanden.[14] In Artikel VII IPO wird ihre reichsrechtliche Stellung geregelt. In § 1 wird bestimmt, daß alle Reichsrechte sowie alle Rechte des Augsburger Religionsfriedens und des Westfälischen Friedens auch für die Reformierten gelten. Die einzige Ausnahme bildet das *ius reformandi*. In § 2 wird das Verbot ausgesprochen, neben den beiden Hauptkonfessionen im Reich noch andere Konfessionen zu dulden. In theologischem Sinn bestehen demnach drei Konfessionen im Reich, die politische Regelung des Westfälischen Friedens kennt jedoch nur zwei Bekenntnisse.

Zusammengefaßt kann man sagen, daß im Mittelalter und in der frühen Neuzeit Gemeinwesen aus Völkergruppen bestanden, die miteinander lebten, ohne daß eine Gruppe eine ethnische Minderheit im Verhältnis zur anderen bildete.

2. Entstehung des modernen Minderheitenbegriffs

Die Französische Revolution von 1789 brachte neue Konzepte der rechtlichen und gesellschaftlichen Organisationen mit sich, unter denen die drei wichtigsten die Volkssouveränität, die Nation und der Staat waren. Nun gehörten die Souveränität und daher der Staat nicht mehr dem König, sondern dem „Volk". Eine gesellschaftliche Organisation entstand, in der der Mensch als Bürger angesehen wurde. Jeder Mensch hatte damit dieselben Rechte und dieselben Pflichten den anderen Gliedern der Gesellschaft gegenüber, das Gleichheitsprinzip entstand: Das Staatsvolk sollte insbesondere in Frankreich einheitlich sein. Es war also nicht mehr statthaft, die regionalen und lokalen Besonderheiten zu akzeptieren, die eine potentielle Bedrohung für das Konzept eines einheitlichen Staatsvolks darstellten, wie in der französischen Deklaration des Menschen und des Bürgers vom 26. August 1789 implizit festgestellt wurde. Das Gleichheitsprinzip konnte damit nicht Minderheiten anerkennen bzw. legitimieren. Die Französische Revolution hob also die Ungleichheit zwischen den Individuen theoretisch auf, damit aber auch die Ungleichheit zwischen den verschiedenen ethnischen Gruppen. Für Minderheiten war hier kein Platz.[15]

Auf das revolutionäre Recht der Völker, ihr Schicksal selbst in die Hand zu nehmen, konnten sich die Minderheiten somit dann nicht berufen, wenn die Nation als Ganzes

---

und Österreich 996–1806. Hrsg. von Wilhelm Brauneder und Lothar Höbelt (Wien, München, Berlin 1996) S. 162–287 (174 und 189).

[14] Ernst Kochs: Die staatsrechtliche Gleichordnung der Reformierten mit den Lutheranern. In: Der Friede in Osnabrück 1648. Beiträge zu seiner Geschichte. Hrsg. von Ludwig Bäte (Oldenburg 1948) S. 81–109 (85).

[15] Dies gilt für Frankreich bis zum heutigen Tag. Vgl. Gilbert Gornig: Zentralismus und Entfaltung der Minderheiten- und Volksgruppenrechte. In: Der Schutz von Minderheiten- und Volksgruppenrechten durch die Europäische Union. Hrsg. von Dieter Blumenwitz und Gilbert Gornig (1996) S. 69 ff. (72 ff.); Gilbert Gornig, Gilles Despeux: Die rechtliche Situation der Minderheiten und Volksgruppen in Frankreich. In: Europa Ethnica (1997) H. 1–2, S. 1 ff. sowie Despeux (Anm. 6) passim.

entscheiden wollte, was „ihr" Volk ist und welches die anderen Völker sind. Die verschiedenen Volksgruppen, aus denen die Nation bestand, konnten also nicht das Recht auf eigene Entfaltung fordern, wenn sie *per definitionem* Teil eines einheitliches Volkes und einer einheitlichen Nation waren. Die revolutionären Ideen führten gegen Ende des 18. Jahrhunderts sogar dazu, daß einflußreiche Staatstheoretiker die Verfolgung der Minderheiten propagierten, jede Form von Partikularismus zerstörten und jede Besonderheit verschwinden lassen wollten, um den Nationalstaat zu errichten.[16]

Der Gedanke liegt nun nahe, daß aufgrund der Konzeption des Nationalismus und der Volkssouveränität das Entstehen und das Überleben von Minderheiten verhindert worden wären. Das ist aber schon deswegen nicht der Fall, da sich Staat und Nation nicht immer deckten. Eine Nation oder Volksgruppe konnte sich daher häufig außerhalb der Staatsgrenzen eines nationalistisch geprägten Staates entfalten. Ein zweiter Grund für das Überleben von Minderheiten liegt darin, daß die Konzepte des Nationalstaates zu abstrakt und seine Durchsetzungsmöglichkeiten zu unvollkommen waren, um die sich seit Jahrhunderten zu ihren Eigenarten bekennenden Gruppen zu assimilieren.

3. Juristische Entwicklung der Definition

a. Entwicklung der Definition bis zum Zweiten Weltkrieg

aa. Vom 19. Jahrhundert bis zum Ersten Weltkrieg

Während sich die Staatenpraxis vor dem 19. Jahrhundert vorwiegend mit den religiösen Minderheiten beschäftigte, nahmen sich in der Zeit nach Napoleon Vertragsparteien neben der religiösen Minderheiten immer wieder auch der ethnischen Minderheiten an.

Den religiösen Minderheiten widmeten sich beispielsweise der Wiener Vertrag vom 31. Mai 1815[17] zwischen u. a. Österreich und den Niederlanden, der Wiener Vertrag vom 20. Mai 1815[18] zwischen dem König von Sardinien und fünf Staaten, das Protokoll der Londoner Konferenz vom 3. Februar 1830[19] zwischen Frankreich, Großbritannien und Rußand, der Pariser Vertrag vom 30. März 1856[20] zwischen Frankreich, Großbritannien, Österreich, Preußen, Sardinien und der Türkei, der Vertrag von Tientsin von 1858[21] zwischen China und Großbritannien, der Berliner Vertrag vom 13. Juli 1878[22] zwischen Deutschland, Frankreich, Großbritannien, Italien, Österreich, Rußland, der Türkei und Ungarn oder die

---

[16] Hier kann man für Frankreich den Abbé Grégoire, le Chapelier oder Robespierre nennen.
[17] Text s. Frederic de Martens: Nouveau recueil des traités. Vol. 13: 1814–1815 (1818) S. 327 ff. sowie British and Foreign State Papers, 1814–1815. Vol. II, S. 136 ff.
[18] Text s. Martens (Anm. 17) S. 298 ff. sowie Clive Parry: The Consolidated Treaty Series. Vol. 64 (1969) S. 318 ff.
[19] Text s. British and Foreign State Papers, 1827–1830. Vol. XVII, S. 203 ff.
[20] Text s. British and Foreign State Papers, 1855–1856. Vol. XLVI, S. 8 ff.
[21] Text s. M. Hurst: Key Treaties of the Great Powers, 1814–1914. Vol I (1972) S. 343.
[22] Vgl. Art. 4; Text s. Frederic de Martens: Nouveau recueil général de traités. 2ième série. Vol. III (1878–1879) S. 453 sowie Hugo Wintgens: Der völkerrechtliche Schutz der nationalen, sprachlichen und religiösen Minderheiten unter besonderer Berücksichtigung der deutschen Minderheiten in Polen (1930) S. 96.

internationale Konvention von Konstantinopel vom 24. Mai 1881[23] zwischen denselben Staaten.

Die ethnischen Minderheiten wurden in Verträgen wie dem Akt des Wiener Kongresses vom 9. Juni 1815[24] zwischen Frankreich, Großbritannien, Österreich, Preußen, Portugal, Rußland und Schweden, im Pariser Vertrag vom 30. März 1856[25] oder dem Berliner Vertrag vom 13. Juli 1878[26] berücksichtigt. Die Schutzwürdigkeit sprachlicher Minderheiten war den Staatslenkern hingegen noch nicht bewußt geworden.

Obwohl die Staatenpraxis des 19. Jahrhunderts zwischen drei Minderheitenarten – der religiösen, der sprachlichen und der ethnischen Minderheit – unterschied, erfolgte keine präzise Definition des Begriffs der Minderheiten, da die Abkommen jeweils den Schutz einer speziellen Minderheit betrafen.

bb. Vom Ersten bis zum Zweiten Weltkrieg

(1) Allgemein
Für die Zeit nach dem Ersten Weltkrieg können vier Arten von völkerrechtlichen Handlungen, die auch dem Schutz von Minderheiten gewidmet waren, unterschieden werden: die vier Friedensverträge[27] mit Bulgarien, Österreich, der Türkei und Ungarn, die fünf Minderheitenverträge von 1919[28] und 1920[29], die sechs einseitigen Erklärungen[30] von Staaten bei ihrem Eintritt in den Völkerbund sowie mehrere bilaterale und multilaterale Verträge[31]. Alle Verträge behandelten die während des 19. Jahrhunderts in den Mittelpunkt

---

[23] Text s. Frederic de Martens: Nouveau recueil général de traités. 2ième série. Vol. VI (1881) S. 756.

[24] Text s. Martens (Anm. 22) S. 384.

[25] Text s. British and Foreign State Papers, 1855-1856. Vol. XLVI, S. 8 ff.

[26] Text s. Martens (Anm. 23) S. 453.

[27] Gemeint sind die Friedensverträge von Versailles vom 28. Juni 1919, von Saint-Germain-en-Laye vom 10. Sept. 1919, von Neuilly-sur-Seine vom 27. Nov. 1919 sowie von Trianon vom 4. Juni 1920; Texte s. G. Fr. de Martens, Heinrich Triepel: Nouveau recueil général de traités. 3ième série. Vol. XI (1922) S. 323 ff. und S. 691 ff.; Vol. XII (1924) S. 323 ff. und S. 423 ff.

[28] Im Jahre 1919 wurden vier Minderheitenverträge geschlossen, nämlich der Versailler Vertrag vom 28. Juni 1919 zwischen den Vereinigten Staaten, dem Vereinigten Königreich, Frankreich, Italien, Japan und Polen (betreffend die Minderheiten in Polen; Text s. Martens/Triepel (Anm. 27) Vol. XIII (1925) S. 504 ff.), die beiden Verträge von Saint Germain-en-Laye vom 10. Sept. 1919 (tschechoslowakische und serbische-kroatische-slowenische Minderheiten; Text s. Martens/Triepel (Anm. 27) Vol. XIII (1925) S. 512 ff. und 521 ff.) sowie den Pariser Vertrag vom 9. Dez. 1919 (rumänische Minderheiten; Text s. Martens/Triepel (Anm. 27) Vol. XIII (1925) S. 529 ff.).

[29] Es handelt sich um den Vertrag von Sèvres vom 10. Aug. 1920 (Minderheiten in der Türkei; Text s. Martens/Triepel (Anm. 27) Vol. XII (1924) S. 664).

[30] Es handelt sich um die Erklärungen von Finnland vom 27. Juni 1921 (nur für die schwedischen Gemeinschaften auf den Åland-Inseln), von Albanien vom 2. Okt. 1921, von Litauen vom 12. Mai 1922, von Lettland vom 7. Juli 1923, von Estland vom 17. Sept. 1923 sowie vom Irak vom 30. Mai 1932 (jeweils für die auf ihrem Gebiet befindlichen Minderheiten).

[31] Dies sind der Genfer Vertrag zwischen Deutschland und Polen vom 15. Mai 1922 (betrifft die deutschen Minderheiten von Oberschlesien; Text s. Martens/Triepel: (Anm. 27) Vol. XVI (1927) S. 645 ff.), der Vertrag von Memel zwischen Frankreich, Italien, Japan und dem Vereinigten Königreich einerseits und Litauen andererseits vom 8. Mai 1924 (Schutz der Minderheiten

des Interesses geratenen drei genannten Minderheitenarten, ohne jedoch den Begriff der Minderheit zu definieren.

(2) Völkerbund
Auch der Völkerbund scheiterte beim Versuch, sich auf eine Definition zu verständigen. Die Großmächte weigerten sich unter Berufung auf das Souveränitätsprinzip und ihren Siegerstatus, sich an ein die Minderheiten schützendes Rechtssystem zu binden.[32] Aus diesem Grund waren die Vorschläge des US-amerikanischen Präsidenten Woodrow Wilson, daß sich alle neuen Staaten als Voraussetzung für ihre Anerkennung zum Schutz aller ethnischen und nationalen Minderheiten verpflichten sollten, zum Scheitern verurteilt.[33] Die Resolution des Völkerbundes vom 21. September 1922[34], die lediglich dem Wunsch nach Anerkennung und Schutz der Minderheiten durch die Staaten Ausdruck geben wollte und für die Staaten keine Verpflichtung enthalten sollte, kam nicht zustande. Das Projekt Litauens[35] zur Schaffung einer allgemeinen Konvention über die religiösen, ethnischen und sprachlichen Minderheiten blieb schließlich ebenfalls erfolglos. In dieser Phase war es nicht zu erwarten, daß der Begriff Minderheit definiert würde. Die einzige Festlegung, die der Völkerbund akzeptierte, war die Gliederung der Minderheiten in drei Hauptkategorien. So heißt es in der Klassifizierung des Rates des Völkerbundes: „Unter Minderheiten versteht man den Kreis der Personen anderer Rasse, Religion oder

---

des Memelgebietes; Text s. Martens/Triepel (Anm. 27) Vol. XV (1926) S. 106 ff.), der Vertrag zwischen Griechenland und Bulgarien vom 27. Nov. 1919 (über Minderheiten dieser beiden Staaten im Falle einer Emigration; Text s. Martens/Triepel (Anm. 27) Vol. XII, S. 661 ff.), der Warschauer Vertrag zwischen Polen, Estland, Finnland und Lettland vom 17. März 1922, der Vertrag vom 30. Jan. 1923 zwischen Griechenland und der Türkei (türkisch-orthodoxe Minderheit und griechisch-islamische Minderheit; Text s. Martens/Triepel (Anm. 27) Vol. XIII, S. 422 ff.), der Vertrag vom 30. Aug. 1924 zwischen Deutschland und Polen (deutsche Minderheit), Vertrag vom 9. Nov. 1920 zwischen Polen und der Freien Stadt Danzig (deutsche Minderheit; Text s. Martens/Triepel (Anm. 27) Vol. XIV (1925) S. 45 ff.) und das Abkommen vom 17. Aug. 1927 zwischen Rumänien und Jugoslawien (ethnisch rumänische und jugoslawische Minderheiten).

[32] Vgl. Patrick Thornberry: International Law and the Rights of Minorities (1991) S. 46 ff.; G. Soulier: Minorités. État et Nation. In: Les minorités et leurs droits depuis 1789. Ed. A. Fenet et G. Soulier (1989) S. 52; Renate Oxenknecht: Der Schutz ethnischer, religiöser und sprachlicher Minderheiten in Art. 27 des Internationalen Paktes über bürgerliche und politische Rechte vom 16. Dezember 1966 (1988) S. 27 sowie Despeux (Anm. 6) S. 29 m. w. N.

[33] Vgl. dazu Thornberry (Anm. 32) S. 38 f.; J. Yacoub: Les minorités. Quelle protection? (1995) S. 254 sowie Despeux (Anm. 6) S. 30, Anm. 105.

[34] Dort heißt es, daß „les États qui ne sont liés vis-à-vis de la SDN [Société Des Nations, Anm. d. Verf.] par aucune obligation légale, en ce qui concerne les minorités, observeront cependant, dans le traitement de leurs minorités de race, de religion ou de langue, au moins le même degré de justice et de tolérance qui est exigé par les traités et selon l'action permanente du Conseil"; Text s. André Mandelstam: Minorités. In: Dictionnaire diplomatique. Vol. II (1935) S. 116.

[35] Am 14. September 1925 schlug Litauen die Bildung einer speziellen Kommission vor, die eine internationale Konvention über die religiösen, ethnischen und sprachlichen Minderheiten vorbereiten sollte; Text s. Mandelstam (Anm. 34) Vol. II, S. 117. Vgl. Despeux (Anm. 6) S. 30, Anm. 109.

Sprache als derjenigen der Mehrheit der Bevölkerung des betreffenden Landes."[36]

(3) Ständiger Internationaler Gerichtshof
Der Ständige Internationale Gerichtshof (StIGH) unternahm den Versuch, das Wort „Gemeinschaft" zu definieren. So brachte die Stellungnahme „Griechisch-Bulgarische Gemeinschaften" vom 31. Juli 1930[37] eine Definition des Begriffs „Gemeinschaft", die deutlich macht, daß damit eigentlich eine Definition des Begriffs „Minderheit" erfolgen sollte:

„Le critérium de la notion de communauté au sens des articles de la Convention [...] est l'existence d'une collectivité de personnes vivant dans un pays ou une localité données, ayant une race, une religion, une langue et des traditions qui leur sont propres, et unies par l'identité de cette race, de cette religion, de cette langue et de ces traditions dans un sentiment de solidarité, à l'effet de conserver leurs traditions, de maintenir leur culte, d'assurer l'instruction et l'éducation de leurs enfants conformément au génie de leur race et de s'assister mutuellement."

Hier wurden zum ersten Mal objektive und subjektive Kriterien einer Minderheit einander gegenübergestellt: die Minderheit war gekennzeichnet durch Rasse, Religion, Sprache und Traditionen (objektive Kriterien) und durch das Solidaritätsgefühl der Angehörigen (subjektives Kriterium). Der StIGH betonte allerdings, daß die Definition keinen juristischen Gehalt habe:[38] „L'existence des communautés est une question de fait; elle n'est pas une question de droit." Dies war der einzige Beitrag des StIGH zur Definition des Begriffs „Minderheit".

b. Nach dem Zweiten Weltkrieg

aa. UNO

Während die Staatenpraxis nach dem Zweiten Weltkrieg dem Minderheitenproblem zunächst nur wenig Aufmerksamkeit schenkte, nahm sich die Organisation der Vereinten Nationen dieser Frage mit größerem Elan an. Das Memorandum des UN-Generalsekretärs vom 27. Dezember 1949[39], das in der dritten Sitzungsperiode der von den Vereinten Nationen eingerichteten Unterkommission für die Verhinderung von Diskriminierung und für den Schutz von Minderheiten vorgestellt wurde, schlug vor, die Minderheit im Sinne des Völkerrechts als Gemeinschaft mit gewissen charakteristischen Merkmalen zu definieren, deren Mitglieder ein Zusammengehörigkeitsgefühl aufweisen:[40]

---

[36] Vgl. Sekretariat des Völkerbundes. Der Völkerbund und der Schutz der Minderheiten (1923) S. 7.

[37] Stellungnahme über die Emigranten der griechischen Minderheiten, die in Bulgarien lebten, und der bulgarischen Minderheiten, die in Griechenland ansässig waren, aufgrund der griechisch-bulgarischen Konvention und des Friedensvertrages von Neuilly vom 27. November 1919. In: Ständiger Internationaler Gerichtshof. Serie B. Nr. 17, S. 33, vgl. dort auch S. 21.

[38] Vgl. Ständiger Internationaler Gerichtshof. Serie B. Nr. 17, S. 22.

[39] UN Doc. E/CN.4/Sub. 2/85: Définition et classification des minorités (Mémorandum présenté par le Secrétaire Général) 1950.

[40] UN Doc. E/CN.4/Sub. 2/85, § 39, S. 10.

„Dans son emploi le plus fréquent, tout au moins en matière de sciences politiques, le terme minorité désigne des collectivités présentant certaines caractéristiques (ethniques, linguistiques, culturelles, religieuses, etc.) et, presque toujours, des collectivités ayant un caractère national. Les membres d'une minorité ainsi définie ont le sentiment qu'ils constituent un groupe ou un sous-groupe national qui diffère de l'élément prédominant."

Die Unterkommission überarbeitete diese Definition in seiner vierten und fünften Sitzungsperiode 1951 und 1952 und legte eine ähnliche, aber anders formulierte Definition vor, welche die Konzepte des StIGH und des UN-Generalsekretärs wieder aufnahm. Die Definition der vierten Sitzungsperiode lautete:[41]

„[... il faut tenir compte de l'] existence, parmi les ressortissants de nombreux États, de groupes de population distincts, habituellement connus sous le nom de minorités, présentant des traditions ou des caractéristiques ethniques, religieuses ou linguistiques différentes de celles du reste de la population et qu'il faut protéger par des mesures spéciales sur le plan national et international, pour qu'ils puissent conserver et développer les traditions ou caractéristiques en question."

Die Definition der fünften Sitzungsperiode fiel dagegen völlig anders aus. Als weiteres objektives Element wurde festgelegt, daß die Gruppe ein nicht dominierender Teil der Gesamtbevölkerung sein dürfe. Es wurde ferner die objektive und subjektive Komponente zusammengefaßt, indem man zum Ausdruck brachte, daß die Gruppe Traditionen oder ethnische, religiöse oder sprachliche Eigenheiten besitzen müsse und diese zu pflegen habe (i). Zahlenmäßig sollte die Minderheit so bedeutsam sein, daß sie in der Lage ist, selbst ihre Eigenheiten zu pflegen (ii). Schließlich sollten die Minderheiten ihrem Wohnsitzstaat gegenüber Loyalität aufbringen (iii):[42]

„i) le terme minorité ne s'applique qu'aux groupes de population non dominants qui possèdent et désirent conserver des traditions ou des caractéristiques ethniques, religieuses ou linguistiques stables et nettement différentes de celles du reste de la population.

ii) il serait bon que ces minorités fussent numériquement assez importantes pour être capables de conserver par elles-mêmes ces caractéristiques.

iii) les minorités doivent faire preuve de loyalisme à l'égard de l'État dont elles font parties."

Da zwischen den Mitgliedern der Menschenrechtskommission keine Einigung zu erzielen war, wurde in der siebten Sitzungsperiode entschieden, das Problem der Definition des Minderheitenbegriffs so lange nicht mehr zu behandeln, bis die Menschenrechtskommission sie dazu auffordere.[43] So verschwand die Frage der Definition der Minderheit für lange Zeit von der Tagesordnung der Vereinten Nationen, dem Minderheitenschutz

---

[41] UN Doc. E/CN.4/Sub. 2/140: Commission des droits de l'Homme. Sous-commission pour l'abolition des mesures discriminatoires et pour la protection des minorités. Rapport sur la quatrième session. 1951.

[42] UN Doc. E/CN.4/Sub. 2/149: Commission des droits de l'Homme. Sous-commission pour l'abolition des mesures discriminatoires et pour la protection des minorités. Rapport sur la cinquième session. 1952.

[43] UN Doc. E/CN.4/Sub. 2/170, § 171, Resolution F: Commission des droits de l'Homme. Sous-commission pour l'abolition des mesures discriminatoires et pour la protection des minorités. Rapport sur la cinquième session. 1954.

nahm sie sich jedoch nach wie vor an. Erst 1977 wurde ein Bericht von dem seit 1971 amtierenden „Rapporteur Special" der Unterkommission Francesco Capotorti[44] vorbereitet, der folgende Definition der Minderheit enthielt:

„Un groupe numériquement inférieur au reste de la population d'un État, en position non dominante, dont les membres — ressortissants de l'État — possèdent du point de vue ethnique, religieux ou linguistique des caractéristiques qui diffèrent de celles du reste de la population et manifestent même de façon implicite un sentiment de solidarité, à l'effet de préserver leur culture, leurs traditions, leur religion ou leur langue."[45]

Ziel der Formulierung von Capotorti war jedoch lediglich, den Begriff „Minderheit" in Art. 27 IPBPR vom 16. Dezember 1966 zu definieren, so daß seine Definition von vornherein nicht als allgemeingültige konzipiert war.

Aufgrund des Berichts von Capotorti entschied die Menschenrechtskommission 1978, eine Deklaration über die Rechte der Mitglieder von nationalen oder ethnischen, religiösen und sprachlichen Minderheiten zu verfassen, die am 18. Dezember 1992 von der UN-Generalversammlung angenommen wurde.[46] Es wurde allerdings keine Definition der Minderheit in diese Deklaration aufgenommen, obwohl 1985 ein Experte von der Unterkommission berufen wurde, eine neue Definition des Minderheitenbegriffs zu erarbeiten. Die von M. Jules Deschênes[47] vorgeschlagene Definition lautete:[48]

„Un groupe de citoyens d'un État, en minorité numérique et en position non dominante dans cet État, dotés de caractéristiques ethniques, religieuses ou linguistiques différentes de celles de la majorité de la population, solidaires les uns des autres, animés, fût-ce implicitement, d'une volonté collective de survie et visant à l'égalité en fait et en droit

---

[44] Capotorti war Juraprofessor in Italien.

[45] Nach Francesco Capotorti: Die Rechte der Angehörigen von Minderheiten. In: Vereinte Nationen 1980 (1980) S. 113 ff. (118, Anm. 30) lautet der Text in englischer bzw. deutscher Übersetzung wie folgt:
„A minority is a group which is numerically inferior to the rest of the population of a State and in non-dominant position, whose members possess ethnic, religious or linguistic characteristics which differ from those of the rest of the population and who, if only implicitly, maintain a sense of solidarity directed towards preserving their culture, traditions, religion or language."
„Eine Minderheit ist eine der übrigen Bevölkerung eines Staates zahlenmäßig unterlegene Gruppe, die keine herrschende Stellung einnimmt, deren Angehörige — Bürger dieses Staates — in ethnischer, religiöser oder sprachlicher Hinsicht Merkmale aufweisen, die sie von der übrigen Bevölkerung unterscheiden, und die zumindest implizit ein Gefühl der Solidarität bezeigen, das auf die Bewahrung der eigenen Kultur, der eigenen Traditionen, der eigenen Religion oder der eigenen Sprache gerichtet ist."

[46] UN Doc. A/47/678 Add. 2: Déclaration des droits des personnes appartenant à des minorités nationales ou ethniques, religieuses et linguistiques. Diese Deklaration nannte neben den drei traditionellen Minderheitenarten auch die nationale Minderheit. Deutscher Text s. Hans-Joachim Heintze: Selbstbestimmungsrecht und Minderheitenrechte im Völkerrecht (1994) S. 196 ff.
Vgl. dazu Rainer Hofmann: Die Minderheitendeklaration der UN-Generalversammlung. Ihre Bedeutung für die deutschen Volksgruppen in Mittel- und Osteuropa. In: Aktuelle rechtliche und praktische Fragen des Volksgruppen- und Minderheitenschutzrechts. Hrsg. von Dieter Blumenwitz und Dietrich Murswiek (1994) S. 9 ff.

[47] Er war ein Experte aus Kanada.

[48] UN Doc. E/CN.4/Sub. 2/1985/31, § 181.

avec la majorité."

Keine der im Rahmen der UNO erarbeiteten Definitionen wurde in eine der internationalen Konventionen, Deklarationen oder Resolutionen aufgenommen, obwohl in verschiedenen UNO-Dokumenten der Begriff der Minderheit verwendet wurde, wie im Internationalen Pakt über bürgerliche und politische Rechte von 1966[49], in der UNESCO-Konvention gegen die Diskriminierung im Unterrichtswesen vom 14. Dezember 1960[50], in der UNESCO-Konvention über die Kinderrechte vom 26. Januar 1990[51] sowie in den Deklarationen der UN-Generalversammlung vom 18. Dezember 1992[52] und 24. November 1993[53].

bb. Europarat

Auch der Europarat beschäftigte sich mit den Problemen der Minderheiten. Zwei Arten von Dokumenten können unterschieden werden, nämlich Dokumente, die von Minderheiten sprechen, den Begriff aber nicht definieren (wie die Europäische Menschenrechtskonvention (EMRK) vom 4. November 1950[54], die Empfehlungen Nr. 285 vom 28. April 1961, Nr. 928 vom 7. Oktober 1981, Nr. 1134 vom 1. Oktober 1990[55] und Nr. 1177 vom 4. Februar 1992[56], der Bericht des Kolloquiums von Paris vom 13. und 14. November 1991[57] oder die Rahmenkonvention für den Schutz der nationalen Minderheiten vom 1. Februar 1995[58]), sowie Dokumente, die eine Definition des Minderheitenbegriffs anbieten, jedoch niemals das Entwurfsstadium überschritten haben.

Der Entwurf der Konvention für den Schutz der Minderheiten vom 8. Februar 1991[59]

---

[49] Text: BGBl. 1978 II, S. 519 ff.
[50] Text: UNTS, vol. 429, S. 93 ff.; vgl. auch die Studie des Special Rapporteur Charles D. Ammoun, Doc. E/CN.4/Sub. 2/181/Rev. 1 (Study of Discrimination in Education).
[51] Text s. Annex zur Resolution 44/25 der UN-Generalversammlung.
[52] UN Doc. A/47/678 Add. 2: Déclaration des droits des personnes appartenant à des minorités nationales ou ethniques, religieuses et linguistiques.
[53] Gleichnamige Deklaration: Déclaration des droits des personnes appartenant à des minorités nationales ou ethniques, religieuses et linguistiques.
[54] Text s. UNTS, vol. 213, S. 221; BGBl. 1954 II, S. 14 ff.
[55] Text s. BT-Drs. 12/14 vom 2. Jan. 1991.
[56] Text s. BT-Drs. 12/3018 vom 8. Juli 1992.
[57] Vgl. Heinrich Klebes: Rechtsschutz von Minderheiten. Zu den Arbeiten des Europarats. In: Fortentwicklung des Minderheitenschutzes und der Volksgruppenrechte in Europa. Hrsg. von Dieter Blumenwitz und Hans von Mangoldt (1992) S. 47 ff. (55).
[58] Text s. EuGRZ 1995, S. 268 ff.; vgl. dazu Rolf Goßmann: Das neue Rahmenübereinkommen des Europarats zum Schutz nationaler Minderheiten. Möglichkeiten und Grenzen. In: Rechtliche und politische Perspektiven deutscher Minderheiten und Volksgruppen. Hrsg. von Dieter Blumenwitz und Gilbert Gornig (1995) S. 63 ff. Goßmann berichtet, daß die Konvention deswegen keine Definition des Minderheitenbegriffs enthalte, „weil es nicht gelungen ist, sich auf eine solche zu einigen" (S. 65).
[59] Text s. Europäische Kommission für die Demokratie durch das Recht, Europarat, 4. März 1991, CDL (91) 7. Dieser Vorschlag führte zur Rahmenkonvention für den Schutz der nationalen Minderheiten vom 1. Febr. 1995, die Definition der Minderheit ist jedoch in der Rahmenkonvention verschwunden.

definiert „Minderheit" als zahlenmäßig gegenüber der restlichen Bevölkerung des Staates kleinere Gruppe, deren Mitglieder Staatsangehörige des Wohnsitzstaates sind und ethnische, religiöse oder sprachliche Eigenheiten besitzen, die sie vom Rest der Bevölkerung unterscheiden, und die den Willen haben, ihre Kultur, ihre Traditionen, ihre Religion oder Sprache zu bewahren: „Aux fins de la présente Convention, le terme ‚minorité' désigne un groupe numériquement inférieur au reste de la population d'un État, dont les membres, qui ont la nationalité de cet État, possèdent des caractéristiques ethniques, religieuses ou linguistiques différentes de celles du reste de la population et sont animés de la volonté de préserver leur culture, leurs traditions, leur religion ou leur langue." Diese Formulierung erinnert an die im Rahmen der UNO erarbeiteten Entwürfe.

Der am 1. Februar 1993 vorgestellte Entwurf eines Zusatzprotokolls zur Europäischen Menschenrechtskonvention von 1950[60] — das Zusatzprotokoll über Minderheiten — stellt neben dem objektiven Kriterium der Staatsangehörigkeit des Wohnsitzstaates (a) auch die Forderung auf, daß alte, solide und dauerhafte Bindungen zu diesem Staat unterhalten werden müssen (b). Weitere Kriterien sind die ethnischen, kulturellen, religiösen oder sprachlichen Eigenheiten (c), die Minderzahl gegenüber der restlichen Bevölkerung (d) sowie der Wille, ihre gemeinsame Identität, insbesondere ihre Kultur, ihre Traditionen, ihre Religion oder Sprache zu bewahren (e). Im französischen Original lautet der Text wie folgt:

„L'expression minorité nationale désigne un groupe de personnes [...] qui:
a- résident sur le territoire de cet État et en sont citoyens,
b- entretiennent des liens anciens, solides et durables avec cet État,
c- présentent des caractéristiques ethniques, culturelles, religieuses ou linguistiques différentes,
d- sont suffisamment représentatives tout en étant moins nombreux que le reste de la population de cet État
e- sont animées de la volonté de préserver ensemble ce qui fait leur identité commune, notamment leur culture, leurs traditions, leur religion ou leur langue."

Die Europäische Charta der regionalen oder minderheitlichen Sprachen vom 22. Juni 1992[61] ist bisher das einzige offizielle internationale Dokument, das sich am Rande mit dem Begriff der Minderheit auseinandersetzte, am Rande deswegen, weil nicht die „sprachliche Minderheit" definiert wurde, sondern die „minderheitliche Sprache".

„Au sens du présent texte:
a) par l'expression ‚langues régionales ou minoritaires', on entend les langues
i) pratiquées traditionnellement sur un territoire d'un État par des personnes — ressortissants de cet état — qui constituent un groupe numérique inférieur au reste de la population de l'État, et
ii) différentes de la (les) langue(s) officielle(s) de cet État; elle n'inclut pas les dialectes de la (des) langue(s) officielle(s) de l'État ou des langues des migrants".

Zwar ist die Charta in Kraft getreten, aber sie bindet bisher nur sieben Staaten.

---

[60] Dieses in der Empfehlung 1201 des Parlaments des Europarates vom 1. Febr. 1993 enthaltene Protokoll sollte den Minderheiten die Anerkennung im Rahmen der EMRK garantieren und wurde aufgrund der Empfehlungen 1134 und 1177 und der Richtlinie 474 des Parlaments beschlossen.

[61] Text s. EuGRZ 1993, S. 154 ff.; vgl. Despeux (Anm. 6) S. 44 f.

cc. OSZE

Im Rahmen der KSZE und OSZE hat man sich intensiv dem Minderheitenschutz gewidmet. Minderheiten werden ausdrücklich in folgenden Dokumenten angesprochen: in der KSZE-Schlußakte von Helsinki vom 1. August 1975[62], im Schlußdokument der diplomatischen Wiener Konferenz vom 15. Januar 1989[63], im Schlußdokument der Kopenhagener Konferenz über die menschliche Dimension der KSZE vom 29. Juni 1990[64], in der Pariser Charta für ein neues Europa vom 21. November 1990[65], im Schlußbericht der Genfer Expertensammlung über die nationalen Minderheiten vom 19. Juli 1991[66], im Schlußdokument der Moskauer Konferenz über die menschliche Dimension der KSZE vom 3. Oktober 1991[67], in den Dokumenten der Versammlung von Helsinki vom 10. Juli 1992[68], im Schlußdokument der Versammlung von Budapest vom 6. Dezember 1994[69] und im OSZE-Pakt vom 21. März 1995[70]. Obwohl die Dokumente dem Minderheitenschutz dienen, haben sie den Begriff der Minderheit nicht definiert.

dd. Europäische Union

Auch die Europäische Union (EU) hat sich – wenn auch nur zurückhaltend – mit dem Minderheitenproblem auseinandergesetzt.[71] In völkerrechtlicher Hinsicht sind vor allem Resolutionen des Europäischen Parlaments (EP) zu erwähnen. Wie bei der KSZE/OSZE ist der Minderheitenbegriff jedoch niemals definiert worden, so daß die Initiativen der Europäischen Union für die Untersuchung der Definition der Minderheit kaum relevant sind. Obwohl die folgenden Dokumente Minderheiten erwähnen, enthalten sie keine Begriffsbestimmung:[72] die Resolution des EP über eine Charta der Rechte der ethnischen

---

[62] Vgl. Punkt VII der Prinzipiendeklaration; Text s. Bulletin der Bundesregierung Nr. 102 vom 15. Aug. 1975, S. 965 sowie KSZE. Dokumente der KSZE. Hrsg. von Theodor Schweisfurth und Karin Oellers-Frahm (1993) S. 4 ff.

[63] Vgl. §§ 18, 19, 31, 59, 68; Text s. Bulletin der Bundesregierung Nr. 10 vom 31. Jan. 1989, S. 77 sowie KSZE. Dokumente der KSZE (Anm. 62) S. 147 ff.

[64] Vgl. Kapitel IV, Text s. EuGRZ 1990, S. 239 ff. sowie KSZE. Dokumente der KSZE (Anm. 62) S. 233 ff.

[65] Text s. Bulletin der Bundesregierung Nr. 137 vom 24. Nov. 1990, S. 1409 sowie KSZE. Dokumente der KSZE (Anm. 62) S. 441 ff.

[66] Text s. Bulletin der Bundesregierung Nr. 109 vom 10. Okt. 1991, S. 864 sowie KSZE. Dokumente der KSZE (Anm. 62) S. 514 ff.

[67] Text s. Bulletin der Bundesregierung Nr. 115 vom 18. Okt. 1991, S. 909 sowie KSZE. Dokumente der KSZE (Anm. 62) S. 524 ff.

[68] Text s. Bulletin der Bundesregierung Nr. 82 vom 23. Juli 1992, S. 777 sowie KSZE. Dokumente der KSZE (Anm. 62) S. 609 ff.

[69] Text s. EuGRZ 1995, S. 329 ff.

[70] Text s. Bulletin der Bundesregierung Nr. 24 vom 27. März 1995, S. 197 ff.

[71] Vgl. Rudolf Streinz: Minderheiten- und Volksgruppenrechte in der Europäischen Union. In: Der Schutz von Minderheiten- und Volksgruppenrechten (Anm. 15) S. 11 ff.

[72] Vgl. hierzu mit Einzelheiten zu den Dokumenten Despeux (Anm. 6) S. 48 f.

Minderheiten vom 16. Oktober 1981[73], die Resolution des EP über die Maßnahmen zugunsten der minderheitlichen Sprachen und Kulturen vom 11. Februar 1983[74], die Resolution des EP über die Sprachen und die Kulturen der regionalen und ethnischen Minderheiten der Europäischen Gemeinschaft vom 30. Oktober 1987[75], die Resolution des EP vom 28. Januar 1991, die Deklaration der Außenminister der Mitgliedstaaten der EG über die Leitprinzipien der Anerkennung neuer Staaten in Osteuropa und in der UdSSR vom 16. Dezember 1991[76] und die Resolution des EP über die linguistischen und kulturellen Minderheiten in der EU vom 9. Februar 1994[77].

Nur Franz Ludwig Graf Stauffenberg, Berichterstatter der juristischen und Bürgerrechtskommission des EP vom 26. Mai 1992, versuchte, den Begriff der Minderheiten bzw. der „Volksgruppe" zu definieren. Er legte den Entwurf für eine Charta der Volksgruppenrechte durch das EP vor, in der er die Staatsangehörigkeit und weitere vier Kriterien forderte:[78]

Als Volksgruppe im Sinne dieser Charta gilt die Gesamtheit all jener Staatsbürger eines Mitgliedstaates der Europäischen Gemeinschaft,
- die im Staatsgebiet traditionell in der Folge vieler Generationen ansässig sind,
- gemeinsame ethnische, religiöse und/oder sprachliche Merkmale aufweisen, die sie von anderen Bevölkerungsteilen unterscheiden,
- gemeinsam über eine eigene kulturelle Identität verfügen und
- sich innerhalb der Gesamtbevölkerung des Staates in der Minderheit befinden.

---

[73] Resolution vom 15. und 16. Okt. 1981 nach einer Debatte über die Berichte 1-371/79 und 1-965/80.
[74] Resolution 89/C153/02, Text s. EuGRZ 1983, S. 143 ff.
[75] Text s. EuGRZ 1987, S. 607 f.
Zwischen 1981 und 1987 gab es zahlreiche Resolutionsvorschläge der Abgeordneten zum Minderheitenschutz. Es handelt sich um folgende Vorschläge: 2-1259/85 über die sprachlichen Rechte der nordkatalanischen Minderheit; BB2-76/85 über die Verteidigung und Förderung der regionalen Sprachen und Kulturen der Gemeinschaft; B2-321/85 über die Anerkennung der Minderheitenrechte und der Förderung ihrer Kulturen; B2-1532/85 über die Anerkennung der freien Radiosender; B2-31/86 über ein friesisches TV-Programm; B2-1015/85 über die Schaffung von linguistischen Studieninstituten für die minderheitlichen Sprachen; B2-1323/86 über die Benutzung der katalanischen Sprache in der Universität und im Fernsehen; B2-1346/86 über die Hilfe für die linguistischen Studieninstitute oder Studienassoziierungen für die Verteidigung der minderheitlichen Sprachen; B2-149/87 über die von SEASKA verwalteten bilingualen französisch-baskischen Schulen; B2-291/87 über die Förderung der minderheitlichen Sprachen in der EWG. Dies führte dazu, daß das Europäische Parlament eine allgemeine Resolution über die sprachlichen und ethnischen Minderheiten der damaligen EWG annahm.
[76] Text s. Bulletin der Bundesregierung Nr. 144 vom 19. Dez. 1991, S. 1173.
[77] Resolution A3-0042/94.
[78] Text: Projet de rapport sur la défense, dans le cadre du droit communautaire, des droits des groupes ethniques établis dans les États membres. Charte des droits des groupes ethniques. Europäisches Parlament, Juristische und Bürgerrechtskommission, Doc. FR/PR/205970, id, PE 156206. Vgl. dazu Franz Ludwig Graf Stauffenberg: Minderheitenschutz und Volksgruppenrecht aus der Sicht der Europäischen Gemeinschaft. Tendenzen und Stand der Verhandlungen. In: Fortentwicklung des Minderheitenschutzes (Anm. 57) S. 37 ff. Eine ähnliche Definition wurde im Bericht vom 14. Mai 1993 von S. Albert, dem neuen Rapporteur der Juristischen und Bürgerrechtskommission, vorgeschlagen, Doc. PE, 204.838.

Diese Definition tauchte bisher weder in einer Resolution des EP noch in irgendeinem Text der Institutionen der EU auf, wurde folglich nie offiziell von den gemeinschaftlichen Institutionen anerkannt.

IV. EIGENSCHAFTEN EINER MINDERHEIT IM VÖLKERRECHTLICHEN SINNE

Eine wichtige Definition des Begriffes der Minderheit stammt von Capotorti. Er bezog sich allerdings hauptsächlich auf den Minderheitenbegriff des Art. 27 IPBPR. Seine Begriffsbestimmung fand aber großen Zuspruch. Capotorti trifft eine Unterscheidung zwischen objektiven (1) und subjektiven (2) Komponenten des Minderheitenbegriffs, die auch hier beibehalten werden soll.[79]

1. Objektive Unterscheidungsmerkmale einer Minderheit im völkerrechtlichen Sinne

Objektive Unterscheidungskriterien einer als Minderheit zu bestimmenden Personengruppe sind zunächst
individuelle objektive Merkmale (a),
die numerische Inferiorität (b),
die machtmäßige Unterlegenheit (c),
die Staatsangehörigkeit des Wohnsitzstaates (d) sowie
Stabilität (e).
Nach einem weiteren Kriterium muß die Entstehung der Minderheit auf einen territorialbezogenen Akt des Völkerrechts (f) zurückzuführen sein.

Diese objektiven Kriterien müssen kumulativ vorliegen.[80]

a. Individuelle objektive Unterscheidungsmerkmale

aa. Allgemein

Als erste Voraussetzung für eine spezielle Behandlung einer Bevölkerungsgruppe müssen ihr Merkmale anhaften, die sie vom Rest der Bevölkerung unterscheiden. Da sich aber alle Individuen in irgendeiner Weise unterscheiden, muß ein geeigneter Maßstab gefunden werden, der Auskunft darüber gibt, bis zu welchem Punkt eine Unterscheidung zu vernachlässigen ist und ab wann die Unterschiedlichkeit ein wesentliches Kriterium der Andersartigkeit darstellt.

Die Unterschiedlichkeit muß nicht alle Lebensbereiche erfassen.[81] Es reicht vielmehr aus, daß sich die Minderheit *in einem Aspekt* von der Mehrheit unterscheidet. Diese Unterscheidbarkeit in einem Lebensbereich stellt dann das wesentliche Kriterium der

---

[79] Vgl. Francesco Capotorti: Minorities. In: Rudolf Bernhardt u. a. (ed.): EPIL, vol. 8 (1985) S. 385 ff.
[80] Vgl. Despeux (Anm. 6) S. 63.
[81] Vgl. Despeux (Anm. 6) S. 52.

Minderheit dar.

Ferner ist problematisch, welche Aspekte *auf zwischenstaatlicher Ebene* relevant sind. Nun wird deutlich, daß es im Sprachgebrauch einen sehr weiten Minderheitenbegriff gibt, aber nicht unbedingt alle denkbaren Unterscheidungskriterien für den völkerrechtlichen Minderheitenbegriff von Bedeutung sein müssen. Homosexuelle, Obdachlose, Alkoholiker, Behinderte, unter Umständen auch Männer oder Frauen, Kinder oder Senioren, können als Minderheiten angesehen werden. Jetzt wird klar, daß der Begriff „Minderheit" von der jeweiligen Rechtsordnung abhängt, die ihn definiert. Die verschiedenen nationalen Rechtsordnungen können also den Begriff der Minderheit jeweils unterschiedlich bestimmen: Das Verständnis vom Vorliegen einer Minderheit ist von den gesellschaftlichen Prägungen eines Staates und von den spezifischen innerstaatlichen Wertvorstellungen abhängig.

Der Minderheitenbegriff des Völkerrechts kann sich davon unabhängig entwickeln. Traditionell mußten im Völkerrecht Mitglieder einer Gruppe, die den Minderheitenstatus anstrebten, vor allem religiöse, sprachliche oder ethnische Eigenschaften aufweisen, durch die sie sich vom Rest der Bevölkerung unterschieden.[82] Diese Abgrenzungskriterien werden mittlerweile als Unterscheidungsmerkmale einer Minderheit allgemein akzeptiert, ohne daß diese Aufzählung ein für allemal abschließend sein muß.

bb. Religiöses Unterscheidungsmerkmal

Zu einer religiösen Minderheit gehören diejenigen Personen, die sich aufgrund ihres religiösen Bekenntnisses von der Mehrheit unterscheiden, wobei theistische, nicht-theistische und atheistische Überzeugungen eine Rolle spielen können.[83] Eine religiöse Minderheit besteht also auch dann, wenn die Mehrheit des Volkes sich zu einer atheistischen Grundhaltung bekennt[84], wie es etwa in den ehemals kommunistischen oder sozialistischen Staaten des Ostblocks der Fall war.

Religiöse Minderheiten sind in erster Linie in Staaten mit einer Staatsreligion[85] gefährdet, da hier häufig Intoleranz gepredigt wird. Aber auch in Staaten, die keine Staatsreligion kennen oder in denen eine strikte Trennung von Staat und Religion verfassungsrechtlich verankert ist, bedarf es des Schutzes der konfessionellen Bekenntnisse von Gruppen, die gegenüber dem restlichen Staatsvolk in der zahlenmäßigen Minderheit sind, und das umso mehr, sollte es an einer verfassungsrechtlichen Garantie der freien Religionsausübung fehlen.

---

[82] Vgl. Capotorti (Anm. 5) S. 410 f.

[83] Vgl. Dieter Blumenwitz: Minderheiten- und Volksgruppenrecht. Aktuelle Entwicklung (1992) S. 29; Erich H. Pircher: Der vertragliche Schutz ethnischer, sprachlicher und religiöser Minderheiten im Völkerrecht (1979) S. 37 sowie Felix Ermacora: Der Minderheitenschutz im Rahmen der Vereinten Nationen (1988) S. 45.

[84] Vgl. Despeux (Anm. 6) S. 74.

[85] Bei einer Staatsreligion ist eine bestimmte Religion im öffentlichen Leben gegenüber anderen Religionen bevorzugt. So ist die katholische Religion beispielsweise in Italien und Spanien, der Protestantismus in Dänemark, Norwegen und Schweden sowie die griechisch-orthodoxe Religion in Griechenland Staatsreligion.

Damit stellt eine religiöse Gruppe dann eine Minderheit dar, wenn sie sich zu religiösen Vorstellungen bekennt, die sich von der Staatsreligion oder — falls es keine solche gibt — vom religiösen oder areligiösen Bekenntnis der Mehrheit des Volkes unterscheidet.[86]

cc. Sprachliches Unterscheidungsmerkmal

Eine sprachliche Minderheit ist dadurch gekennzeichnet, daß sie sich in der Öffentlichkeit und/oder im privaten Bereich einer Sprache, eines Dialektes oder einer Mundart bedient, die nicht von der Mehrheit der Bevölkerung gesprochen wird und damit in der Regel auch nicht die Nationalsprache ist.[87]

dd. Ethnisches Unterscheidungsmerkmal

Unterscheidungsmerkmale wie Abstammung, Geschichte und Kultur, aber auch Rasse, Kasten- und Stammeszugehörigkeit bestimmen das Unterscheidungsmerkmal der ethnischen, also volksmäßigen oder volkseigentümlichen Herkunft.[88] Meist sind die sich ethnisch abhebenden Bevölkerungsteile infolge lange zurückliegender Wanderbewegungen entstanden.[89] Der Begriff „ethnisch" hat daher vor allem historische und kulturelle Bezüge.[90] Auch die religiöse und sprachliche Minderheit könnte unter die ethnische subsumiert werden, bedeutet doch ethnisch „volkseigentümlich".

ee. Weitere Minderheitenarten

Die rassische Minderheit stellt eine Unterkategorie der ethnischen Minderheit dar. Die Definition der Rasse ist enger gefaßt als die der Ethnie und in dieser enthalten, so daß eine rassische Minderheit zwangsläufig eine ethnische ist. Auch die kulturelle Minderheit, deren spezifische Besonderheit eine von der Mehrheit unterschiedliche Kultur ist, stellt ebenfalls nur eine Untergruppe dar, entweder der Kategorie der sprachlichen oder der ethnischen Minderheit.

Der Begriff „nationale Minderheit" wird heute als Synonym für „ethnische Minderheit" verwendet. Unter dem Begriff „nationale Minderheit" wird aber auch eine Gruppe verstanden, die in einem anderen Staat das Staatsvolk stellt.[91] In diesem Fall liegt ebenfalls

---

[86] Vgl. Despeux (Anm. 6) S. 74.
[87] Vgl. Blumenwitz (Anm. 83) S. 29 sowie Ermacora (Anm. 83) S. 46.
Nach Ermacora (Anm. 83) S. 45 ff. kann als sprachliche Minderheit im Sinne des Rechts der Vereinten Nationen „eine Gruppe angesehen werden, deren Angehörige sich schriftlich und/oder mündlich, offensichtlich oder privat einer Sprache bedienen, die sich von der in einem bestimmten Gebiet gebrauchten Sprache unterscheidet und die nicht als Nationalsprache angesehen wird; Ziel dieser Gruppe ist die Aufrechterhaltung und Pflege dieser Sprache".
[88] Vgl. Blumenwitz (Anm. 83) S. 30.
[89] Vgl. Ludwig Steiner: Die Entwicklung des Minderheitenschutzes im Rahmen des Europarates. In: Minderheiten- und Volksgruppenrechte in Theorie und Praxis. Hrsg. von Dieter Blumenwitz und Gilbert Gornig (1993) S. 29 ff. (31).
[90] Vgl. Capotorti (Anm. 5) S. 415.
[91] Vgl. Blumenwitz (Anm. 83) S. 29 f.; Heinrich Klebes: Rahmenübereinkommen des Europarats zum Schutz nationaler Minderheiten. In: EuGRZ 1995, S. 262 ff. (263). Ermacora (Anm. 83)

nur eine Untergruppe einer religiösen, sprachlichen oder ethnischen Minderheit vor, wenn sich das dortige Staatsvolk aufgrund religiöser, sprachlicher oder ethnischer Aspekte von dem Mehrheitsvolk des Wohnsitzstaates der Minderheit unterscheidet. Liegt eine solche Unterscheidung nicht vor, handelt es sich um keine Minderheit. Aus diesem Grund können beispielsweise die Österreicher in Deutschland niemals eine Minderheit darstellen. Das Europäische Rahmenübereinkommen, das ständig den Begriff der nationalen Minderheit verwendet, definiert ihn nicht.[92] Es beschreibt damit aber jedenfalls nicht allein die Minderheit im Sinne eines ethnischen Bandes mit einer anderen Nation, sondern die religiöse, sprachliche oder ethnische Minderheit innerhalb eines Staates, deren Angehörige die Staatsangehörigkeit des Wohnsitzstaates haben. Damit handelt es sich auch hier um einen Fall, den wir im Rahmen der Behandlung der Abgrenzung nach Eigenarten keiner gesonderten Betrachtung unterziehen müssen, da nur noch eine weitere Komponente, nämlich die der Staatsangehörigkeit, mit einbezogen wurde.

Die sexuellen, sozialen, beruflichen und Altersminderheiten sowie Behinderte spielen als Minderheiten im Völkerrecht grundsätzlich keine Rolle.[93]

b. Das objektive Kriterium der numerischen Inferiorität

Nach der Definition Capotortis stellt eine Minderheit eine Gruppe dar, die numerisch kleiner ist als der Rest der Bevölkerung des Staates. Dieses Begriffsmerkmal ergibt sich aus dem Wortsinn, da „Minorität" ein „Weniger" im Verhältnis zu einer „Majorität", also einer Mehrheit der Bevölkerung darstellt.[94] Somit werden von vornherein bestimmte Gruppen nicht vom Begriff der Minderheit erfaßt.[95]

Dieses Merkmal darf allerdings nicht zu Mißverständnissen bei der Wahl der Vergleichsgruppen führen: Festgehalten werden muß, daß der numerische Vergleich mit der *gesamten* restlichen Bevölkerung des betreffenden Staatsgebietes vorgenommen werden muß und nicht mit einer anderen Gruppe der Bevölkerung. So ist es bei der Bestimmung der numerischen Inferiorität nicht zulässig, einen zahlenmäßigen Vergleich der einen Minderheit mit der anderen Minderheit – also etwa der Friesen mit den Dänen – anzustellen.

Wenn in einem Staat mehrere Volksgruppen existieren, ändert dies nichts an diesem Befund, da alle in dem Staatsgebiet ansässigen Volksgruppen zusammen das Staatsvolk bilden und somit die numerische Inferiorität einer Gruppe sich in ihrem Verhältnis zu allen anderen zusammen bestimmt.[96]

S. 46 definiert die nationale Minderheit als Menschengruppe, „die neben den bereits für eine ethnische Minderheit genannten Merkmalen den Willen besitzt, als Gruppe jene Rechte wahrzunehmen, die eine Teilnahme am politischen Entscheidungsprozeß entweder eines bestimmten Gebiets oder sogar auf nationaler Ebene ermöglichen, ohne dadurch anderen Ethnien in diesem Staat gleichgestellt zu sein".

[92] So Klebes (Anm. 91) S. 263.
[93] Vgl. Despeux (Anm. 6) S. 85 ff.
[94] Vgl. ebenda, S. 61 f.
[95] Vgl. ebenda, S. 59.
[96] Die Gesamtheit des Staatsvolkes sind somit alle Staatsangehörigen des Staates einschließlich der Angehörigen der Gruppe, die den Minderheitenstatus beansprucht. Es spielt keine Rolle, ob das Staatsvolk ansonsten eine homogene Gruppe bildet oder sich heterogen aus mehreren

c. Die machtmäßige Unterlegenheit der Minderheit

Ferner darf die als Minderheit zu qualifizierende Personengruppe sich nicht in einer dominierenden Rolle befinden, da sie in diesem Falle nicht besonders schutzwürdig wäre.[97] Unter den Begriff einer Minderheit fallen also nicht diejenigen Volksgruppen, die trotz ihrer zahlenmäßigen Unterlegenheit die Macht im Staate ausüben. Damit war die weiße Bevölkerung im Südafrika der Apartheid aufgrund ihrer staatstragenden Funktion trotz ihrer zahlenmäßigen Unterlegenheit keine Minderheit, der ein besonderer Schutz hätte zukommen müssen.[98] Die unterdrückte Mehrheit der farbigen Bevölkerung konnte sich auf das Selbstbestimmungsrecht berufen, nicht jedoch auf den Minderheitenschutz. An diesem Beispiel wird ersichtlich, daß der objektiven Voraussetzung der fehlenden Regierungsgewalt der Minderheit wesentliche Bedeutung zukommt.

d. Die Staatsangehörigkeit als ungeschriebenes objektives Begriffsmerkmal

Die Frage, ob eine auf einem bestimmten Gebiet lebende Volksgruppe die Staatsangehörigkeit des Wohnsitzstaates haben muß, ist immer wieder kontrovers diskutiert worden.[99]

Teilweise wird vertreten, gerade aus dem Wortlaut des Art. 27 IPBPR[100] müsse abgeleitet werden, daß der dort vorgesehene Schutz der Minderheiten auch den Schutz fremder Staatsangehöriger im Inland umfasse.[101] So gehören nach dieser Auffassung zu den Minderheiten nicht nur Personen, die die Staatsangehörigkeit ihres Wohnsitzstaates haben, sondern auch ausländische Staatsangehörige – vor allem ausländische Arbeitnehmer, die sich aus welchem Grund auch immer im Staatsgebiet aufhalten[102]:

„L'article 27 confère des droits aux personnes appartenant aux minorités qui ‚existent' dans L'État partie. Etant donné la nature et la portée des droits énoncés dans cet article, il n'est pas justifié de determiner le degré de permanence que suppose le terme ‚exister'. Il s'agit simplement du fait que les individus appartenant à ces minorités ne doivent pas

---

Gruppen zusammensetzt.

[97] Capotorti (Anm. 5) S. 411 begründet dies damit, daß die dominante Minorität gegenüber der nicht dominanten Majorität keiner Gefahr der Unterdrückung ausgesetzt sei und damit keinen internationalen Schutz beanspruchen müsse.

[98] Vgl. Doehring (Anm. 1) Rdnr. 1017; Matthias Weinberg: Schutz der deutschen Minderheiten in Polen nach den Weltkriegen. Ein Vergleich unter Berücksichtigung der aktuellen Rechtslage (1997) S. 54 sowie Capotorti (Anm. 5) S. 411.

[99] Vgl. Alfred-Maurice de Zayas: Minderheitenschutz und Volksgruppenrecht aus der Sicht der Vereinten Nationen. In: Fortentwicklung des Minderheitenschutzes (Anm. 57) S. 135 ff. (136).

[100] Art. 27 IPBPR statuiert: „In Staaten mit ethnischen, religiösen oder sprachlichen Minderheiten darf Angehörigen solcher Minderheiten nicht das Recht vorenthalten werden, gemeinsam mit anderen Angehörigen ihrer Gruppe ihr eigenes kulturelles Leben zu pflegen, ihre eigene Religion zu bekennen und auszuüben oder sich ihrer eigenen Sprache zu bedienen." Text s. UNTS, vol. 999, S. 171 ff. sowie BGBl. 1973 II, S. 1534 ff.

[101] Vgl. dazu auch Hailbronner (Anm. 1) Rdnr. 289, der aber keine Stellung bezieht.

[102] Menschenrechtskommission, Observation générale 23 (Article 27) HRI/GEN/Rev. 1, 44 vom 29. Juli 1994.

être privés du droit d'avoir, en commun avec les autres membres de leur groupe, leur propre vie culturelle, de pratiquer leur religion et de parler leur langue. De même que ces individus ne doivent pas nécessairement etre des nationaux ou des ressortissants, il ne doivent pas non plus nécessairement être des résidents permanents. Ainsi, les travailleur migrants ou même les personnes de passage dans un État partie qui constituent pareilles minorités ont le droit de ne pas être privés de l'exercise de ces droits."

Dafür würde die Interpretation des Art. 27 IPBPR im Gegensatz zu Art. 25 IPBPR sprechen. Die in Art. 25 IPBPR garantierten Rechte stünden ausdrücklich nur den Staatsbürgern des jeweiligen Mitgliedstaates zu, während sich diese Einschränkung in Art. 27 IPBPR nicht finde.[103] Auch ließe sich der Regelung des Art. 2 IPBPR, wonach sich die im Pakt anerkannten Rechte allen im Gebiet des Vertragstaats befindlichen und seiner Herrschaftsgewalt unterstehenden Personen ohne Unterschied zu gewährleisten seien, entnehmen, daß der Pakt grundsätzlich alle im Staatsgebiet lebenden Personen ohne Rücksicht auf die Staatsangehörigkeit erfasse.[104] Eine Ausnahme bilde die Regelung des Art. 13 IPBPR, welche sich ausdrücklich auf Ausländer in dem betroffenen Staatsgebiet beziehe. Nur eine so weite Auslegung könne dazu beitragen, die Unterscheidung zwischen Staatsangehörigen und Fremden zu überwinden und die multikulturelle Gesellschaft zu verwirklichen.[105] Auch die Entstehungsgeschichte des IPBPR könne dahingehend gedeutet werden, Fremden den Minderheitenstatus einzuräumen, da Staatsangehörigkeit bewußt nicht als Voraussetzung für die Zugehörigkeit zu einer Minderheit aufgeführt wurde, obwohl man in der Ausschußsitzung die Problematik der Begrifflichkeit erkannte und vorgeschlagen wurde, die Ausdrücke „persons" durch „citizens" zu ersetzen.[106]

Ob Art. 27 IPBPR so zu interpretieren ist, scheint allerdings zweifelhaft, zeigen doch die Ansichten der Staatenvertreter auf den Sitzungen, daß Art. 27 IPBPR nur diejenigen Personen erfassen sollte, die auch die Staatsangehörigkeit des Aufenthaltsstaates besitzen. Gegen die Einbeziehung der Fremden sprechen ferner die zahlreichen weiteren im Rahmen der UNO erarbeiteten Definitionen, die alle die Staatsangehörigkeit der Mitglieder der Gruppe voraussetzen, ohne daß dies Gegenstand der Kritik gewesen wäre. Zudem widerspricht eine derart extensive Interpretation des Begriffs der Minderheit dem traditionellen Verständnis.[107] Eine weite Auslegung führte ferner zu einer nahezu völligen Zurückdrängung des völkerrechtlichen Fremdenrechts, aber auch zur Bedeutungslosigkeit des Minderheitenschutzes, könnte doch kaum ein Staat der Welt die Anforderungen an einen effektiven Minderheitenschutz erfüllen, bedenkt man, daß allein in Deutschland Angehörige von über dreihundert Minderheiten — in der hessischen Kleinstadt Stadtallendorf zum Beispiel über 60 Minderheiten — leben, die dann diese besondere Förderung

---

[103] Vgl. Manfred Nowak: UNO-Pakt über bürgerliche und politische Rechte und Fakultativprotokoll. CCPR-Kommentar (1989) Art. 27 IPBPR, Rdnr. 16, der in dem in Artikel 27 IPBPR statuierten Minderheitenschutz sogar schon ein Menschenrecht sieht.

[104] Vgl. Nowak (Anm. 103) Art. 27 IPBPR, Rdnr. 16.

[105] Vgl. Dietrich Franke, Rainer Hofmann: Nationale Minderheiten. Ein Thema für das Grundgesetz? In: EuGRZ 1992, S. 401 ff. (402).

[106] So der Vorschlag des indischen Delegierten. Seitens der irakischen Delegation wurde jedoch betont, daß aus ihrer Sicht der Begriff „persons" als „citizens" zu interpretieren sei; vgl. Nowak (Anm. 103) Art. 27 IPBPR, Rdnr. 16.

[107] Nowak (Anm. 103) Art. 27 IPBPR, Rdnr. 16.

beanspruchen könnten. Es ist auch verständlich, daß der Staat Fremde nicht besser behandeln möchte – und das fordert gerade ein effektiver Minderheitenschutz – als seine eigenen Staatsangehörigen. Deshalb muß Art. 27 IPBPR restriktiv ausgelegt werden, so daß sich der Minderheitenschutz nur auf diejenigen Personen beschränkt, die auch tatsächlich die Staatsangehörigkeit des Staates besitzen, dessen Schutz sie verlangen.[108]

Außerhalb der Interpretation des Art. 27 IPBPR hat sich die Diskussion um den Begriff des Minderheitenschutzes dahingehend entwickelt, daß die Staatsangehörigkeit ein wesentliches Kriterium für die Eigenschaft als Angehöriger einer Minderheit darstellt. Dies geht auch aus den verschiedenen Dokumenten hervor, die sich auf europäischer Ebene mit der Materie des Minderheitenschutzes befassen. So dokumentiert die Empfehlung 1177/1992 des Europarats, daß die Garantie des Schutzes bestimmter kultureller, sprachlicher oder religiöser Eigenschaften an die Staatsbürgerschaft geknüpft wird.[109] Aber auch das Rahmenübereinkommen von 1995 setzt die Staatsangehörigkeit als Begriffsmerkmal voraus. Auch wenn dies nicht im Text des Übereinkommens zum Ausdruck kommt, kann doch aus dem Kontext der Regelungen und in Anbetracht des Art. 4 des Rahmenübereinkommens der Schluß gezogen werden, daß das Rahmenübereinkommen nur auf die Minderheiten anzuwenden ist, die auch die Staatsangehörigkeit des Vertragsstaates besitzen.[110] Die Bundesrepublik Deutschland hat jedenfalls bei der Ratifikation des Rahmenübereinkommens zum Schutze der nationalen Minderheiten den Vorbehalt geäußert, daß die Bestimmungen des Übereinkommens nur auf die in Deutschland traditionell lebenden Minderheiten der Dänen, Friesen, Sorben, Sinti und Roma Anwendung finden.[111] Diese Erklärung wurde im Hinblick auf die vielen Millionen Gastarbeiter, Asylbewerber und Flüchtlinge in Deutschland abgegeben.

Demnach kann trotz der teilweise strittigen Betrachtungsweise der sich seit dem Zweiten Weltkrieg entwickelten Merkmale des Minderheitenbegriffs als weiteres Kriterium das Vorliegen der Staatsangehörigkeit des Aufenthaltsstaates gefordert werden.[112] Dies gilt sowohl für den Begriff der Minderheit im Sinne des Art. 27 IPBPR als auch für die im sonstigen Völkerrecht notwendige Definition der Minderheit. Allerdings muß die

---

[108] So auch de Zayas (Anm. 99) S. 136, der die Implementierung der Minderheitenschutzvorschriften weder auf Flüchtlinge und die Gastarbeiter noch auf soziale Minderheiten anwenden will.

[109] „[...] 4. Innerhalb dieser gemeinsamen Staatsbürgerschaft können die Bürger, die mit anderen bestimmte kulturelle, sprachliche oder vor allem religiöse Eigenschaften gemeinsam haben, jedoch den Wunsch haben, daß sie anerkannt werden und ihnen die Möglichkeit garantiert wird, diese Eigenschaften zum Ausdruck zu bringen [...]"; Text s. BT-Drs. 12/3018 vom 8. Juli 1992 sowie Blumenwitz: Minderheiten- und Volksgruppenrecht (Anm. 83) S. 170 f.

[110] BT-Drs. 13/6912, S. 30 f.

[111] Bei den Dänen handelt es sich um eine nationale Minderheit, bei den Friesen um eine Volksgruppe und bei den Sorben, den Sinti und Roma um ein Volk.

[112] Die Definition des Begriffs der Minderheit der fünften Sitzungsperiode der Unterkommission für die Verhinderung von Diskriminierung und für den Schutz von Minderheiten verlangte zwar nicht die Staatsangehörigkeit der Mitglieder, die Minderheiten sollten jedoch ihrem Wohnsitzstaat gegenüber Loyalität aufbringen. Vgl. UN Doc. E/CN.4/Sub. 2/149: „[...] iii) les minorités doivent faire preuve de loyalisme à l'égard de L'État dont elles font parties." Commission des droits de l'Homme. Sous-commission pour l'abolition des mesures discriminatoires et pour la protection des minorités. Rapport sur la cinquième session, 1952.

Minderheit nicht ausschließlich aus Staatsangehörigen bestehen, so daß es unschädlich ist, wenn sich Nichtstaatsangehörige der Minderheit anschließen. Aus diesem Grund kann auch eine Gruppe vom Minderheitenschutz profitieren, obwohl manche ihrer Angehörigen die Staatsangehörigkeit des Wohnsitzstaates ablehnen oder ihnen die Staatsangehörigkeit vom Wohnsitzstaat vorenthalten wird. Diejenigen, die nicht die Staatsangehörigkeit des Wohnsitzstaates haben, sind als Individuen dem völkerrechtlichen Fremdenrecht gemäß zu behandeln. Eine Ausnahme vom Erfordernis der Staatsangehörigkeit wird man beispielsweise dann annehmen können, wenn Angehörige einer — faktischen — Minderheit trotz ihrer Anträge in willkürlicher Weise nicht eingebürgert werden. Wird Angehörigen einer Gruppe in völkerrechtswidriger Weise[113] die Staatsangehörigkeit entzogen, steht der Gruppe nach wie vor der völkerrechtliche Minderheitenstatus zu.

e. Das Merkmal der Stabilität

Die bislang abgeschlossenen universellen und regionalen Abkommen beziehen sich auf Minderheiten, die seit unvordenklichen Zeiten auf dem Staatsgebiet der Vertragsstaaten leben oder aufgrund völkerrechtlich relevanter Vorgänge mit ihrem Siedlungsgebiet einem bestimmten Staat zugewiesen wurden. Es ist daher fraglich, ob später zugezogene Ausländer und deren Nachkommen durch nachträgliche Einbürgerung in den Genuß der bestehenden Minderheitenschutzbestimmungen kommen könnten.

Das Merkmal einer gewissen Stabilität der Gruppe verhindert, daß eine sich nur vorübergehend im Lande aufhaltende Volksgruppe mit Unterstützung des Völkerrechts den Status als Minderheit beanspruchen kann. Gerade bei einem starken Zustrom von Gastarbeitern, Asylanten und Flüchtlingen in ein Land dürfte es bei mangelnder Assimilierungsbereitschaft der Gruppen zu einer rasanten Vermehrung von Minderheitengruppen kommen, deren Schutz der Staat nicht mehr bewerkstelligen könnte, was im übrigen auch zu Lasten der autochthonen Gruppen ginge. So haben sich durch den erhöhten Zuzug von Gastarbeitern nach Mitteleuropa aus Ländern wie Italien oder der Türkei regional starke Einwanderungsgruppen herausgebildet, die — gefördert durch natürliche Sprachbarrieren — die eigene Kultur in ihrem Umfeld aufrechterhalten und teilweise auch weiterentwickelt haben. Es ist nicht verwunderlich, daß Stabilität als Voraussetzung der Anerkennung als Minderheit gerade von den Ländern mit Nachdruck gefordert wurde, die sich nach dem Zweiten Weltkrieg einem gewaltigen Zustrom von Immigranten gegenübergestellt sahen. Sie hegten die Befürchtung, daß durch eine zu schnelle Anerkennung von Minderheiten die nationale Einheit ihres Staates gefährdet werden könnte. So stellte das Einwanderungsland Chile bei den Ausarbeitungen zum Menschenrechtspakt den Antrag, das Merkmal der Stabilität als weitere Voraussetzung für das Vorliegen einer

---

[113] Nach Art. 15 der — rechtlich unverbindlichen — Allgemeinen Erklärung der Menschenrechte vom 10. Dez. 1948 (Resolution 217 III der Generalversammlung der Vereinten Nationen, Text s. Sartorius II, Nr. 19) sind willkürliche Entziehungen der Staatsangehörigkeit unzulässig. Art. 9 der UN-Konvention über die Verminderung der Staatenlosigkeit vom 30. Aug. 1961 (Text: BGBl. 1977 II, S. 598 ff.) verbietet die Entziehung der Staatsangehörigkeit aus rassischen, religiösen oder politischen Gründen.

Minderheit aufzunehmen.[114]

Das Kriterium der Stabilität war auch Gegenstand der Verhandlungen zu Art. 27 IPBPR. Entgegen der deutschen Übersetzung gehen beide Originaltexte von Minderheiten aus, die bereits auf dem Staatsgebiet der Signatarstaaten leben.[115] Dieses Stabilitätserfordernis verhindert, daß Immigranten sofort den Minderheitenstatus beanspruchen können. Es sei aber darauf hingewiesen, daß von der Menschenrechtskommission eine Erklärung bekannt ist, wonach es nicht gerechtfertigt sei, Anforderungen an eine bestimmte Aufenthaltsdauer im Inland zu stellen.[116] Der authentische Wortlaut des Art. 27 IPBPR legt jedoch die Interpretation nahe, daß Gruppen, die sich religiös, sprachlich oder ethnisch von der Majorität abgrenzen, zumindest eine gewisse historische Stabilität aufweisen müssen.[117] Mit einem Aufenthalt als Gastarbeiter, Asylbewerber oder Bürgerkriegsflüchtling genügt man also nicht dem Stabilitätserfordernis, das Art. 27 IPBPR an den Status als Minderheit knüpft. Da Gastarbeiter, Asylbewerber oder Bürgerkriegsflüchtlinge in der Regel nicht die Staatsangehörigkeit des Gastlandes besitzen, kommt eine Anwendung der in Art. 27 IPBPR statuierten Rechte aber schon aus diesem Grund für sie nicht in Betracht. Staatsbürger, die neben ihrer ursprünglichen Staatsangehörigkeit auch die Staatsangehörigkeit des Aufenthaltsstaates angenommen haben, werden gerade aufgrund dieser doppelten Staatsangehörigkeit und der damit existierenden engen Verbindung zum Herkunftsland oftmals keine derartige Stabilität als Minderheit aufweisen, die sie in den Genuß des Schutzes von Art. 27 IPBPR bringt.

Das europäische Rahmenübereinkommen führt nirgendwo das Kriterium der Stabilität auf. Dennoch gab es während der Entstehungsgeschichte des Minderheitenschutzes in der Nachkriegszeit immer wieder Bestrebungen, eine derartige Anforderung an den Status als Minderheit zu stellen. Ansätze dafür enthält auch der Vorschlag seitens der österreichischen Regierung an den Ministerrat der KSZE von 1991: So sollte die Definition des Begriffs „Volksgruppe" als teilweises Synonym des Begriffs der Minderheit das Erfordernis der traditionellen Beheimatung („traditional residence") enthalten. Nach der Praxis Österreichs ist dieses Kriterium der traditionellen Beheimatung dann erfüllt, wenn die Gruppe seit mindestens drei Generationen im Staatsgebiet angesiedelt ist.[118] Eine derartige zeitliche Dimension fand allerdings weder in die Definition des Begriffs „Volksgruppe" noch in die Definition des Begriffs „Minderheit" Aufnahme.

Bei der Hinterlegung der Ratifikationsurkunde des europäischen Rahmenübereinkommens zum Schutz von Minderheiten oblag es dem Signatarstaat, hinsichtlich des Stabilitätserfordernisses Vorbehalte zu äußern. Die Bundesrepublik Deutschland ist dieser Möglichkeit nachgekommen, als sie bei der Ratifikation den Vorbehalt äußerte, daß das Rahmenübereinkommen nur für diejenigen Minderheiten in der Bundesrepublik Deutschland Anwendung finden soll, die sich traditionell auf dem Staatsgebiet aufhalten. Da hierbei auch die in den Schutzbereich einbezogenen Gruppen *expressis verbis* bezeichnet worden

---

[114] Nowak (Anm. 103) Art. 27 IPBPR, Rdnr. 19.

[115] So heißt es im englischen Text: „In those states in which [...] minorities exist [...]" und in der französischen Ausgabe: „Dans les États où il existe des minorités [...]".

[116] Menschenrechtskommission, Observation générale 23 (Article 27) HRI/GEN/Rev. 1, 44 vom 29. Juli 1994. Oben im Text zitiert.

[117] Nowak (Anm. 103) Art. 27 IPBPR, Rdnr. 20.

[118] Vgl. Steiner (Anm. 89) S. 35.

sind, ist dieser Vorbehalt auch nicht dynamisch, das heißt, das Rahmenübereinkommen wird sich nicht nach Zeitablauf von mehreren Jahrzehnten auf permanent im Bundesgebiet lebende, nicht assimilierte Gruppen erstrecken. Eine Erweiterung des Anwendungsbereichs des europäischen Rahmenübereinkommens zum Schutz nationaler Minderheiten könnte nur durch eine Abänderung oder Streichung des hinterlegten Vorbehalts erreicht werden. Wollte die Bundesrepublik Deutschland irgendwann eine Änderung vornehmen, müßte sie Regeln zur Lösung der Frage aufstellen, ab welchem Zeitpunkt eine Gruppe traditionell auf ihrem Hoheitsgebiet beheimatet sein muß, um Willkür und Ungleichbehandlung auszuschließen. Ob hinsichtlich der Wanderbewegungen der Arbeitnehmer in den letzten Jahrzehnten ein Zeitraum von drei Generationen, so wie es die österreichische Praxis vorsieht, ausreicht, ist allerdings fraglich. Nach der in den letzten Jahrzehnten entstandenen fortschreitenden Erleichterung der Niederlassung in anderen Staaten im Rahmen der Vereinbarungen auf dem Gebiet der Europäischen Union darf die Grenze der traditionellen Beheimatung nicht zu niedrig gesetzt werden, da bei nicht restriktiver Handhabung der Bestimmung nach kürzester Zeit eine zu große Zahl von Gruppen in den Genuß der Minderheitenrechte kommen würde mit der Folge, daß effektiver Minderheitenschutz nicht mehr zu leisten wäre. Aber auch die Erleichterung des grenzüberschreitenden Verkehrs aus nichteuropäischen Staaten muß dazu führen, eine restriktive Handhabung des Begriffes der traditionellen Beheimatung sicherzustellen.

Auch auf der Tagung des Europarats 1992 gab es diesbezüglich keine Einigung: So vertraten die skandinavischen Delegierten die Ansicht, daß unter den Begriff der Minderheit auch Flüchtlinge fallen sollten; die türkische Delegation war — wohl geleitet vom Bestreben, die Stellung ihrer Landsleute im Ausland zu verbessern — sogar der Auffassung, auch Wanderarbeiter sollten unter den Begriff der Minderheit fallen. Im Entwurf des Zusatzprotokolls wurde dann jedoch bei der Formulierung des Begriffes der nationalen Minderheit die Aufrechterhaltung einer langjährigen, festen und dauerhaften Verbindung zu dem Aufenthaltsstaat vorausgesetzt.[119]

Der völkerrechtliche Minderheitenstatus geht nicht dadurch verloren, daß eine Minderheitengruppe durch völkerrechtswidrige Maßnahmen wie Zerstreuung oder Umsiedlung der Bevölkerung ihre Stabilität verliert.

f. Schicksalsgemeinschaft aufgrund territorialbezogener völkerrechtlicher Akte

Ausgehend von dem Gedanken, daß es nicht Aufgabe der Staatengemeinschaft sein kann, aufgrund freiwilligen Entschlusses in ein Staatsgebiet immigrierte Personen unter einen besonderen, gegenüber der einheimischen Bevölkerung teilweise sogar hervorgehobenen Schutz zu stellen, muß noch ein weiteres Kriterium zur Bestimmung einer Minderheit hinzukommen, nämlich ein ganz spezieller völkerrechtlicher Akt, der die Gruppe zur Schicksalsgemeinschaft gemacht hat, die es zu schützen gilt.

Deshalb ist es sinnvoll, nur solche Personengruppen zu schützen, die aufgrund völkerrechtlich relevanter Vorgänge zu einer Minorität geworden sind. Dazu gehören Staatsgründungen eines Mehrheitsvolkes unter Einbeziehung des Siedlungsgebiets einer oder mehrerer sich davon unterscheidender Volksgruppen. Als völkerrechtlich relevante Vorgänge

---

[119] Vgl. Steiner (Anm. 89) S. 36 f.

kommen ferner Grenzverschiebungen durch Zession, Sezession, Annexion oder Fusion in Betracht[120], schließlich Zwangsumsiedlungen, Flucht und Vertreibung.

Wesentlicher Aspekt dieser Sichtweise ist aber, daß nur solche Gruppen als Minderheiten anzusehen sind, die entgegen oder ohne ihren Willen in ein bestimmtes Staatsgebiet gelangt sind — sei es, daß das fremde Staatsgebiet zu ihrem Siedlungsgebiet gekommen ist, sei es, daß sie unfreiwillig in ein fremdes Staatsgebiet ausgesiedelt wurden. Sind sie dagegen freiwillig umgesiedelt, muß ihnen nicht der Schutz der Staatengemeinschaft zuteil werden. Auch deswegen fallen Wanderarbeitnehmer nicht unter die Definition der Minderheit im völkerrechtlichen Sinne, auch dann nicht, wenn sie ein stabiles Gruppenbewußtsein entwickeln. Es bleibt allerdings den Staaten unbenommen, faktische Minderheiten als solche anzuerkennen, ihnen im innerstaatlichen Recht Minderheitenschutz zukommen zu lassen und sie auch völkerrechtlich dem Minderheitenschutz zu unterstellen. Dies wird insbesondere dann zu begrüßen sein, wenn vor Jahrhunderten eine Bevölkerungsgruppe eingewandert ist und sich als Volksgruppe seit jener Zeit behauptet.

g. Weitere objektive Kriterien

Weitere objektive Kriterien werden in der völkerrechtlichen Literatur nicht gefordert. Die räumliche Ausbreitung einer Minderheit auf dem nationalen Gebiet, ihr Ursprung und historisches Zusammenwachsen, die wirtschaftliche Lage der Minderheit oder die soziale Zusammensetzung ihrer Mitglieder sind daher Faktoren, die für die Minderheitendefinition keine Rolle spielen.

Häufig wird die Frage aufgeworfen, wie viele Personen eine Gruppe zählen müsse, um ihr den Status einer Minderheit zubilligen zu können, ob also die Gruppe aus einer Mindestzahl von Angehörigen bestehen muß. Prinzipiell genügt das Vorhandensein von zwei Personen, um eine Minderheit zu bilden. Aber diese Frage stellt sich nicht, da eine Gruppe von zwei Personen in der Regel nicht die weiteren Voraussetzungen erfüllen wird: Sprache, Rasse, Kultur und Religion sind Merkmale, die gewöhnlich nicht nur auf zwei Personen zutreffen. Zudem wird diese Gruppe nicht die geforderte Stabilität aufweisen.

2. Das Erfordernis subjektiver Kriterien

a. Zugehörigkeitsgefühl

Die Beurteilung der Minderheiteneigenschaft kann sich nicht nur auf das Vorliegen von objektiven Kriterien beschränken. Damit würde man der Eigenschaft, Zugehöriger einer Minderheit zu sein, nicht gerecht. Welche Bedeutung sollten denn auch die objektiven Merkmale besitzen, wenn sich niemand zur Gruppe bekennt. Demnach muß neben dem Vorliegen der objektiven Voraussetzungen jedenfalls noch eine weitere subjektive

---

[120] Daß Grenzverschiebungen aufgrund bewaffneter Konflikte heute völkerrechtswidrig sind, kann hier dahingestellt bleiben. Vielmehr müssen auch diejenigen Gruppen in der Definition Berücksichtigung finden, die zu einem Zeitpunkt, als die Annexion noch nicht völkerrechtswidrig war, in ein anderes Staatsgebiet gelangt waren.

Komponente hinzukommen, nämlich das Zugehörigkeitsgefühl.

Zur Feststellung der Minderheiteneigenschaft bedarf es folglich des persönlichen Bekenntnisses des einzelnen hinsichtlich seiner Zugehörigkeit zu einer Minderheit. Dieses Identitätsgefühl ist also auf der individuellen Ebene angesiedelt. Es beruht auf einem psychologischen Prozeß, nach dem sich ein Mensch mit anderen Menschen aufgrund des einen oder anderen Merkmals verbunden fühlt.

Die Entscheidung, ob eine einzelne Person einer Minderheit angehört, obliegt ihrer Entscheidungsgewalt und hängt damit allein von ihrem − subjektiven − Bekenntnis ab. Der Staat darf keiner Person eine Minderheitenzugehörigkeit aufdrängen, auch wenn diese Person die objektiven Kriterien erfüllt. Umgekehrt darf der Staat eine Person, die die objektiven Kriterien erfüllt, auch nicht davon abhalten, sich zur Minderheit zu bekennen.

Aufgrund des Erfordernisses des subjektiven Identifikationsmerkmals können einzelne Personen, die innerhalb des Gruppengefüges leben, jedoch nicht als Angehörige der Minderheit angesehen werden wollen, sich der Behandlung als Angehörige einer Minderheit entziehen. Dies kann zur Folge haben, daß sich eine Minderheit im Laufe der Zeit derart der Kultur und Tradition des Aufenthaltsstaates annähert, daß ihre Charakteristika gänzlich verschwinden und sich die Minderheit auflöst. Diesem subjektiven Merkmal kommt damit gerade in Anbetracht häufig automatisch erfolgender Assimilationsprozesse erhebliche Bedeutung zu. Es kommt vor, daß eine Gruppe ihre traditionelle Identität im Laufe der Zeit verliert, sich subjektiv davon löst und sich der Mehrheit annähert, sich jedoch aufgrund objektiver Kriterien wie Sprache und Hautfarbe weiterhin von der Majorität unterscheidet. In derartigen Fällen würde ein Festhalten an den objektiven Kriterien eine Tradition am Leben erhalten, die von der Gruppe nicht mehr gepflegt wird und nicht mehr gepflegt werden will. Ein von der Minderheit angestrebter Assimilationsprozeß würde damit verhindert.

b. Solidaritätsgefühl

Neben dem Zugehörigkeitsgefühl muß auch der Wille vorhanden sein, diese Identität zu bewahren, zu schützen und zu fördern. Diese subjektive Komponente mag auch als Solidaritätsgefühl bezeichnet werden, da neben dem gemeinsamen Willen der Mitglieder, einer sich nach objektiven Kriterien unterscheidenden Gruppe anzugehören, auch der Wille vorhanden sein muß, ihre unterschiedlichen Charakteristiken − etwa hinsichtlich Abstammung, Sprache oder Religion − zu bewahren und einer Assimilation durch die sich unterscheidende Mehrheit entgegenzusteuern.[121] Das Solidaritätsgefühl folgt nicht zwingend aus dem Zugehörigkeitsgefühl, da bei Vorliegen des Zugehörigkeitsgefühls nicht unbedingt der Wille zur Traditionspflege vorhanden sein muß, das Solidaritätsgefühl setzt aber das Zugehörigkeitsgefühl voraus.

Während das Zugehörigkeitsgefühl sowohl individuell als auch kollektiv ist, ist das Solidaritätsgefühl ausschließlich auf der kollektiven Ebene angesiedelt. Daß einzelne Angehörige sich nicht mit dem Rest der Minderheit solidarisieren, ist für die Existenz der Minderheit nicht relevant, da es nur auf das prinzipielle Vorhandensein einer gemeinsamen Solidarität ankommt. Die gemeinsame Solidarität setzt also nicht die Summe der

---

[121] Vgl. Capotorti (Anm. 5) S. 411.

Zugehörigkeitsgefühle jedes Angehörigen der Gruppe voraus. Es handelt sich um ein Gefühl, das die gesamte Gemeinschaft betrifft, selbst wenn es nur auf individueller Ebene gespürt werden kann.[122]

Das Solidaritätsgefühl wurde schon durch die Rechtsprechung des StIGH hinsichtlich der Minderheiten in Oberschlesien (Minderheitenschulen) bestätigt und geht heute aus Ziffer 32.1 der Kopenhagener Dokumente vom 26. Juni 1990 hervor.[123] Aber auch in den Ausarbeitungen des Europarats wird auf dieses subjektive Kriterium wesentliches Gewicht gelegt. So wurde beispielsweise im Entwurf des Zusatzprotokolls zur EMRK eines eingesetzten Expertenkomitees als weiteres Merkmal einer nationalen Minderheit verlangt, daß die Gruppe von Personen von dem Wunsch beseelt sein müßte, die für ihre Identität charakteristischen Merkmale, insbesondere ihre Kultur, ihre Traditionen, ihre Religion oder ihre Sprache, zu erhalten.[124]

V. ZUSAMMENFASSUNG UND ERGEBNIS

Der Begriff der Minderheit setzt sich aus objektiven und subjektiven Komponenten zusammen: Die Minderheit muß sich objektiv — etwa in religiöser, sprachlicher oder ethnischer Hinsicht — von der Mehrheit unterscheiden. Sie muß im Verhältnis zur sonstigen Bevölkerung zahlenmäßig kleiner sein und darf die Mehrheit nicht dominieren. Personen, die den Schutz als Minderheit wollen, müssen Staatsangehörige des Staates sein, dem gegenüber sie Schutz beanspruchen und zusätzlich seit langer Zeit in diesem Staat als stabile Gruppe existieren. Schließlich muß die Gruppe unfreiwillig durch einen völkerrechtlich relevanten Akt in die Position der Schicksalsgemeinschaft einer Minderheit geraten sein. Subjektiv müssen erstens überhaupt Personen vorhanden sein, die sich zur Gruppe bekennen und zweitens diese Personen auch bereit sein, die Traditionen der Gruppe zu pflegen und zu entfalten.

Die Kriterien müssen kumulativ vorliegen. Selbst wenn alle Voraussetzungen bis auf eine erfüllt sind, bleibt der Gruppe aus Sicht des Völkerrechts der Status als Minderheit versagt. Diese Definition hindert die Staaten aber nicht, auch anderen Gruppen den Status einer Minderheit nach innerstaatlichem Recht zu garantieren.[125]

---

[122] Vgl. Despeux (Anm. 6) S. 70.

[123] Vgl. Ernst-Jörg von Studnitz: Politische Vertretung von Minderheiten- und Volksgruppenrechten auf verschiedenen staatlichen und zwischenstaatlichen Ebenen. In: Minderheiten- und Volksgruppenrechte (Anm. 89) S. 17 ff. (17) sowie Christian Pauls: Bestreben innerhalb der KSZE zur Verbesserung des Minderheitenschutzes. In: Fortentwicklung des Minderheitenschutzes (Anm. 57) S. 67 ff. (67).

[124] Vgl. Steiner (Anm. 89) S. 37.

[125] Nach dieser Definition würden die Sinti und Roma, soweit sie nicht die deutsche Staatsangehörigkeit haben, nicht unter den Begriff der Minderheit fallen. Das hindert die Bundesrepublik Deutschland aber nicht, diese, wie im Vorbehalt zum Rahmenübereinkommen geschehen, als solche zu respektieren.

Prof. Dr. Gilbert H. Gornig
Philipps-Universität Marburg
Fachbereich Rechtswissenschaften
Institut für öffentliches Recht, Abteilung Völkerrecht
Savigny-Haus
Universitätsstr. 6
D-35032 Marburg / Deutschland
Tel.: 06421-28-23127 / -23133
Fax: 06421-28-23853
Email: gornig@mailer.uni-marburg.de
Internet: staff-www.uni-marburg.de/~gornig bzw. voelkerrecht.com
Gilbert H. Gornig (geb. 1950): Studium der Rechtswissenschaften und Politischen Wissenschaften in Regensburg und Würzburg; 1984 Promotion zum doctor iuris utriusque in Würzburg; 1986 Habilitation; Lehrstuhlvertretungen in Mainz, Bayreuth und Göttingen; 1989 Direktor des Instituts für Völkerrecht an der Universität Göttingen und 1994–1995 Dekan; seit 1995 Inhaber des Lehrstuhls für öffentliches Recht, Völkerrecht und Europarecht an der Universität Marburg und Geschäftsführender Direktor des Instituts für öffentliches Recht; seit 1996 zudem Richter am Hessischen Verwaltungsgerichtshof in Kassel.
Forschungsschwerpunkte: Völkerrecht und Europarecht; zur Zeit aktuelle Fragen der Friedenssicherung, Menschenrechte, Finanzdienstleistungsrecht, Seerecht.
Auswahlbibliographie: Hongkong. Von der britischen Kronkolonie zur chinesischen Sonderverwaltungszone. Eine historische und rechtliche Betrachtung unter Mitarbeit von Zhang Zhao-qun. Köln 1998; Das rechtliche Schicksal der Danziger Kulturgüter seit 1939–45 am Beispiel der Naturforschenden Gesellschaft zu Danzig. Ein Rechtsgutachten. Köln 1999; Territoriale Entwicklung und Untergang Preußens. Eine historisch-völkerrechtliche Untersuchung. Köln 2000; Seeabgrenzungsrecht in der Ostsee. Eine Darstellung des völkerrechtlichen Seeabgrenzungsrechts unter besonderer Berücksichtigung der Ostseestaaten. Frankfurt am Main u. a. 2002.

Abstract
Gilbert H. Gornig: The Definition of Minorities with Respect to Public International Law and Historic Aspects.
In: A Century of the Protection of Minorities and Ethnic Groups. Ed. by Dieter Blumenwitz, Gilbert H. Gornig, and Dietrich Murswiek (Cologne 2001) pp. 19–48.
The term minority is made up of an objective as well as a subjective element: Objectively a minority must distinguish itself from the majority by way of religion, language or ethnic background. The group must be smaller in number than the rest of the population and must not dominate the majority. All, who seek to be protected as a minority, must be of the nationality of the state, against which they seek protection. Additionally they must exist as a stabile group for a considerable period of time in that particular state. Finally, the group's position as a minority must have been forcibly brought about by an act under public international law. From the subjective point of view there must firstly be a person claiming to be part of that group and he/she must

secondly be prepared to nurture and develop the traditions of the group. All these factors must be fulfilled. Even if all but one of the described conditions are fulfilled a group does not qualify as a minority under public international law. However, the above definition does not hinder a state from granting a particular group the status of a minority under its national law.[1]

Gilbert H. Gornig (born 1950): Studies in Law and Political Sciences in Regensburg and Wuerzburg; became a Doctor of Law (iuris utriusque) in Wuerzburg in 1984; habilitation 1986; lecturer in Mainz, Bayreuth and Goettingen; 1989 Director of the Institute of Public International Law at the University of Goettingen, Dean of the Faculty 1994/95; since 1995 holding the chair of Public Law, Public International Law and European Law at the Philipps University of Marburg, at the same time being the Executive Director of the Institute of Public Law; since 1996 also Judge at the Administrative Court of Hessen in Kassel (High Court).

Fields of Research: International Law; European Law; currently problems relating securing the peace, Human Rights, and Law of the Sea.

---

[1] According to the definition the Sinti and Roma (New Age Travellers), as far as they are of German nationality, would not be considered a minority. Nevertheless the Federal Republic of Germany grants them the status of a minority, as provided in the (Vorbehalt) to the "Rahmenübereinkommen".

Dieter Blumenwitz

Minderheitenschutz nach dem Ersten und dem Zweiten Weltkrieg
Ein Rechtsvergleich unter besonderer Berücksichtigung der deutschen Minderheit in Polen

Der am 10. Januar 1920 gegründete Völkerbund verkörperte die erste internationale Organisation, die mit Anspruch auf Universalität die Staatengemeinschaft vertrat. Eine seiner Aufgaben war es, einen effektiven Volksgruppenschutz zu gewährleisten. Dieser beruhte auf dem Grundsatz, daß die Staaten, die nach den grenzbezogenen Regelungen der Pariser Vorortsverträge fremdnationale Bevölkerung übernehmen, diesen im neuen Staatsverband Minderheitenschutz gewähren. Diesen Volksgruppen stand das sogenannte kleine Selbstbestimmungsrecht zu. Zu den territorial begünstigten Staaten zählte auch der nach dem Ersten Weltkrieg wiedererrichtete polnische Staat.

I. Polnischer Minderheitenschutzvertrag[1]

Der Polnische Minderheitenschutzvertrag (PMV) hatte seine Rechtsgrundlage in Art. 93 Abs. 1 i. V. m. Art. 86 Abs. 1 Versailler Vertrag vom 28. Juni 1919 und bestand aus zwölf Artikeln. In Art. 1 PMV war die verfassungsmäßige Garantie des internationalen Volksgruppenrechts niedergelegt; Polen war verpflichtet, die in Art. 2-8 PMV enthaltenen Bestimmungen als Grundgesetz anzuerkennen. Die materiellen Volksgruppenrechte, die im wesentlichen in der Gewährung von Menschenrechten ohne Unterschied der Geburt, der Nationalität, der Sprache, der Rasse oder der Religion bestanden und somit nur auf den Erhaltungsschutz der Volksgruppen zielten, waren in Art. 2-11 festgehalten, während das Volksgruppenschutzverfahren vor dem Völkerbund auf der Garantieklausel des Art. 12 PMV beruhte. Sie eröffneten für jedes Ratsmitglied die Möglichkeit, den Rat mit einer tatsächlichen, vermuteten oder möglichen Verletzung von Volksgruppenrechten zu befassen. Der Rat konnte daraufhin alle Maßnahmen, insbesondere die Einholung eines Rechtsgutachtens des Ständigen Internationalen Gerichtshofs (StIGH), treffen, die nach Lage des Falles wirksam und zweckmäßig schienen. Außerdem konnte gemäß Art. 12 Abs. 3 S. 2 PMV jedes Ratsmitglied einen Streit über die Rechtmäßigkeit jeder Handlung, die den PMV betraf, dem StIGH unterbreiten.

1. System des Polnischen Minderheitenschutzvertrages

Die Volksgruppe selbst bzw. deren Angehörige erwarben aus dem PMV keine Rechte, sondern ihnen kam der Schutz nur faktisch zu. Die Volksgruppen waren Objekt und

---

[1] Traité concernant la reconnaissance de l'indépendance de la Pologne et la protection des minorités; signé à Versailles, le 28 juin 1919; Text s. G. Fr. de Martens, Heinrich Triepel: Nouveau recueil général de traités. 3ième série. Vol. 13 (1925) S. 504-511.

nicht Subjekt der Volksgruppenrechte. Die Grundidee der völkerbundlichen Garantie war die Konzentration aller vertraglichen Beziehungen aus dem PMV auf das Verhältnis zwischen Völkerbund und Polen, dem hier verpflichteten Staat. Der Völkerbund erlangte das Recht und die korrespondierende Pflicht zur Umsetzung der Minderheitenschutzverträge. Zur Verwirklichung seines Anspruches auf Erfüllung der in den Verträgen niedergelegten Bestimmungen war dem Völkerbund auch die Funktion als Ankläger in einem Verfahren gegen den Wohnstaat der verletzten Volksgruppe zugedacht. Die vertraglichen Hauptmächte hatten dementsprechend auf ihr Recht der Intervention zugunsten der Volksgruppen verzichtet; die zum Volksgruppenschutz verpflichteten Wohnstaaten wurden somit durch die Volksgruppenschutzverträge vor der Gefahr der Einmischung eines fremden Staates in ihre inneren Angelegenheiten geschützt. Durch den Verzicht der vertraglichen Hauptmächte auf das Interventionsrecht hatte der Völkerbund aber nicht das Recht und die Pflicht zu einer eigenmächtigen Intervention erhalten, sondern er hatte in einem mit besonderen Rechtsgarantien ausgestatteten Verfahren über einen Streitfall nach Recht und Billigkeit zu entscheiden. Hieraus ergab sich für den Völkerbund neben seinen Funktionen als Anspruchsinhaber und Kläger auch die Rolle des Richters. Die verschiedenen Funktionen des Völkerbundes in dem Verfahren wurden durch die Völkerbundorgane (Generalsekretär, Ratsmitglied, Dreierkommission, Völkerbundrat, StIGH) wahrgenommen. Die maßgeblichen Völkerbundorgane waren selbst keine Prozeßparteien, sondern vertraten den Völkerbund in seiner jeweiligen Funktion.

Problematisch am Volksgruppenschutzverfahren des Völkerbundes war, daß lediglich der StIGH ein unabhängiges Organ darstellte und nur seine Urteile verpflichtend waren. Demgegenüber war insbesondere der Völkerbundrat ein politisches Organ; seine ständigen und nichtständigen Mitglieder waren ihren Regierungen gegenüber weisungsgebunden. Hinzu kam, daß die Entscheidungen des Völkerbundrates außer in Verfahrensfragen der Einstimmigkeit bedurften. Problematisch bei den Entscheidungen des Rates war schließlich auch, daß er nicht das Recht hatte, seine Entscheidungen durch Zwang zu vollstrecken. Der Rat konnte seine Garantieverpflichtung somit nur durch Vermittlung ausüben.

2. Die Verfahren

Aus Art. 12 PMV und den diesen konkretisierenden Beschlüssen des Völkerbundrates ergaben sich insgesamt vier Verfahren zur Regelung von Konflikten:
1. das Standardverfahren;
2. das Petitionsverfahren;
3. die Kommunikationsbeschwerde;
4. die Verfahrenseröffnung ohne Initiative.[2]

---

[2] Vgl. M. Silagi: Der Minderheitenschutz vor dem Ständigen Internationalen Gerichtshof. In: Ein Jahrhundert Minderheiten- und Volksgruppenschutz. Hrsg. von Dieter Blumenwitz, Gilbert H. Gornig und Dietrich Murswiek (2001) S. 101–124. Von Angehörigen der deutschen Minderheit in Polen wurden bis 1938 etwa 100 Beschwerden dem „Committee of Three" unterbreitet, das hiervon sechs an den Völkerbundrat weiterleitete; vgl. J. S. Roucek: Procedure in Minorities Complaints. In: AJIL 23 (1929) S. 538–551 sowie H. Raschhofer: Hauptprobleme des Nationalitätenrechts.

Grundsätzlich ist festzuhalten, daß das Recht der Ratsmitglieder, den StIGH gemäß Art. 12 Abs. 3 PMV zum Zwecke einer Entscheidung anzurufen, die Möglichkeit beinhaltete, jeden Streit über eine Verletzung des PMV der richterlichen Entscheidung zu unterwerfen. Es bestand insoweit eine umfassende Justitiabilität der Volksgruppenrechte des PMV.

II. Das Oberschlesienabkommen vom 15. Mai 1922[3]

Das am 15. Mai 1922 von Deutschland und Polen in Genf unterzeichnete Oberschlesienabkommen (OSA) führte in vielen Punkten über den PMV hinaus. Auch die Volksgruppenangehörigen konnten den Völkerbundrat anrufen, und dieser mußte über die Sache befinden. Die Volksgruppenangehörigen hatten somit im Gegensatz zu dem Verfahren nach dem PMV selbst unmittelbare Rechtsmittelbefugnisse, die zusammen mit den Verfahren nach dem PMV eine weitreichende „Volksgruppengerichtsbarkeit" bildeten.

1. Ausgangslage und Geltung

Dem OSA ging das gemäß Art. 88 Versailler Vertrag vorgesehene Plebiszit voraus. Art. 88 Versailler Vertrag bestimmte, daß „in dem von den unten beschriebenen Grenzen eingeschlossenen Teil Oberschlesiens die Bewohner aufgerufen werden, durch Abstimmung zu entscheiden, ob sie zu Deutschland oder Polen gehören wollen."

Das Plebiszit betraf 2,28 Millionen Einwohner auf einer Fläche von 18.309 km². Am 20. März 1921 entschieden sich 59,4% der Abstimmenden für Deutschland und 40,6% für Polen. Da die 834 Gemeinden, die sich für Polen entschieden, und die 701 Gemeinden, die für ihre Zugehörigkeit zu Deutschland votiert hatten, nicht jeweils in einem geschlossenen Gebiet lagen, sondern sich in Gemengelage befanden, war eine Grenzziehung entsprechend den Abstimmungsergebnissen nicht möglich. Die Alliierten weigerten sich, das Ergebnis offiziell anzuerkennen und teilten das Abstimmungsgebiet letztlich zugunsten Polens.

In Art. 92 Versailler Vertrag war festgelegt, daß die Klärung weiterer offener Fragen bezüglich Oberschlesiens auf der Basis einer deutsch-polnischen Vereinbarung erfolgen sollte. Eine solche offene Frage war die Regelung des Volksgruppenschutzes in diesem Gebiet. Die Vereinbarung erfolgte in Form des OSA vom 15. Mai 1922.

Das OSA galt für beide Teile des Abstimmungsgebietes. Darüber hinaus war die Geltung des OSA bis zum 15. Juli 1937 befristet.

2. Systematik

Das OSA bestand aus insgesamt 606 Artikeln. Diese verteilten sich auf sechs Teile, wobei die einzelnen Teile wiederum in Titel, Kapitel und Abschnitte untergliedert waren. Im Vordergrund des Abkommens standen hauptsächlich die Erhaltung des wirtschaftlichen

---

[3] Convention concernant la Haut-Silésie; signée à Genève, le 15 mars 1922, suivie d'une Declaration, signée à Oppeln, le 3 juin 1922 d'un Procès-Verbal, signé à Dresde, le 18 décembre 1922 et d'un Arrangement, signé à Berlin, le 14 juillet 1923; Text s. Martens/Triepel (Anm. 1) Vol. 16 (1927) S. 645–875.

Zusammenhalts Oberschlesiens (Teil V: Art. 216-562) und die Regelung des Volksgruppenschutzes (Teil III: Art. 64-158).

Der für den Volksgruppenschutz maßgebliche Teil III beinhaltete drei Titel:
- Titel I (Art. 64-72) mit den Artikeln des PMV, die auch in Oberschlesien anzuwenden waren. Im einzelnen waren dies die Art. 1, 2, 7-12 PMV;
- Titel II (Art. 73-146) mit den materiellen Volksgruppenrechten (bürgerliche und politische Rechte, Religion, Regelungen für den Privatunterricht, den mittleren und höheren Unterricht, den öffentlichen Elementarunterricht und für die Sprache in der Verwaltung und in den Gerichten);
- Titel III (Art. 147-158) mit der Regelung der Eingaben und Rechtsmittel.

Das OSA beinhaltete im Rahmen des Volksgruppenschutzverfahrens wesentliche Abweichungen zu dem PMV, da weitere Organe und Verfahrensarten vorgesehen waren. Die weiteren Organe waren die Minderheitenämter, der Präsident der Gemischten Kommission und das Schiedsgericht für Verletzungen des OSA. Die Minderheitenämter und die Gemischte Kommission bildeten eine Art „Auffangvorrichtung" vor der internationalen Gerichtsbarkeit, die eine einvernehmliche Lösung zwischen dem Staat und den Volksgruppen ermöglichte und den Staaten die Sorge vor internationaler Bloßstellung nehmen sollte.

Zu den Verfahren ist festzuhalten, daß das OSA keine Generalklausel für die Geltendmachung von Vertragsverletzungen enthielt, daß es vielmehr eine Vielzahl von Möglichkeiten für die Volksgruppenangehörigen und die Vertragsstaaten des OSA gab, bei Verletzung der Rechte der Volksgruppenangehörigen internationale Rechtsmittel geltend zu machen.[4]

III. Verfahren der deutschen Volksgruppe in Polen vor dem StIGH
Der „Minderheitenschulenfall"

Von den sechs deutsch-polnischen Fällen[5] betrafen drei die Situation deutscher Volksgruppenangehöriger in Oberschlesien. Der wichtigste war der „Minderheitenschulenfall",

---

[4] Im einzelnen gab es folgende Verfahren:
Verfahren nach Art. 72 OSA entsprechend Art. 12 PMV;
Verfahren nach Art. 585 OSA als Mitteilung an den Präsidenten der Gemischten Kommission;
Verfahren nach Art. 147 OSA als Eingabe direkt beim Völkerbundrat;
Verfahren nach Art. 149 als Beschwerde an das Minderheitenamt;
Verfahren vor dem Schiedsgericht;
Evokation nach Art. 588 OSA;
Verfahren nach Art. 5 OSA als Schadensersatzklagen bei Enteignungen;
Verfahren nach den Art. 50 ff und 292 ff OSA sowie
Verfahren nach Art. 23 OSA bei Enteignungen.

[5] Vgl. die Nachweise oben in Anm. 2. Es handelt sich im einzelnen um
Aquisition of Polish Nationality (Advisory Opinion of 23 Sept. 1923, PCIJ B 7);
German Settlers in Poland (Advisory Opinion of 10 Sept. 1923, PCIJ B 6);
German Minority Schools in Upper Silesia (Judgment of 26 April 1928, PCIJ A 15;
 Advisory Opinion of 15 May 1931, PCIJ A/B 40);
Prince von Pless Administration (PCIJ A/B 52, 54, 57, 59);
Polish Agrarian Reform (PCIJ A/B 58/60) und
German Interests in Polish Upper Silesia (PCIJ A 6, 7, 9, 13, 17) = sogenannter Chorzów-Fall.

der Ausgangspunkt vieler noch heute gültiger Grundsätze des Volksgruppenschutzes ist.[6]

1. Streitgegenstand

Im Mai 1926 fanden in Polnisch-Oberschlesien die Anmeldungen zu den Schulen der deutschen Volksgruppe statt; angemeldet wurden über 8.500 Kinder. Die polnischen Behörden erklärten im Rahmen einer verwaltungsrechtlichen Untersuchung 7.114 Anmeldungen für nichtig. Nach ihrer Auffassung waren in 1.307 Fällen die vorgeladenen Erziehungsberechtigten nicht erschienen und gehörten in 5.205 Fällen die Kinder nicht zu der deutschen Volksgruppe. Die Kinder wurden der deutschen Volksgruppe dann nicht zugerechnet, wenn als Muttersprache entweder „polnisch oder deutsch" oder „polnisch" angegeben war.

Die deutsche Regierung klagte am 2. Januar 1928 vor dem StIGH gegen das Vorgehen der polnischen Behörden und begehrte in ihrem Antrag, daß der StIGH erkennen möge,
- daß die Art. 74, 106 und 131 OSA für jeden einzelnen die uneingeschränkte Freiheit gewährleisteten[7];
- die Zugehörigkeit zu einer Volksgruppe nach eigenem Gewissen und eigener persönlicher Verantwortung zu erklären;
- ohne irgendwelche Prüfung, Bestreitung, Druck oder Behinderung durch die Behörden die Unterrichtssprache und die entsprechende Schule für das Kind zu wählen.

Die polnische Regierung vertrat demgegenüber den Standpunkt, daß die Volksgruppenzugehörigkeit eine Frage der tatsächlichen Verhältnisse und nicht des Willens des einzelnen sei.[8]

Der Antrag der deutschen Regierung betraf ein elementares Problem des Volksgruppenschutzes. Es ging um die Frage, ob die Volksgruppenzugehörigkeit primär von dem subjektiven Willen des einzelnen oder von objektiven Merkmalen abhängig ist.

2. Urteil

Der StIGH entschied mit acht gegen vier Stimmen, daß
- die Art. 74, 106 und 131 OSA allen Untertanen die Freiheit gewährten, die Zugehörigkeit zu einer Volksgruppe nach eigenem Gewissen und eigener persönlicher Verantwortung zu erklären sowie die Sprache des Kindes, für dessen Erziehung sie gesetzlich verantwortlich waren, zu wählen;

---

[6] Vgl. hierzu auch G. Gornig: Die Definition des europäischen Minderheitenbegriffs und der Minderheitenrechte aus historisch-völkerrechtlicher Sicht. In: Ein Jahrhundert Minderheiten- und Volksgruppenschutz (Anm. 2) S. 19–44.

[7] „[...] establish the unfettered liberty of an individual to declare according to his own conscience and on his own personal responsibility that he himself does or does not belong to a racial, linguistic or religious minority and to choose the language of instruction and the corresponding school for the pupil or child for whose education he is legally responsible, subject to no verification, dispute, pressure or hinderance in any form whatsoever by the authorities".

[8] Die Volksgruppenzugehörigkeit war demnach eine „question of fact and not one of intention"; die Erklärung einer Person über ihre Volkszugehörigkeit, die im offenkundigen Widerspruch zu den Tatsachen stand, sei rechtsmißbräuchlich und nichtig.

– aber nicht das uneingeschränkte Recht bestand, eine Volksgruppenschule für den Unterricht des Kindes zu wählen.

Die Urteilsbegründung des StIGH ist in sich widersprüchlich, da aus ihr nicht klar hervorgeht, wann eine Person einer Volksgruppe angehörig sein kann. Der StIGH ging bei der Untersuchung dieses Problems zunächst davon aus, daß es eine Frage der tatsächlichen Verhältnisse sei, ob eine Person einer Volksgruppe angehört oder nicht, kam dabei jedoch nicht umhin festzustellen, daß es gerade in Oberschlesien viele Fälle gab, in denen sich die Zugehörigkeit zu einer Volksgruppe nicht klar aus dem Sachverhalt ergab, weil eine genaue Abgrenzung zwischen der deutschen und der polnischen Nationalität und Sprache nicht möglich war.[9] Denn es gab neben den beiden Schriftsprachen Deutsch und Polnisch Dialekte, die teilweise erheblich von der deutschen und der polnischen Sprache abwichen. Da diese Dialekte von den Arbeitern fast ausschließlich gesprochen wurden und damit auch von deren Kindern, konnte die Erklärung nach Art. 131 OSA dem wirklichen Tatbestand nicht entsprechen, sondern nur dem Wunsch, daß das Kind Deutsch lernen sollte.

Auch sagte der StIGH nicht, welche Tatsachen für die Zugehörigkeit zu einer Volksgruppe entscheidend sein sollten. Es kann aber kein Zweifel daran bestehen, daß der Gerichtshof die individuelle Willensäußerung über die Sprache des Kindes im Sinne von Art. 131 OSA als eine wichtige Tatsache ansah. Der Gerichtshof konnte sich auch der allgemeinen Bedeutung des OSA nicht verschließen. Die Art. 74 und 131 gehen grundsätzlich davon aus, daß die Erklärung einer Person über ihre Volksgruppenzugehörigkeit nicht Gegenstand der Verifikation oder Anzweifelung durch die Behörden sein kann. Diese Regelung trage dem Umstand Rechnung, daß es in der Praxis schwierig ist, das Bekenntnis zur Volksgruppenzugehörigkeit zu widerlegen und daß jeder Versuch in diese Richtung die friedenssichernde Intention des gesamten Abkommens gefährden könnte. In einem gewissen Umfang haben die Vertragsparteien deshalb auch den Mißbrauch der individuellen Selbstbestimmung durch einen Volksgruppenangehörigen in Kauf genommen. Den letzten Schritt, in der Bekundung der Volksgruppenzugehörigkeit das alleinige Kriterium der Volksgruppenzugehörigkeit zu erkennen, vollzieht der Gerichtshof allerdings nicht.[10]

Die deutsche und die polnische Seite sahen sich durch den Urteilsspruch aus Den Haag in ihrer jeweiligen Rechtsauffassung bestätigt. Die polnischen Behörden hielten weiterhin an ihren Sprachprüfungen fest. Dies hatte eine Eingabe — diesmal deutscher Volksgruppenangehöriger — an den Völkerbundrat zur Folge. Dieser beschloß, ein Gutachten über die Zulässigkeit der Sprachprüfungen beim StIGH einzuholen. Der StIGH[11] verneinte die Zulässigkeit der Prüfungen mit der Begründung, daß nach Art. 131 OSA die Erklärung des Erziehungsberechtigten über die Sprache des Kindes nicht nachgeprüft werden durfte. Der StIGH machte somit deutlich, daß Art. 131 OSA das subjektive

---

[9] Der Gerichtshof räumte ein, daß in Oberschlesien Verhältnisse herrschten, „in which the question whether a person belongs to a minority particularly of [...] language does not clearly appear from the facts".

[10] Diesen Schritt vollziehen die Richter Nyholm und Schücking in ihrer Dissenting Opinion: Eine Bekundung, die weder verifiziert noch rechtlich in Zweifel gezogen werden kann, ist eben unanfechtbar (entirely unimpeachable and unlimited by the rules of law).

[11] Vgl. German Minority Schools in Upper Silesia, Advisory Opinion of 15 May 1931, PCIJ A/B 40.

Bekenntnis schützte, und untersagte Polen die Sprachprüfungen. Polen kam dieser Auffassung nach.

IV. Scheitern des Volksgruppenschutzsystems des Völkerbundes

Das Scheitern des Volksgruppenschutzsystems des Völkerbundes wird zum Teil im Zusammenhang mit dem Ende des Völkerbundes am 19. April 1946 gesehen. Das System war allerdings – zumindest für Polen – schon früher gescheitert. Denn Polen erklärte am 10. April 1934 vor dem Völkerbund, daß es seinen Verpflichtungen aus dem PMV nur noch nachkommen würde, wenn das Schutzsystem für allgemein verbindlich erklärt werden würde. Dies kam faktisch einer Aufkündigung des PMV gleich. Das Deutsche Reich hatte bereits im Oktober 1933 die Zusammenarbeit mit dem Völkerbund und seinen Organen eingestellt.[12]

Als Begründung für das Scheitern des Volksgruppenschutzsystems wird vor allem vorgebracht, daß
- die Siegermächte des Ersten Weltkrieges eher an der Niederhaltung der Besiegten als am Aufbau einer neuen Friedensordnung interessiert waren und ihre Politik deshalb kurzsichtig und widersprüchlich war;
- die Volksgruppenschutzverträge nicht das Ziel hatten, eine Assimilierung von Volksgruppen zu verhindern, sondern sie lediglich „menschlicher" zu gestalten, da die Assimilierung gewollt und im Grunde als rechtmäßig angesehen wurde;
- bei vielen betroffenen Staaten die Bereitschaft fehlte, die Volksgruppenschutzverträge in der nationalistisch geprägten Epoche tatsächlich zu beachten;
- die Volksgruppen aufgrund der Struktur der Völkerbundsordnung regelmäßig nur Begünstigte und nur ausnahmsweise Rechtsträger des Volksgruppenschutzes sein konnten;
- die Regierungen Volksgruppenschutzregelungen mit der Begründung ablehnten, daß der Volksgruppenschutz planmäßig zu separatistischen Bestrebungen mißbraucht werden würde;
- dem Völkerbund die Kompetenz fehlte, den Vollzug der Volksgruppenschutzverträge durchzusetzen;
- der Formalismus des Verfahrens den Individual- und Gruppenschutz quasi unmöglich machte;
- das Volksgruppenschutzverfahren vor dem Völkerbund aufgrund der politischen Zurückhaltung der Ratsmächte keinen wirksamen Schutz gewährleisten konnte;
- das Volksgruppenschutzsystem einseitig angelegt war, da nur die nach dem Ersten Weltkrieg im Osten und Südosten Europas neu entstandenen Staaten zum Volksgruppenschutz verpflichtet worden waren und vom Völkerbund mehr oder weniger gezwungen wurden, die Klauseln für den Volksgruppenschutz zu akzeptieren.

Ohne auf die genannten Gründe im einzelnen einzugehen, lassen sich folgende Schlußfolgerungen ziehen:
- Die Gründe für das Scheitern des völkerbundlichen Volksgruppenschutzsystems lagen

---

[12] Die beim StIGH anhängigen Verfahren (etwa Prince von Pless Administration, PCIJ A/B 52, 54, 57, 59 und Polish Agrarian Reform, PCIJ A/B 58, 69) wurden nicht weiterverfolgt.

weniger in den Schwächen seines Rechtsschutzsystems, sondern mehr in den damaligen politischen Verhältnissen. Der nationalistisch geprägte politische Rahmen verhinderte den Erfolg des internationalen Schutzsystems, und die nationale Selbstbestimmung ohne demokratisch-rechtsstaaliche Verankerung des Volksgruppenschutzes begünstigte einen ethnisch begründeten Volksgruppenkampf.

- Ein durch dritte Mächte aufgezwungener Volksgruppenschutz bleibt fragwürdig – ungeachtet der Tatsache, mit wieviel Fingerspitzengefühl und Rücksichtnahme auf den Nationalstolz er ausgestaltet wird.
- Der Volksgruppenschutz wurde durch den Völkerbund erstmals justitiabel gemacht. Deshalb wird das Schutzsystem des Völkerbundes trotz seines Scheiterns nahezu einhellig als Fortschritt auf dem Weg zu einem umfassenden globalen System gewürdigt. Der Völkerbund hatte den Grundgedanken als richtig erachtet, den Volksgruppenschutz unter die Aufsicht der Völkergemeinschaft zu stellen.
- Das Prinzip der Nichteinmischung in die Nationalitätenpolitik des Nachbarstaates läßt sich nur realisieren, wenn das Nationalitätenproblem in tatsächlich und rechtlich befriedigender Weise gelöst wird.
- Der StIGH entwickelte in den Urteilen und Rechtsgutachten den Volksgruppenschutz fort. Dieser blieb allerdings politisch weitgehend wirkungslos, da dem Völkerbund und seinen Organen die Kompetenz fehlte, die Urteile und Rechtsgutachten durchzusetzen. Eine solche Vollzugskompetenz bei gleichzeitig günstigeren politischen Umständen hätte die Chance eröffnet, den Volksgruppenschutz in einer Art und Weise zu verankern, die ihn in den zwanziger und dreißiger Jahren bereits unumkehrbar gemacht hätte. So aber nahm die Geschichte einen ganz anderen Lauf.

V. Rechtsschutz für die deutsche Volksgruppe nach dem Zweiten Weltkrieg

Nach dem Zweiten Weltkrieg wurde fast einhellig die Meinung vertreten, daß der völkerrechtliche Volksgruppenschutz und die Volksgruppenschutzverträge des Völkerbundes obsolet geworden seien. So kam der Generalsekretär der VN in einem Gutachten vom 7. April 1950 zu dem Ergebnis, daß die bisherigen Volksgruppenschutzverträge schon deshalb nicht mehr gelten könnten, weil die von ihnen geschützten Volksgruppen nicht mehr vorhanden seien und außerdem der allgemeine Schutz der Menschenrechte auch ausreichend für den Schutz der Volksgruppen sei.[13]

1. Umsiedlung und Vertreibung der deutschen Volksgruppenangehörigen

Man hatte die Volksgruppenproblematik nach dem Zweiten Weltkrieg zunächst durch Umsiedlung und Vertreibung möglichst vieler Volksgruppenangehöriger zu lösen versucht; Opfer dieser Politik waren auch die Deutschen in Polen. Die deutsche Volksgruppe wurde beschuldigt, durch Sympathien für die nationalsozialistische Expansion zum Zweiten Weltkrieg beigetragen zu haben. Für Polen, dem die Sowjetunion am 24. Mai 1945 die Verwaltung über die eroberten Gebiete bis zur Oder-Neiße-Linie übertragen hatte, war dies der Anlaß, eine Politik der Vergeltung durch Massenvertreibungen einzuleiten.

---

[13] Zur berechtigten Kritik vgl. Silagi: Der Minderheitenschutz (Anm. 2).

Im Abschnitt XIII des Potsdamer Abkommens vom 2. August 1945 wurde ausdrücklich festgelegt, daß eine „Überführung der deutschen Bevölkerung, die in Polen zurückgeblieben ist, nach Deutschland in ordnungsgemäßer und humaner Weise" durchzuführen sei. Polen wurden dabei auch die unter polnische Verwaltung gestellten Teile zugerechnet. So waren nicht nur die etwa 500.000 Deutschen auf polnischem Staatsgebiet, sondern weitere etwa sieben Millionen Deutsche von der Vertreibung bedroht. Unter Deutschen wurden nicht nur die Personen mit deutscher Staatsangehörigkeit, sondern auch Deutsche im sprachlichen und ethnischen Sinne verstanden. Nach 1949 ging die Vertreibung in Einzel- und dann in Spätaussiedlung über.

Die Vertreibungsmaßnahmen standen indes nicht mit dem allgemeinen Völkerrecht im Einklang. Insbesondere stellte Abschnitt XIII des Potsdamer Abkommens keine Rechtfertigung der Umsiedlungs- und Vertreibungsmaßnahmen dar, weil diese in eklatanter Weise Menschenrechte verletzten.[14]

2. Der deutsch-polnische Nachbarschaftsvertrag

Der Schutz der deutschen Volksgruppe in Polen nach aktueller Rechtslage resultiert im wesentlichen aus dem Vertrag über gute Nachbarschaft und freundschaftliche Zusammenarbeit vom 17. Juni 1991 (sogenannter Nachbarschaftsvertrag)[15], in dem die Rechte der deutschen Volksgruppe erstmals nach dem Zweiten Weltkrieg genauer festgehalten wurden.

Die Volksgruppenrechte sind in der allgemeinen Bestimmung des Art. 2 und den speziellen Volksgruppenschutzregelungen der Art. 20-22 des Nachbarschaftsvertrages geregelt. Letztere sind im wesentlichen individuelle Abwehrrechte, die den deutschen Volksgruppenangehörigen einen Freiheitsraum gewähren sollen, in dem sie ihre kulturelle, sprachliche und religiöse Identität frei ausüben können. Neben den Schutz vor jeglicher Diskriminierung aufgrund der Zugehörigkeit zu einer nationalen Volksgruppe treten unverzichtbare Rechte wie etwa das Recht auf Unterricht in der Muttersprache. Insgesamt kann dem Vertrag die Tendenz zur Einräumung eines Entfaltungsschutzes und nicht nur eines bloßen Erhaltungsschutzes entnommen werden. Allerdings sind nur die Rechte aus Art. 20 Abs. 3 *self-executing*, das heißt, nur diese können vor den Gerichten und Behörden unmittelbar eingefordert werden.

Der Nachbarschaftsvertrag weist Mängel auf. Weder die Territorial- und Personalautonomie noch die funktionelle Autonomie werden erwähnt, obwohl Abs. IV. Ziff. 35 Abs. 2 des Kopenhagener KSZE-Dokuments, das dem Nachbarschaftsvertrag in weiten Teilen zugrundeliegt, diese Möglichkeiten anspricht. Zu bemängeln ist auch das Fehlen der Anerkennung der Volksgruppe als Rechtsträger und der Umstand, daß die Vertragsparteien

---

[14] Vgl. D. Blumenwitz: Das Recht auf die Heimat. In: Recht auf die Heimat im zusammenwachsenden Europa. Ein Grundrecht für nationale Minderheiten und Volksgruppen. Hrsg. von dems. (1995) S. 44 ff.

[15] Zusammen mit dem Vertrag zwischen der Bundesrepublik Deutschland und der Republik Polen über die Bestätigung der zwischen ihnen bestehenden Grenze vom 14. Nov. 1990,-am 16. Jan. 1992 in Kraft getreten, vgl. BGBl. 1991 II S. 1329 und S. 1345 sowie die Bekanntmachung vom 24. Jan. 1992, BGBl. 1992 II S. 118. Vgl. hierzu D. Blumenwitz: Minderheiten- und Volksgruppenrecht. Aktuelle Entwicklung (1992) S. 77 ff.

keine gerichtlich einklagbaren Förderungspflichten übernommen haben. In Art. 21 Abs. 2 des Vertrages sind lediglich entsprechende Absichtserklärungen niedergelegt, deren Umsetzung in innerstaatliches Recht zumindest fraglich ist. Es fehlen außerdem die Möglichkeit von zweisprachigen topographischen Bezeichnungen und völkerrechtlich verankerte Regelungen für eine nationale Repräsentanz der Volksgruppen auf gesamtstaatlicher Ebene.[16]

Allerdings führt die strikte Anlehnung an das Kopenhagener KSZE-Dokument[17] dazu, daß der Nachbarschaftsvertrag nur allgemeine Grundsätze des internationalen Volksgruppenschutzes übernimmt, auf eine spezifische Ausprägung dieser Prinzipien auf die Lage der deutschen Minderheit in Polen jedoch weitgehend verzichtet.

Hier liegt der Hauptunterschied zum Volksgruppenschutz nach dem Ersten Weltkrieg:[18] Jeder Anschein, der Minderheiten- und Volksgruppenschutz rechtfertige sich durch die Übernahme von Territorien mit fremdnationaler Bevölkerung, soll vermieden werden. Volksgruppen werden geschützt, weil sie nach dem Ende des Kalten Krieges generell als schützenswert angesehen werden. Deshalb konstruiert der Vertrag auch das für Gruppen- und Menschenrechte ungewöhnliche Reziprozitätsverhältnis: Die deutsche Minderheit in Polen wird geschützt, weil die deutsche Seite „Personen deutscher Staatsangehörigkeit in der Bundesrepublik Deutschland, die polnischer Abstammung sind oder sich zur polnischen Sprache, Kultur oder Tradition bekennen" (Art. 20 Abs. 1) entsprechenden Schutz zusagt – ob er *in concreto* nachgefragt wird oder nicht. Für das staatlich reorganisierte Deutschland war wichtig, daß die endgültige Bestätigung der Oder-Neiße-Linie als Westgrenze Polens im Grenzvertrag mit Polen durch grenzüberschreitende Zusammenarbeit auch auf dem Gebiet des Volksgruppenschutzes ergänzt wird[19]; durch das ausbedungene Kündigungsrecht kann die polnische Seite, unter Beachtung der in Art. 38 Abs. 3 Nachbarschaftsvertrag festgelegten Fristen, das vielleicht einmal als lästig empfundene Beiwerk zur Grenzregelung einseitig außer Kraft setzen. Der Staat, der sich die Kündigung von Volksgruppenrechten vorbehält, gibt seinen Anspruch auf Assimilation von Minderheiten, die er beherbergt, nicht auf.

---

[16] Auf nationaler Ebene besteht in Polen allerdings eine zufriedenstellende Regelung für die Möglichkeit der Repräsentation der Volksgruppenangehörigen auf Gemeinde-, Kreis- und Landesebene: Die Volksgruppenparteien können von der Fünf-Prozent-Klausel bei den Wahlkreisen oder der Sieben-Prozent-Klausel bei den Landeslisten befreit werden. Die deutsche Volksgruppe wählte bei den Parlamentswahlen im September 1993 aufgrund ihres geschlossenen Siedlungsgebietes in Oberschlesien die Befreiung von den Landkreisen und erlangte vier Sitze im Sejm und einen Sitz im Senat. Der Einfluß auf Gemeindeebene ist insbesondere in Oberschlesien beträchtlich: Bei den Stadt- und Gemeinderatswahlen vom 19. Juni 1994 wurden in 39 von 44 Gemeinden in der Region Opole deutsche Volksgruppenvertreter in die Gemeinderäte gewählt.

[17] Vgl. KSZE-Treffen über die Menschliche Dimension, Abschlußdokument vom 29. Juni 1990; Text s. EuGRZ 1990, S. 239 ff; vgl. hierzu D. Blumenwitz: Minderheiten- und Volksgruppenrecht (Anm. 15) S. 53 ff.

[18] Vgl. M. Weinberg: Schutz der deutschen Minderheit in Polen nach den Weltkriegen. Ein Vergleich unter Berücksichtigung der aktuellen Rechtslage. 1997.

[19] Vgl. D. Blumenwitz: Oder-Neiße-Linie. In: Handbuch zur deutschen Einheit. Hrsg. von W. Weidenfeld und K.-R. Korte (1993) S. 503 ff.

3. Die Ausgestaltung eines neuen europäischen Minderheitenschutzregimes

War in der Völkerbundszeit der Volksgruppenschutz eine Besonderheit der von den Pariser Vorortsverträgen neu geschaffenen oder territorial erweiterten Staaten in einer von Nationalismen immer stärker geprägten Epoche, so sind heute die deutsche Minderheiten schützenden bilateralen Verträge eingebettet in weltweit[20] und europaspezifisch[21] wirksame Volksgruppenschutzregime. Der ohnehin nur unvollkommene Schutzmechanismus der Nachbarschaftsverträge verliert mit den sich verfestigenden europäischen Strukturen an Bedeutung. Hauptgarant des Volksgruppenschutzes in Ost-Mitteleuropa sind derzeit die Beitrittsverhandlungen zur EU.[22] Schon im Vorfeld der Osterweiterung der EU wurde die rechtliche Basis festgelegt, auf die sich die Beitrittsstaaten einstellen müssen; das Eintreten für den Volksgruppenschutz gehört ebenso wie die Menschenrechte zu den zentralen Zielen der Gemeinschaft.[23] Die EU wird glaubwürdiger, wenn sie darauf verweisen kann, daß sie in ihrem eigenen Haus die Grundrechte in einem verbindlichen Katalog verankert hat.[24] Gerade weil der Volksgruppen- und Minderheitenschutz zu einer tragenden Säule der Gemeinsamen Außen- und Sicherheitspolitik der EU erhoben wurde, gehört eine qualifizierte Minderheitenschutzbestimmung auch in die Europäische Grundrechte-Charta, mit deren Ausarbeitung sich derzeit ein Ausschuß der EU befaßt.[25] Weder in den bilateralen deutsch-polnischen Beziehungen noch auf der multilateralen europäischen Ebene konnten bislang Regelungen getroffen werden, die dem Schicksal einer vertriebenen Minderheit ausreichend gerecht werden.[26] Die gemeinschaftsrechtlich verbürgte Niederlassungsfreiheit und Freizügigkeit gewährleisten jedenfalls nicht das andernorts

---

[20] Etwa Art. 27 IPBPR vom 19. Dez. 1966, BGBl. 1973 II S. 1534 und die Minderheitendeklaration der UN-Generalversammlung von 1992; vgl. hierzu R. Hofmann: Minderheitenschutz in Europa (1995) S. 28 ff.

[21] Etwa Art. 14 EMRK sowie das zum 1. Februar 1998 in Kraft getretene Rahmenabkommen des Europarats zum Schutz nationaler Minderheiten und die am 1. März 1998 in Kraft getretene Charta der Regional- oder Minderheitensprachen des Europarats; vgl. BGBl. 1998 II S. 57 und 1314. S. auch: Das Minderheitenrecht europäischer Staaten. Bd. 1-2. Hrsg. von J. A. Frowein, R. Hofmann und St. Oeter. 1993-1995.

[22] Vgl. Der Beitritt der Staaten Ostmitteleuropas zur Europäischen Union und die Rechte der deutschen Volksgruppen und Minderheiten sowie der Vertriebenen. Hrsg. von D. Blumenwitz, G. H. Gornig und D. Murswiek. 1997.

[23] Vgl. Der Schutz von Minderheiten und Volksgruppenrechten durch die Europäische Union. Hrsg. von D. Blumenwitz und G. Gornig. 1996.

[24] Vgl. H. Däubler-Gmelin: Vom Marktbürger zum EU-Bürger. Plädoyer für eine Grundrechte-Charta der Europäischen Union. In: Frankfurter Allgemeine Zeitung vom 10. Jan. 2000, S. 11.

[25] Vgl. das von D. Blumenwitz und M. Pallek 1999 für das Internationale Institut für Nationalitätenrecht und Regionalismus (INTEREG) erarbeitete Positionspapier zur Einführung einer Minderheitenschutzbestimmung in eine Charta der Grundrechte der Europäischen Union.

[26] Demgegenüber betonen das Friedensabkommen von Dayton/Paris in bezug auf Bosnien-Herzegowina und die Sicherheitsratsresolutionen 1199 (1998) und 1244 (1999) in bezug auf den Kosovo die völkerrechtliche Verantwortung fluchtverursachender Staaten; vgl. D. Blumenwitz: Das Friedensabkommen von Dayton und die völkerrechtliche Verantwortung fluchtverursachender Staaten. In: AWR-Bulletin 36 (45) (1998) S. 138 ff.

Vertriebenen eingeräumte Recht auf freie Rückkehr zu ihren Wohnstätten und Vermögen („right to return to their homes und property").[27] Deshalb sollte auch das Recht auf die Heimat in einen europäischen Grundrechte-Katalog mit einbezogen werden.[28]

Prof. Dr. Dieter Blumenwitz
Bayerische Julius-Maximilians-Universität Würzburg
Lehrstuhl für Völkerrecht, allgemeine Staatslehre, deutsches und bayerisches Staatsrecht und politische Wissenschaften
Domerschulstr. 16
D-97070 Würzburg / Deutschland
Tel.: 0931-31-2308
Fax: 0931-31-2793
Email: blumenwitz@jura.uni-wuerzburg.de
Internet: www.jura.uni-wuerzburg.de
Dieter Blumenwitz (geb. 1939): 1958-1963 Studium der Politischen Wissenschaften und der Rechtswissenschaften; 1965 Promotion und 1970 Habilitation für die Fächer Öffentliches Recht, Schwerpunkt Völkerrecht und Internationales Privatrecht; Lehrstuhlvertretung in München; 1972 Berufung auf den Lehrstuhl für Öffentliches Recht, insbesondere Völkerrecht und Europarecht an der Universität Augsburg; 1976 Berufung auf den Lehrstuhl für Völkerrecht, allgemeine Staatslehre, deutsches und bayerisches Staatsrecht und politische Wissenschaften an der Universität Würzburg; zugleich verantwortlich für den Lehrbereich „Internationale Politik" an der Hochschule für Politik in München.
Forschungsschwerpunkte: Menschen- und Gruppenrechte als Bestandteile des Völkerrechts und der staatlichen Rechtsordnungen; internationales Enteignungsrecht und internationale ordre Public.
Auswahlbibliographie: Internationale Schutzmechanismen zur Durchsetzung von Minderheiten- und Volksgruppenrechten. Köln 1997; Interessenausgleich zwischen Deutschland und den östlichen Nachbarstaaten. Die deutsch-tschechische Erklärung vom 21. Januar 1997. Köln 1998; Wahlrecht für Deutsche? Zur Möglichkeit einer Beteiligung der deutschen Volksgruppe in Polen an den Wahlen zum Deutschen Bundestag. Köln 1999; Positionen der katholischen Kirche zum Schutz von Minderheiten und Volksgruppen in einer internationalen Friedensordnung. Eine völkerrechtliche Untersuchung. Köln 2000.

---

[27] Vgl. G. Abi-Saab, D. Blumenwitz, D. Caron, J. Crawford, J. Dugard, G. Hafner, F. Orrego-Vicuna, A. Pellet, H. Schermers, Chr. Tomuschat: Legal Issues Arising from Certain Population Transfers and Displacements on the Territory of the Republic of Cyprus in the Period since 20 July 1974. 1999.

[28] Vgl. Forderungen des Europaabgeordneten Bernd Posselt. In: Paneuropa 20 (2000) Nr. 2 vom 2. März, S. 2.

Abstract

Dieter Blumenwitz: Protection of Minorities and Ethnic Groups after World War I and after World War II. A Comparison of the Legal Regimes with Specific Reference to the German Minority in Poland.
In: A Century of the Protection of Minorities and Ethnic Groups. Ed. by Dieter Blumenwitz, Gilbert H. Gornig, and Dietrich Murswiek (Cologne 2001) pp. 49-61.
After World War I the first multi-lateral system of the protection of minorities was created within the frameworks of the league of Nations. Because of the territorial changes in Europe decided at the Peace conferences, the problem of minorities became particularly acute in five States: Romania, Greece, Yugoslavia, Czechoslovakia and Poland. Each of these States, therefore, between 1919 and 1920, in conformity with the peace treaties, concluded a treaty with the principal Allied and Associated Powers which provided for the protection of racial, linguistic and religious minorities inhabiting their territories. The system of protection resulting from the legal instruments created from 1919 to 1932 (which were largely influenced by the Treaty concerning Poland) was strengthened by two important factors: a guarantee under municipal law and a number of international guarantees. Certain cases could be submitted to the Permanent Court of International Justice which had compulsory jurisdiction in this field. World War II led to the end of this system of protection of minorities. When the league of Nations ceased to exist in 1946, the organized structure upon which the international guarantees depended collapsed. Under the charter of the United Nations the minorities problem shifted from the political to the humanitarian level, the principle of non-discrimination offering a rather general regulation of the treatment of minorities. In the context of the international convenant on civil and political rights (in force since 23 March 1976) a rule specifically dedicated to the question of minorities was added (Mt 27). Subsequent to the fundamental changes in the legal and social structures of the formerly socialist countries of Europe, international efforts to improve the existing system of legal protection of minorities regained considerable momentum. The Document of the Copenhagen Meeting of the conference on Security and Cooperation in Europe of 29 June 1990 and the German-Polish Treaty of 17 June 1991 (Art. 2 and 20-22) are examples.
Dieter Blumenwitz (born 1939): 1958-1963 studies in Political Sciences and Jurisprudence; 1965 doctorate in Jurisprudence and 1970 Habilitation in Public International Law; 1972 Professor of Administrative Law, Public International Law and European Law at Augsburg University; since 1976 Director of the University of Wuerzburg's Institute for Public International Law, European Law and International Commercial Law; outside this capacity, he is responsible for the Department of International Relations of the Munich School of Politics.
Fields of Research: Protection of Human and Group Rights under Public International Law and the Constitutional Order of states; International Law of Expropriation; International Ordre Public.

Stefan Oeter

Minderheiten zwischen Segregation, Integration und Assimilation
Zur Entstehung und Entwicklung des Modells der Kulturautonomie

1. Einleitung

Wer sich ernsthaft mit den Problemen sprachlicher und kultureller Minderheiten beschäftigt – der heikle Begriff der „ethnischen" oder gar „nationalen" Minderheiten sei hier einmal gemieden – und diese Beschäftigung vielleicht noch in ein inneres Engagement zugunsten des Schutzes derartiger Minderheiten umsetzt, bekommt leicht das Gefühl, an einem Unternehmen mit quijotesken Zügen teilzuhaben. Die Sogwirkung der politisch, sozial und kulturell dominanten Mehrheitssprachen ist derart stark, daß Zweifel an der Sinnhaftigkeit eines derartigen Schutzes kaum zu vertreiben sind. Die Kräfte, die auf ein Verschwinden der Minderheitssprachen hinarbeiten, scheinen vielfach übermächtig – von der Omnipräsenz der Mehrheitssprachen im Berufs- und Geschäftsleben über die schulische Ausbildung, den Militärdienst, den Umgang mit Behörden, die Massenmedien, das Vereinswesen bis hin zur Familie, deren sprachliche Geschlossenheit über das Heiratsverhalten aufgebrochen wird, das in Zeiten gestiegener Mobilität zur Erosion der alten Heiratsschranken von Sprache und Kultur führt. Das kulturelle Beharrungsvermögen selbst vieler kleiner Minderheitengruppen ist angesichts dieser ungünstigen Situation erstaunlich; ob es aber ausreichen wird, den säkularen Trend zur Einschmelzung der Sprachminderheiten und zur Bildung homogener Sprachgemeinschaften aufzuhalten, ist alles andere als sicher.

Die Mehrzahl der Menschen in Europa, die aus Angehörigen der in ihrem Status gesicherten Staatsnationen besteht, fragt sich angesichts der beschriebenen Schwierigkeiten, welchen Sinn institutionell verfestigter Minderheitenschutz haben soll. Man könnte dies zu einem Phänomen kultureller Arroganz erklären. Interessanterweise neigen aber auch viele moderne Intellektuelle zu einer derartigen Haltung, vor allem, wenn sie Anhänger der Konzeption „multikultureller Gesellschaften" als eines Schmelztiegels der Kulturen sind. Was für einen Sinn habe es – so hört man immer wieder als Frage –, die rückständigen und für die einzelnen Menschen wie die Gesamtgesellschaften „dysfunktionalen" Minderheitensprachen „künstlich" am Leben zu erhalten? Eine überzeugende Antwort auf diese Frage ist nicht einfach zu geben. Aus der Sicht der Mehrheitsgesellschaft sind das Beharrungsvermögen, die Eigenwilligkeiten, ja die Renitenz der Minderheiten tatsächlich dysfunktional, führen sie doch zu erhöhten „Transaktionskosten" im politischen, sozialen und ökonomischen Bereich. Minderheiten neigen zur Organisation als geschlossene Gruppe mit erklärten Eigeninteressen, entziehen sich damit tendenziell den gängigen Verfahren der Mehrheitsbildung, verlangen nach – kostenträchtiger – Berücksichtigung ihrer Sprache und Kultur in Verwaltung und Bildungswesen, nötigen in bestimmten Situationen gar Angehörigen der Mehrheitsgesellschaft den Zwang zum Erlernen ihrer

Sprache auf. Daß man dieses „Störpotential" gerne ad acta legen würde, darf nicht verwundern.

Welche Gründe soll also eine Gesellschaft haben, ihre Minderheiten – und damit ihre kulturelle und sprachliche Diversität – zu schützen? Man könnte versuchen, eine Antwort systemtheoretisch zu formulieren, im Blick auf die Interessen der Gesamtgesellschaft, ja der Menschheit. Dieser Ansatz liefe auf eine Parallele zu dem im Umweltrecht mittlerweile gängig gewordenen Konzept der „Biodiversität" hinaus. Wie der Verlust der „Biodiversität" die Entwicklungsoptionen eines auf Evolution aufgebauten Natursystems beeinträchtigt, so schneidet der Verlust „kultureller Diversität" Möglichkeiten der kulturellen Evolution ab. Jeder Untergang einer Sprachgemeinschaft und der mit ihr verbundenen Kultur führt zum Verschwinden eines gedanklichen Mikrokosmos. In der modernen Philosophie haben uns Hermeneutik und Konstruktivismus gelehrt, wie sprachgebunden kulturelles Wissen ist und wie kulturgeprägt jede Form der „sozialen Konstruktion der Realität".[1] Letztlich sind soziale Traditionen, Verhaltensmuster und Institutionen kulturell transformierte Formen gespeicherter sozialer Erfahrung. Mit der Zerstörung einer Sprach- und Kulturgemeinschaft verlieren wir diese Erfahrungsbestände, wertvolle Zugänge zu den vielschichtigen Realitäten dieser Welt kommen uns abhanden.

Ein alternatives Begründungsmodell setzt menschenrechtlich an. Praktisch alle soziolinguistischen und sozialpsychologischen Studien, die sich mit der Situation unterdrückter Minderheiten beschäftigen, zeigen das katastrophale Ausmaß, in dem repressive Sprachenregime Psyche und Selbstwertgefühl der Minderheitenangehörigen deformieren. Das aggressive „Trotzverhalten", in das Minderheiten in derartigen Situationen gerne flüchten, ist wohl für die Betroffenen noch der beste Ausweg, wenn es auch enorme Belastungen für das Alltagsleben mit sich bringt – und letztlich ein großes Problempotential für die Gesamtgesellschaft anhäuft. Hält man an der eigenen Sprache und kulturellen Identität fest, wird man zum sozialen und politischen Außenseiter. Passen die Angehörigen der Minderheit sich dagegen in größeren Zahlen an die Mehrheit an, so entstehen ganze Gruppen von Entwurzelten, die der einen Kultur nicht mehr, der anderen noch nicht so richtig angehören, verachtet von den einen wie den anderen.[2] Die psychischen Lasten, die dies für die Betroffenen mit sich bringt, sind gravierend. Mit den Vorstellungen von Menschenwürde und personaler Identität, die für den modernen Verfassungsstaat konstitutiv sind[3], ist die Auferlegung der angedeuteten systemischen Erniedrigung und gezielten Entwurzelung schwerlich zu vereinbaren.

---

[1] Vgl. dazu grundlegend P. L. Berger, T. Luckmann: Die gesellschaftliche Konstruktion der Wirklichkeit. Eine Theorie der Wissenssoziologie (5. Aufl. 1977) insbes. S. 36 ff. (engl. Ausg. 1966, dt. Ausg. 1969); S. J. Schmidt: Der Radikale Konstruktivismus. Ein neues Paradigma im interdisziplinären Diskurs. In: Der Diskurs des Radikalen Konstruktivismus. Hrsg. von S. J. Schmidt (1987) S. 11 ff. sowie ferner aus Sicht der Soziolinguistik F. Coulmas: Einleitung. Sprache und Kultur. In: D. Hymes: Soziolinguistik. Zur Ethnographie der Kommunikation. Eingeleitet und hrsg. von F. Coulmas (1979) S. 7 ff.

[2] Vgl. zum Problem und den dazu diskutierten Lösungsansätzen A. Eide: Group Accomodation. National Policies and International Requirements. In: Wiener Internationale Begegnung zu aktuellen Fragen nationaler Minderheiten. Hrsg. von F. Matscher (1997) S. 103 ff. (111 ff. und 114 ff.).

[3] Vgl. insoweit nur C. Starck: Kommentar zu Art. 1, Rdnrn. 1 ff. In: Mangoldt/Klein/Starck: Das Bonner Grundgesetz. Kommentar. Bd. 1 (4. Aufl. 1999).

2. Minderheiten zwischen Segregation und Assimilation

Doch wie ist den Betroffenen wirksam zu helfen? Der Verlust von Sprache und Kultur und die damit einhergehende Entwurzelung sind ja in der Mehrzahl der Fälle nicht vom Staat gezielt herbeigeführt, sondern Folge wirkungsmächtiger sozialer Prozesse. Selbst wenn der Staat guten Willens ist, erweist es sich als schwierig, geeignete Gegenmechanismen aufzubauen. Man kann schwerlich die Angehörigen der Minderheiten in ein Reservat sperren, in dem sie vom modernen Berufs- und Geschäftsleben ausgeschlossen, vom üblichen Schulunterricht ferngehalten, vor den Massenmedien abgeschirmt und zur Heirat mit den Angehörigen der eigenen Volks- bzw. Sprachgruppe gezwungen werden. Mit den völkerrechtlich verbrieften Menschenrechten und den in praktisch allen Verfassungen Europas mittlerweile umfangreich garantierten Individualgrundrechten wäre ein derartiges Vorgehen nicht zu vereinbaren.

Und wo Vergleichbares geschieht, ist es in der Regel Ausfluß böswilliger Segregationspolitik und nicht Ausweis guten Willens des Staates. Man denke nur an Griechenland und den Status der türkischen Minderheit in Thrazien.[4] Eine Politik gezielter Segregation (und Diskriminierung) hält hier die im Land verbliebenen Türken in einer Art Ghetto, dem als junger Mensch nur um den Preis der Auswanderung (oder der Assimilation an die griechische Staatsnation) zu entgehen ist. Dies reicht bis hin zu einem Bildungswesen, das bewußt religiös angelegt und nur auf Türkisch absolviert, die Angehörigen der Minderheit von jedem höheren Bildungsabschluß in Griechenland ausschließt. Man mag dies – wie das offizielle Griechenland – für eine getreuliche Erfüllung des Lausanner Vertrages halten. Daß es die Minderheit in eine mit Fug und Recht als „Ghetto" zu bezeichnende soziale Randposition bringt, wird man aber als zumindest billigend in Kauf genommenen Nebeneffekt dieser Politik bezeichnen können.

Das Beispiel verweist auf einen meines Erachtens besonders wichtigen Punkt: Jede Politik des Minderheitenschutzes wird zwar mit Elementen der Segregation arbeiten müssen, um die andere Sprach- oder Volksgruppe in ihrer Andersartigkeit erhalten und stabilisieren zu können. Sie wird aber – will sie das Leben der Minderheit in ihrer Sonderstellung erträglich werden lassen – zugleich auf Integration in die Gesamtgesellschaft bedacht sein müssen. Minderheiten leben fast immer in einer diskriminierungsanfälligen Situation. Will man sie vor sozialer Diskriminierung als Dauerschicksal schützen, so bedarf nicht nur die Erhaltung der Eigenart, sondern auch die Integration (gemeint als Aufhebung der Diskriminierung) der gezielten staatlichen Förderung. Erhaltung der Eigenart erfordert Sprachpflege, also Alphabetisierung und fortlaufende Bildung in der Muttersprache. Integration aber verlangt nach kompensatorischer Ausbildung in der Mehrheitssprache und damit nach Überwindung der kommunikativen Hemmnisse, die eine Integration behindern.[5]

---

[4] Vgl. dazu A. Filos: Die rechtliche Stellung der Minderheiten in Griechenland. In: Das Minderheitenrecht europäischer Staaten. Bd. 1–2. Hrsg. von J. A. Frowein, R. Hofmann und St. Oeter (1993–1994) Bd. 2, S. 61 ff. (insbes. S. 74 ff.).

[5] Vgl. zu dieser Problematik im Blick auf Migrantenkinder der dritten Generation R. Tölle: Interkulturelle Erziehung in Schule und Schulumfeld. In: Die dritte Generation. Integriert, angepaßt oder ausgegrenzt? (1995) S. 27 ff., aber auch die schon an anderer Stelle entwickelten Gedanken des Verfassers sowie St. Oeter: Überlegungen zum Minderheitenbegriff und zur Frage

Kompensatorische Bildung und Ausbildung in der Mehrheits- bzw. Nationalsprache wird allzu leicht zum Medium der Assimilation. Ist die Beherrschung der Mehrheitssprache (also die linguistische Anpassung an das dominante „Staatsvolk") das zentrale Medium des sozialen Aufstiegs, so führt dies leicht zu einer Zementierung der bisherigen Sprachenhierarchie mit der daraus resultierenden Neigung, im Gefolge des Ausstiegs aus dem traditionalen Milieu die Minderheitensprache abzulegen und diese aus dem alltäglichen Gebrauch, ja aus dem sozialen und familiären Umfeld zu verdrängen. Ergebnis eines solchen Prozesses aber wäre das Verschwinden der Minderheitensprache, was gerade verhindert werden soll, oder zumindest deren Abkapselung als „Küchensprache", wie sie für Situationen der Diglossie typisch ist.[6]

Ernst gemeinte Minderheitenpolitik ist folglich immer eine Gratwanderung, die zwischen der Scylla der Segregation und der Charybdis der Assimilation zu lavieren hat. Will man diese Gratwanderung erfolgreich durchstehen, so stellen sich mehrere Probleme, die für zentralstaatliche Bürokratien nahezu unlösbar sind. Zunächst bedarf es einer Verstetigung des Vertrauensverhältnisses zwischen den für die Minderheitenpolitik verantwortlichen staatlichen Stellen und den Minderheiten selbst. Im Auf und Ab der politischen Konjunkturen gibt es keinerlei Garantie, daß die Entscheidungsträger in den politischen Apparaten tatsächlich immer guten Willens gegenüber der Minderheit sind. Eine Umbesetzung der entscheidenden Positionen mit der Minderheit weniger gut gesonnenen Bürokraten oder Politikern im Gefolge eines Machtwechsels zerstört leicht die positiven Resultate mehrerer Jahre vertrauensvoller Zusammenarbeit. Das Verhältnis zwischen Staat und Minderheit verkrampft sich, Konflikte eskalieren, und das Band zwischen regierender Mehrheit und den Minderheiten ist schnell zerschnitten.

Im Zusammenhang damit steht das Informationsproblem. Zentrale Bürokratien wissen notorisch wenig von den realen Wirkungen der von ihnen konzipierten und implementierten Politiken. Dies gilt in besonderem Maße, wenn die Bürokraten von ihrer „Klientel" durch eine tiefe Kluft mentaler, sozialer und kultureller Natur getrennt werden. Politikformulierung und -umsetzung beruhen dann in der Regel auf vielfach gefilterten Informationen, die auf dem Weg über Verbände, Interessengruppen und politische Organisationen strategisch auf die Bedürfnisse der „Mittlerinstanzen" zugeschnitten werden. Letztlich kann eine zentrale Bürokratie so kaum wirklich wissen, welche sozialen Wirkungen ihre Politik hervorruft. Sie kann zwar sozialwissenschaftliche Studien in Auftrag geben, um den Informationsdefiziten abzuhelfen. Doch dies geschieht recht selten, stört doch vielfach allzu genaues Wissen über die erzielten Wirkungen nur die beteiligten Akteure. Ergebnis dieses informatorischen „Grauschleiers" aber ist, daß politische Feinsteuerung sich in der Realität als nahezu unmöglich erweist.

Zudem wird man kaum an der Einsicht vorbeikommen, daß die Betroffenen nicht zu ihrem „Glück" gezwungen werden können, wie man es auch immer definiert – oder: wer auch immer dies definiert. Staatliche Politik kann nur Rahmenbedingungen setzen bzw. verändern, über die auf das Handeln der einzelnen eingewirkt wird. So sehr dies auch bestimmten Repräsentanten der Minderheiten (als Kollektive) zupaß käme – unter der Geltung der Menschenrechte können die Angehörigen der Minderheiten nicht zur Bewahrung ihrer andersartigen sprachlichen und kulturellen Identität gezwungen werden.

---

der „neuen Minderheiten". In: Wiener Internationale Begegnung (Anm. 2) S. 229 ff. (247 ff.).
[6] Vgl. auch dazu schon Oeter: Überlegungen zum Minderheitenbegriff (Anm. 5) S. 241 ff.

Auf den staatlicherseits unternommenen Versuch, die Angehörigen von Minderheiten auf ihre besondere Identität festzulegen, reagieren diese — vor allem wenn der Status mit sozialer Benachteiligung einhergeht — mindestens ebenso sensibel wie auf Versuche, sie zur völligen Aufgabe ihrer gesonderten Identität zu zwingen. Minderheitenpolitik kann insoweit immer nur ein Angebot darstellen, die Situation der Minderheit positiv zu verändern, kann nur Optionen liefern für die Mitglieder solcher Sprach- und Kulturminderheiten, ihre prekäre Lebenssituation mit einem sinnvollen Leben auszufüllen. Dieses Angebot aber wird durchgängig auf die Lösung der praktischen Probleme hinauslaufen, die das Leben zwischen zwei Kulturen und mit zwei Sprachen so schwierig werden lassen.

3. Autonomie als Medium der Integration

Die Erfahrungen von etwa hundert Jahren moderner Minderheitenpolitik zeigen nun, daß es (zumindest in abstrakter Perspektive) so etwas wie einen Königsweg zur Lösung der beschriebenen Probleme gibt. Wenn die Verstetigung der Minderheitenpolitik, das Informationsproblem und der Schutz der einzelnen für zentrale Bürokratien praktisch nicht lösbar sind — warum delegiert man dann die Politikformulierung und -implementierung (zumindest in den heiklen Detailfragen) nicht an die Vertretungen der Minderheiten selbst? Hier wird die konstante Kommunikation zwischen politischen Akteuren und Politikadressaten keinen allzu großen Schwankungen bzw. Störungen unterliegen, das Informationsproblem leichter lösbar sein und — da es regelmäßig irgendeine Form der demokratischen Rückkoppelung geben wird, selbst wenn diese Vertretung nur ein privatrechtlicher Verein ist — auch die Frage der Rücksichtnahme auf die Interessen der einzelnen auflösbar sein.[7] Man gelangt also — will man die beschriebenen Probleme einer Lösung zuführen — unweigerlich zu den Rezepten der Autonomie.[8]

Vergegenwärtigt man sich die dargelegten Gründe, die für Autonomielösungen sprechen, so ist kaum verwunderlich, daß es in Europa mittlerweile eine ganze Reihe von Autonomiekonstruktionen für Minderheiten gibt.[9] Erstaunlich ist eher, in welch großer Zahl von Problemfällen bisher noch nicht mit Lösungen der Autonomie operiert worden ist. Dies sollte nicht als gewollte Naivität mißverstanden werden. In politikwissenschaftlich-soziologischer Analyse ist in der Regel leicht auszumachen, was eine konstruktive Bearbeitung des Minderheitenproblems und damit den Rückgriff auf Formen der Autonomie

---

[7] Zu den Argumenten, die prinzipiell für Lösungen der Autonomie sprechen, vgl. P. Pernthaler: Allgemeine Staatslehre und Verfassungslehre (2. Aufl. 1996) S. 289 ff. sowie H.-J. Heintze: Wege zur Verwirklichung des Selbstbestimmungsrechts der Völker innerhalb bestehender Staaten. In: Selbstbestimmung der Völker. Herausforderung der Staatenwelt. Hrsg. von dems. (1997) S. 16 ff. (23 ff.).

[8] Als zusammenfassende Darstellung zu den verschiedenen Konzepten der Autonomie vgl. St. Oeter: Volksgruppen- und Minderheitenschutz durch Autonomieregelungen. In: Der Beitritt der Staaten Ostmitteleuropas zur Europäischen Union und die Rechte der deutschen Volksgruppen und Minderheiten sowie der Vertriebenen. Hrsg. von D. Blumenwitz, G. H. Gornig und D. Murswiek (1997) S. 163 ff. sowie H.-J. Heintze: Autonomie und Völkerrecht (1995) insbes. S. 14 ff.

[9] Siehe dazu die großangelegte rechtsvergleichende Untersuchung von D. Stahlberg: Minderheitenschutz durch Personal- und Territorialautonomie (Diss. Hamburg 1999).

behindert hat. Die Varianten der politischen Blockade im Verhältnis von Mehrheit zu Minderheit bzw. im Verhältnis von Zentralstaat zu Minderheit sind derartig vielfältig, daß man sich über die endemische Problemlösungsunfähigkeit des modernen Nationalstaates in dieser Frage kaum wundern darf. Doch geht es mir hier — gut hegelianisch gedacht — darum, das Vernünftige zumindest im Kern im Wirklichen schon zu erkennen und ihm durch die systematisch-normentwickelnde Arbeit juristischer Tradition zu Bewußtsein — und damit letztlich zu weiterer Realisierung — zu verhelfen.

Am Bewußtsein der „Vernünftigkeit" aber — und damit verbunden an der Kenntnis der institutionellen Erfahrungen und der instrumentellen Möglichkeiten — mangelt es weithin. Assoziiert man mit dem Stichwort der „Autonomie" für Minderheiten überhaupt etwas, so denkt man an Südtirol, Katalonien und das Baskenland, an Belgien sowie an die Åland-Inseln — also an Sonderlösungen, die einzelnen Staaten in bestimmten politischen Konstellationen abgerungen worden sind und die politische Konfliktpotentiale entschärfen helfen.[10] Daß es sich um ein generell verwendbares Instrumentarium handelt, ist dagegen kaum bewußt. Geschuldet ist dies sicherlich der langen Konzentration der Debatte auf Fragen der Territorialautonomie. Es soll hier zwar nicht die positive Rolle der Gewährung von Territorialautonomie in bestimmten Minderheitenkonflikten bestritten werden.[11] Man sollte jedoch im Auge behalten, daß die Territorialautonomie eine äußerst anspruchsvolle Konstruktion darstellt — und zwar anspruchsvoll in mehrfacher Hinsicht. Zum einen in den Voraussetzungen: Minderheitenkonflikte lassen sich nur über Konstruktionen der Territorialautonomie befrieden, wenn die fragliche Minderheit über ein geschlossenes Siedlungsgebiet verfügt, in dem sie die Mehrheit — oder zumindest eine dominante Bevölkerungsgruppe — stellt. Nur wenn territoriale Dezentralisierung zur „Selbstregierung" der Minderheit führt — wie in Südtirol, Katalonien oder den belgischen Regionen —, gewährt sie der Minderheit den politischen und administrativen Entfaltungsraum, der zur Bearbeitung der Probleme nötig ist.[12] Auch dann aber bedarf die Territorialautonomie immer der aufwendigen rechtlichen Einfassung. Nicht nur die Kompetenzregelungen und -abgrenzungen zwischen Zentralstaat und Autonomieeinheit müssen so klar sein, daß Konflikte zwischen Zentralstaat und autonomer Region möglichst vermieden werden; auch zugunsten der nun im Autonomiegebiet geschaffenen Minderheiten bedarf es wiederum aufwendiger Sicherungen, soll deren Drangsalisierung durch die regionale Mehrheit vermieden werden.[13]

Das Modell ist — mit anderen Worten — nicht nur in sehr begrenztem Umfang übertragbar, sondern wirft auch neue, schwierig zu lösende Probleme auf. Gibt es dann nicht

---

[10] Dies ist besonders deutlich in der angelsächsischen Literatur — vgl. nur H. Hannum: Autonomy, Sovereignty and Self-Determination (2nd ed. 1996) sowie H. Hannum, R. B. Lillich: The Concept of Autonomy in International Law. In: American Journal of International Law 74 (1980) S. 858 ff.

[11] Vgl. insoweit nur St. Oeter: Minderheiten im institutionellen Staatsaufbau. In: Das Minderheitenrecht europäischer Staaten (Anm. 4) Bd. 2, S. 492 ff.

[12] Vgl. nur Heintze: Wege zur Verwirklichung des Selbstbestimmungsrechts (Anm. 7) S. 39 f. sowie P. Pernthaler: Personalitätsprinzip und Territorialitätsprinzip im Minderheitenschutzrecht. In: Juristische Blätter (1990) S. 613 ff.

[13] Siehe dazu nur R. Howse, K. Knop: Federalism, Secession, and the Limits of Ethnic Accomodation. A Canadian Perspective. In: New Europe Law Review 1 (1993) S. 269 ff. (272 ff.) sowie Oeter: Minderheiten im institutionellen Staatsaufbau (Anm. 11).

– so sollte man sinnvollerweise fragen – eine alternative Konstruktion der Autonomie, die weniger voraussetzungsvoll, damit in größerer Anwendungsbreite einsetzbar und zudem leichter zu handhaben ist? Durchaus, wie man etwa den Beiträgen von Boris Meissner und Henn-Jüri Uibopuu in diesem Band entnehmen kann.[14] Man führt diese Konstruktion allgemein unter dem Begriff der „Kulturautonomie" (oder enger der „Personalautonomie").[15] Neu ist der hinter diesem Modell stehende Gedanke keineswegs, ganz im Gegenteil.[16] Woran es mangelt, sind jedoch die praktischen Anwendungsbeispiele. Territorialautonomie konnte von einer ganzen Reihe großer Volksgruppen den zuständigen Nationalstaaten abgerungen werden, teilweise unter kräftiger Unterstützung der „Mutterstaaten" der jeweiligen Volksgruppen. An dieser Durchsetzungsmacht aber mangelt es meist den Minderheiten, für die Lösungen der Kulturautonomie gewählt werden. „Kultur-" oder „Personalautonomie" ist regelmäßig das Produkt politischer Einsicht der Mehrheit und kein von der Minderheit erkämpftes Zugeständnis der Mehrheitsnation. Da diese politische Einsicht bislang selten auftritt, ist jedoch die Zahl der Fallbeispiele, auf die man in einer Darstellung und Analyse der Kulturautonomie zurückgreifen kann, bislang gering.[17]

4. Historische Entstehung des Modells der Kulturautonomie

Das Modell der Kulturautonomie ist ein genuines Produkt europäischer Rechtstradition, dessen Wurzeln weit in das Mittelalter zurückreichen. Für mittelalterliches Rechts- und Verfassungsdenken, das sich in Kategorien von Personenverbänden statt in territorialen Einheiten bewegte, war die Ausstattung eines räumlich nicht klar lokalisierbaren Personenverbandes mit eigenen, autonom wahrzunehmenden Herrschaftsbefugnissen noch geläufiges Phänomen. Die Juden etwa, die einem Sonderstatus unterlagen, standen nicht nur unter direktem kaiserlichen Schutz, sondern genossen auch erhebliche Selbstverwaltungsrechte in Fragen des Kultus, der Jurisdiktion und der Verwaltung. Ähnliches galt für bestimmte Gemeinschaften freier Bauern oder feudale Lehensverbände und „Einungen" aus Adeligen unterschiedlicher regionaler Herkunft.[18]

---

[14] Vgl. B. Meissner: Die Kulturautonomie in Estland. Ein Modell? In: Ein Jahrhundert Minderheiten- und Volksgruppenschutz. Hrsg. von D. Blumenwitz, G. H. Gornig und D. Murswiek (2001) S. 137 ff. sowie H.-J. Uibopuu: Die Rolle der Menschenrechts- und Minderheitenpolitik in den baltische–russischen Beziehungen. In: Ebenda S. 147 ff.

[15] Zur Begrifflichkeit vgl. Stahlberg: Minderheitenschutz (Anm. 9) S. 37 ff., Oeter: Volksgruppen- und Minderheitenschutz (Anm. 8) S. 9 ff. sowie Heintze: Wege zur Verwirklichung (Anm. 7) S. 37 f., 42 ff.; ferner E.-J. von Studnitz: Politische Vertretung von Minderheiten- und Volksgruppenrechten auf verschiedenen staatlichen und zwischenstaatlichen Ebenen. In: Minderheiten- und Volksgruppenrechte in Theorie und Praxis. Hrsg. von D. Blumenwitz und G. Gornig (1993) S. 17 ff.

[16] Zur Geschichte des Konzeptes vgl. nur Stahlberg: Minderheitenschutz (Anm. 9) S. 37 ff. sowie Oeter: Volksgruppen- und Minderheitenschutz (Anm. 8) S. 3 ff.

[17] Vgl. den Überblick bei Stahlberg: Minderheitenschutz (Anm. 9) S. 46 ff. und die Zsf. auf S. 118 ff.

[18] Vgl. dazu H. Boldt: Deutsche Verfassungsgeschichte. Bd. 1: Von den Anfängen bis zum Ende des älteren deutschen Reiches 1806 (1984) S. 86 ff., 118 ff. und 156 ff. und zur Autonomie der Städte H. J. Berman: Recht und Revolution. Die Bildung der westlichen Rechtstradition

Doch dieser im mittelalterlichen Rechtsdenken wurzelnde Formenkanon ständischer Selbstverwaltung stand quer zu den Organisationsprinzipien des aufkommenden modernen Territorialstaates. Zwar mußte dieser über Jahrhunderte Kompromisse mit dem ständestaatlichen Erbe des Mittelalters eingehen und konnte sich kaum jemals vollständig gegen den landbesitzenden Adel und das Stadtbürgertum als die Träger vormoderner Ständestaatsvorstellungen durchsetzen. Erst der „bürgerliche" Nationalstaat sollte im Verlauf des 19. Jahrhunderts zum Vollender des Projektes eines „durchrationalisierten", vereinheitlichten Staates werden. Alexis de Tocqueville hat diesen Befund in unnachahmlicher Klarheit in seinem großartigen Opus „L'Ancien Régime et la Révolution" herausgearbeitet, in dem er betont, der Staat der Revolution habe eher vollendet, was im Absolutismus schon angelegt war, als daß er ein neues, ihm eigenes Projekt verfolgt habe.[19] Ledig aller Bindungen an Tradition und Herkommen konnte der aus der Revolution hervorgegangene Einheitsstaat in einer Radikalität das Projekt der „einheitlichen Nation" im einheitlichen Staat verfolgen, die im Ancien Régime unmöglich gewesen wäre.[20] Neuere Forschungen belegen eindringlich, wie sehr die „Einheit der Nation" auch im Musterland des Absolutismus (nämlich Frankreich) selbst 1789 noch ein Phantom, eine Kopfgeburt einer kleinen politischen und kulturellen Elite war, und das in einem Staat, in dem vielleicht gerade einmal um die zehn Prozent wirklich die „Sprache der Nation", die Mehrheit dagegen eine Vielzahl von Regionalsprachen, wenn nicht gar völlig fremde Sprachen wie Baskisch, Katalanisch, Flämisch oder Deutsch sprachen.[21]

Das Elitenprojekt der „einheitlichen französischen Nation" war – alles in allem – erfolgreich. Wie der napoleonische Zentralstaat zum Vorbild des modernen Einheitsstaates in Europa wurde, dem heute noch die „jungen Nationen" nacheifern, so wurde das französische Projekt der einheitlichen „Staatsnation" zum großen Vorbild der Nationalisten in Europa. Ob man sich dabei auf die (erst zu schaffende) Willensnation oder die (als vorgegeben deklarierte) Kulturnation berief, spielte im Ergebnis insoweit eine eher sekundäre Rolle.[22] Ausgangspunkt war in praktisch allen Fällen jedenfalls ein buntes Mosaik der Regionalkulturen und Sprachen, das der Staat nach seinem Bilde in eine „einheitliche" Nation umzuformen trachtete, und zwar nach dem Idealbild der einigen, „unteilbaren" Staatsnation der französischen Revolution.[23] Doch: Je mehr ein Staat dem Vorbild des

---

(1995) S. 562 ff. (engl. Ausg. 1983) sowie zum Status der Juden im Reich H. H. Ben-Sasson: Geschichte des jüdischen Volkes. Bd. 2 (1979) S. 114 ff. (engl. Ausg. 1969).

[19] A. de Tocqueville: Das Ancien Régime und die Revolution. Aus dem Französischen von T. Oelckers (1978) insbes. Drittes Buch, Kap. 7 und 8 (S. 190 ff.).

[20] Vgl. etwa W. Mager: Frankreich vom Ancien Régime zur Moderne. Wirtschafts-, Gesellschafts- und politische Institutionengeschichte 1630–1830 (1980) S. 229 ff.

[21] Vgl. nur G. Ziebura: Nationalstaat, Nationalismus, supranationale Integration. Der Fall Frankreich. In: Nationalismus, Nationalitäten, Supranationalität. Hrsg. von H. A. Winkler und H. Kaelble (1993) S. 34, 42 ff. m. w. N. der einschlägigen französischen Literatur.

[22] Siehe St. Oeter: Demokratieprinzip und Selbstbestimmungsrecht der Völker. Zwei Seiten einer Medaille? In: Demokratischer Experimentalismus. Hrsg. von H. Brunkhorst (1998) S. 329 ff. (344 ff.).

[23] Vgl. zu diesem Prozeß Th. Schieder: Typologie und Erscheinungsformen des Nationalstaats in Europa. In: Ders.: Nationalismus und Nationalstaat. Studien zum nationalen Problem im modernen Europa. Hrsg. von O. Dann und H.-U. Wehler (1991) S. 65, 69 ff. und 76 ff. (zuerst erschienen in: Historische Zeitschrift. Bd. 202 (1966) S. 58 ff.).

modernen Nationalstaates nacheiferte, in desto größere Schwierigkeiten geriet er. Das (schon gedankliche) Scheitern aller „großdeutschen" Projekte an der böhmisch-tschechischen Frage[24] und die wachsenden Schwierigkeiten des wilhelminischen Preußen mit seiner starken polnischen Bevölkerung, die das alteuropäische, polyethnische Preußen der friderizianischen Ära noch ohne allzu große Probleme integriert hatte[25], seien als Beispiele genannt.

Selbst vor den übernationalen Reichsgebilden alteuropäischer Tradition wie der Donaumonarchie machte der Furor des Nationalismus nicht Halt.[26] Die östliche, ungarische Reichshälfte wurde mehr und mehr ein vom madjarischen Nationalismus geprägter Einheitsstaat, und die cisleithanische Reichshälfte scheiterte innenpolitisch immer wieder an der Frage der Einbindung der nichtdeutschen Völker und Volksgruppen in den gemeinsamen Staat. Mit dem „Mährischen Ausgleich" von 1905 war zwar ein teilweiser, wenn auch prekärer Kompromiß zwischen den beiden größten Sprachgruppen im Ansatz gefunden worden;[27] die generelle Frage der politischen Integration der slawischen Völker – insbesondere der Tschechen – in den Staatsaufbau der westlichen Reichshälfte blieb aber bis 1918 im Kern ungelöst.[28] Gleichwohl ist die K. u. K.-Monarchie im Rückblick vielfach zum Musterbeispiel eines friedlichen Miteinanders der Volksgruppen stilisiert worden und dies – aller vorhandenen Probleme zum Trotz – im Blick auf die Zustände nach 1918 sicherlich zu Recht.[29] Das „vormoderne" Problemlösungsarsenal des übernationalen, dynastischen Vielvölkerstaates blieb im Reichsgebilde präsent, eröffnete vielfältige Möglichkeiten zu Kompromissen[30] und wirkte (welche Ironie) auf dem Umweg über den Austromarxisten Karl Renner auch stilprägend für den Lösungshorizont des modernen Volksgruppen- und Minderheitenrechts.[31] Die beiden Grundfiguren des Rennerschen Nationalitätenrechts – die Personal- und die Territorialautonomie – waren bewährte

---

[24] Vgl. etwa Th. Nipperdey: Deutsche Geschichte 1800–1866 (1983) S. 626 ff. sowie D. Grimm: Deutsche Verfassungsgeschichte 1776–1866 (1988) S. 198, aber auch Th. Schieder: Nationalstaat und Nationalitätenproblem. In: Schieder: Nationalismus und Nationalstaat (Anm. 23) S. 17, 21 ff.

[25] Vgl. Th. Nipperdey: Deutsche Geschichte 1866–1918. Bd. 2: Machtstaat vor der Demokratie (1992) S. 266 ff.

[26] Vgl. zu den Ambivalenzen und Widersprüchlichkeiten der habsburgischen Nationalitätenpolitik zu Ende des 19. Jahrhunderts A. Dér: Politik und Ethnizität. Zur nationalen Problematik der Habsburgermonarchie um die Jahrhundertwende. In: Der Donauraum (1993) S. 14 ff.

[27] Vgl. dazu F. Prinz: Sprache und Nation in den Böhmischen Ländern (1848–1939). In: Sprachenpolitik in Grenzregionen. Hrsg. von R. Marti (1996) S. 327 ff. (328 ff.) sowie ausführlich H. Glassl: Der Mährische Ausgleich (1969).

[28] Vgl. insoweit nur E. J. Görlich: Grundzüge der Geschichte der Habsburger-Monarchie und Österreichs (1980) S. 232 ff.

[29] Siehe insoweit etwa Schieder: Nationalstaat und Nationalitätenproblem (Anm. 24) S. 28 ff. sowie ders.: Idee und Gestalt des übernationalen Staates seit dem 19. Jahrhundert. In: Ders.: Nationalismus und Nationalstaat (Anm. 23) S. 17 ff. (28 ff.).

[30] Siehe dazu nur K. Renner: Der Kampf der Oesterreichischen Nationen um den Staat. Teil 1: Das nationale Problem als Verfassungs- und Verwaltungsfrage (1902) S. 27 ff., 93 ff., 148 ff., 164 ff. und 180 ff.

[31] Vgl. insoweit F. Guber: Das Selbstbestimmungsrecht in der Theorie Karl Renners (1986) insbes. S. 157 ff. und 181 ff., ferner Schieder: Nationalstaat und Nationalitätenproblem (Anm. 24) S. 30 ff.

Figuren des altständischen Habsburgerreiches. Die Personalautonomie, die sich bis auf die Konstruktionsprinzipien des mittelalterlichen „Personenverbandsstaates" zurückführen ließe, hatte auch im beginnenden 20. Jahrhundert noch anschauliche Vorbilder in mit Hoheitsbefugnissen ausgestatteten Personalkörperschaften — erinnert sei hier nur an die „Sächsische Nationsuniversität" Siebenbürgens, deren Konstruktion den Siebenbürger Sachsen Sprach- und Kulturautonomie sowie eigene kirchliche Institutionen, eigene Verwaltungs- und Justizhoheit und wirtschaftliche und soziale Selbstorganisation gewährleistete.[32] Auch der schon erwähnte „Mährische Ausgleich" von 1905 beruhte im Kern auf einer Konstruktion der Personalautonomie.

Die beiden anderen multinationalen Großreiche „vormoderner" Prägung (das Großreich der russischen Zaren und das Osmanische Reich) boten ebenfalls bis zum Ersten Weltkrieg zahlreiche Beispiele solcher „vormoderner", an Personenverbände anknüpfender Selbstverwaltungsrechte. Man denke hier nur an die ständische Selbstverwaltung der (deutsch-) baltischen Ritterschaften oder das osmanische Millet-System, das den nichtmuslimischen Religionsgemeinschaften weitgehende Autonomie in Fragen des Kultus, des Erziehungswesens und der Gerichtsbarkeit zugestand.

Doch es half nichts — der Siegeszug des „nationalen Einheitsstaates" französischer Prägung überantwortete das vielgestaltige Formenarsenal der personalen und territorialen Selbstverwaltung dem Verdikt der „Rückständigkeit". In den neuen Nationalstaaten, die das Erbe des Osmanischen Reiches und der Donaumonarchie antraten, geriet dieses Erbe fast gänzlich in Vergessenheit, empfand man den Gedanken der Autonomie doch aus dem Blickwinkel der auf „Nationsbildung" fixierten neuen politischen Eliten als überholtes Relikt. In einigen Fällen zwang man den neugegründeten oder territorial arrondierten Staaten Ostmittel- und Osteuropas nach 1918 in Minderheitenschutzverträgen Regime der Kulturautonomie auf[33] — so geschehen im Minderheitenschutzvertrag vom 9. Dezember 1919 mit Rumänien für die Szekler und die Siebenbürger Sachsen, im Minderheitenschutzvertrag mit Griechenland vom 10. August 1920 für die Walachen des Pindosgebirges und im Oberschlesienabkommen mit Polen vom 15. Mai 1922 für die deutsche Minderheit in Oberschlesien.[34] Einzig im Ostseeraum, in Finnland und in den drei baltischen

---

[32] Siehe dazu A. Schenk: Deutsche in Siebenbürgen. Ihre Geschichte und Kultur (1992) S. 34 ff. und 41 ff. sowie K. Gündisch: Zur Entstehung der sächsischen Nationsuniversität. In: Gruppenautonomie in Siebenbürgen. 500 Jahre siebenbürgisch-sächsische Nationsuniversität. Hrsg. von W. Kessler (1990) S. 63 ff.; vgl. auch W. Conze: Ostmitteleuropa. Von der Spätantike bis zum 18. Jahrhundert. Hrsg. und mit einem Nachwort versehen von Klaus Zernack (1992) S. 139 f. und 198 ff.

[33] Vgl. dazu Stahlberg: Minderheitenschutz (Anm. 9) S. 46 ff.; ferner H. Weber: Der Minderheitenschutz des Völkerbundes. In: Friedenssichernde Aspekte des Minderheitenschutzes in der Ära des Völkerbundes und der Vereinten Nationen in Europa. Hrsg. von M. Mohr (1996) S. 3 ff. sowie E. Viefhaus: Die Minderheitenfrage und die Entstehung der Minderheitenschutzverträge auf der Pariser Friedenskonferenz 1919 (1960).

[34] Vgl. dazu ausführlich Stahlberg: Minderheitenschutz (Anm. 9) S. 50 ff. m. w. N.; zum Oberschlesienabkommen vgl. ferner D. Blumenwitz: Minderheitenschutz nach dem Ersten und dem Zweiten Weltkrieg. Ein Rechtsvergleich unter besonderer Berücksichtigung der deutschen Minderheit in Polen. In: Ein Jahrhundert Minderheiten- und Volksgruppenschutz (Anm. 14) S. 49 ff. sowie M. Silagi: Der Minderheitenschutz vor dem Ständigen Internationalen Gerichtshof. In: Ebenda S. 101 ff.

Staaten, die Teile des zaristischen Erbes in die Unabhängigkeit gerettet hatten, griff man freiwillig — unter gezielter Modernisierung des alten zaristischen Instrumentariums — auf das aus eigener Anschauung geläufige Institut der Kultur- bzw. Personalautonomie zurück.[35] Die Bolschewiki dagegen, die mit der Leninschen Nationalitätenpolitik gezielte Anleihen bei Karl Renner und seiner wissenschaftlichen Durchdringung der Nationalitätenpolitik gemacht hatten, zogen das Modell der Territorialautonomie vor und suchten es flächendeckend zur Befriedung der Minderheitenkonflikte einzusetzen — selbst da, wo dafür die Voraussetzungen fehlten und es nur in Form eines Potemkinschen Dorfes verwendbar war — als wohlfeile Fassade „nationaler Autonomie" in den berühmt-berüchtigten „autonomen Republiken" und „autonomen Gebieten" der UdSSR.[36]

5. Formen der Kulturautonomie in der Staatenpraxis Europas

Erst die letzten beiden Jahrzehnte des vergangenen Jahrhunderts haben eine theoretische Renaissance — und dann auch eine praktische Wiedergeburt — des Instituts der Kultur- bzw. Personalautonomie mit sich gebracht. Dies soll nun nicht heißen, es habe nicht auch vorher schon gewisse rudimentäre Formen der Kulturautonomie in der Praxis einiger Staaten gegeben. Letzten Endes läßt sich jedes arbeitsteilige Zusammenwirken von Staat und Minderheitenorganisationen, bei dem der Staat den Verbänden der Minderheit bestimmte Aufgaben zur Erledigung überläßt (unter Zuweisung entsprechender finanzieller Ressourcen aus dem Steueraufkommen), als Form der „Kulturautonomie" begreifen.[37] Das Kulturleben jeder halbwegs in Freiheit lebenden Volksgruppe kennt vielfältige private Vereinigungen, die je nach Bedarf vom Staat mit entsprechenden Finanzmitteln unterstützt bzw. subventioniert werden. Nicht nur Pflege der Volkskultur und Sprache, der Betrieb von Theatern oder die Herausgabe von Zeitschriften und Zeitungen, selbst die elektronischen Medien lassen sich in derartigen Formen im Geiste des Prinzips der Subsidiarität recht problemlos staatsfrei organisieren.[38] Auch über das Kulturleben im engeren Sinne hinaus lassen sich staatliche Aufgaben an privatrechtliche Vereinigungen der Minderheit delegieren. Hier wäre vor allem an das Schulwesen zu denken, das in Form eines minderheitenspezifischen Privatschulsystems außerhalb der staatlichen Organisationsstrukturen angesiedelt werden kann. In diesem Sinne ist etwa schon die gedeihliche Zusammenarbeit des deutschen Staates mit der Vertretung der Dänen in Schleswig-Holstein ein Fall der Kulturautonomie. Minderheitenschulen für die dänische Volksgruppe unterhält der Staat ja in Schleswig-Holstein nicht selbst; Organisation und Betrieb der Schulen bleibt vielmehr der Vertretung der Minderheit überlassen, die dafür vom Staat

---

[35] Vgl. dazu im Detail Stahlberg: Minderheitenschutz (Anm. 9) S. 57 ff.; zum Minderheitenregime Estlands in der Zwischenkriegszeit vgl. B. Meissner: Entwicklung und Bedeutung der Kulturautonomie in Estland (Anm. 14) sowie C. Thiele: Selbstbestimmungsrecht und Minderheitenschutz in Estland (1999) S. 81 ff.

[36] Vgl. zur sowjetischen Nationalitätenpolitik insbesondere G. Simon: Nationalismus und Nationalitätenpolitik in der Sowjetunion (1986) S. 13 ff., 34 ff., 145 ff. 157 ff., 335 ff. und 369 ff.

[37] Vgl. insoweit auch Studnitz: Politische Vertretung (Anm. 15) S. 17 ff. sowie D. Blumenwitz: Volksgruppen und Minderheiten. Politische Vertretung und Kulturautonomie (1995) S. 97.

[38] Vgl. nur P. Pernthaler: Allgemeine Staatslehre und Verfassungslehre (2. Aufl. 1996) S. 63 f.

Geldmittel bekommt – und zwar (anders als bei gewöhnlichen Privatschulen) in Höhe des vollen Satzes, wie er auch an staatlichen Schulen pro Schüler aufgewendet werden muß.[39]

In gleicher Weise ließe sich auch die Förderung der sorbischen Minderheit in Sachsen und Brandenburg als Form der Kulturautonomie begreifen.[40] Die Bereitstellung größerer Geldmittel über die gemeinsam von Bund und Ländern getragene sorbische Kulturstiftung sowie die institutionelle Förderung der *Domowina* als der Organisation der Minderheit sorgen dafür, daß die konkreten Entscheidungen über die Mittelallokation entweder von den Vertretern der Minderheit selbst oder zumindest unter deren Beteiligung getroffen werden. Ähnliche Formen der Förderung des von der Minderheit selbst getragenen Kulturwesens über institutionelle Förderung der Minderheitenorganisationen finden sich auch in einer ganzen Reihe anderer Staaten – man denke an die staatliche Förderung der *Lia Rumantscha* in der Schweiz, des Rats der Kärntner Slowenen in Österreich oder des Verbands der Deutschen in Nordschleswig durch Dänemark. Auch in Slowenien, Kroatien und der Ukraine finden sich Ansätze einer derartigen institutionellen Förderung im Geiste der Subsidiarität[41], und manch andere Staaten ließen sich anführen. Zwar reichen vielfach die gewährten Finanzmittel nicht aus, um die den Minderheitenverbänden überlassenen Aufgaben wirklich sinnvoll bewältigen zu können. Dies ist jedoch vielfach Ausdruck der allgemeinen Mittelknappheit in den betroffenen Staaten und nicht immer unbedingt Ausdruck bösen Willens. Allerdings gibt es auch Fälle, in denen Staaten mit einer Tradition solcher institutioneller Förderung die gewährten Finanzmittel im Gefolge des politisch angespannten Verhältnisses zwischen Minderheitenvertretungen und Zentralstaat deutlich zusammengestrichen haben, was von den Betroffenen unweigerlich als Versuch der „Bestrafung" oder Disziplinierung empfunden wird. Das Vertrauensverhältnis zwischen Staat und Minderheit, das für ein Zusammenwirken im Geist der Subsidiarität unbedingt erforderlich ist, geht infolge der wechselseitigen Verdächtigungen und Unterstellungen dann allzu leicht zuschanden – man muß nur einmal Diskussionen zwischen Exponenten der alten, von der HDZ getragenen kroatischen Zentralregierung und Minderheitenvertretern verfolgt haben oder sich mit Vertretern der Kärntner Slowenen unterhalten.

Das Beispiel der Kärntner Slowenen verweist auf einen weiteren Schwachpunkt dieser wenig institutionalisierten Rudimentärform der Kulturautonomie.[42] Gedeihliche Zusammenarbeit im Geiste der Subsidiarität basiert darauf, daß die Minderheit sich über ihre Ziele und ihr Vorgehen einig ist und diese Übereinstimmung in der Organisation in einem einheitlichen Minderheitenverband Ausdruck findet. Kommt es aufgrund tiefgreifender Interessendivergenzen, Unstimmigkeiten über Ziele und Vorgehensweise, aber auch persönliche und organisatorische Eifersüchteleien zur Aufspaltung in mehrere

---

[39] Siehe dazu M. J. Hahn: Die rechtliche Stellung der Minderheiten in Deutschland. In: Das Minderheitenrecht europäischer Staaten (Anm. 4) Bd. 1, S. 62, 91.

[40] Vgl. insoweit vor allem C. Thiele: Rechtsstellung der sorbischen Minderheit in Deutschland. In: Selbstbestimmung der Völker (Anm. 7) S. 342, 357 ff., dort insbes. S. 368 ff.

[41] Vgl. dazu im Detail Stahlberg: Minderheitenschutz (Anm. 9) S. 81 ff., 90 ff., 113 ff.

[42] Vgl. insoweit P. Pernthaler: Modell einer autonomen öffentlichrechtlichen Vertretung der Slowenischen Volksgruppe in Kärnten. In: Europa Ethnica 50 (1993) S. 24 ff.; zu den Problemen der Kärntner Slowenen vgl. aber auch die vom Österreichischen Volksgruppenzentrum publizierte instruktive Darstellung Volksgruppenreport 1997 (1997) S. 20 ff.

Minderheitenverbände, so entstehen erhebliche Probleme.[43] Der Staat wird bei institutioneller Förderung mehrerer Verbände für ein und dieselbe Minderheit unweigerlich in die Rolle eines Schiedsrichters hineingedrängt. Selbst wenn der Staat besten Willens ist, werden Reibereien zwischen den konkurrierenden Organisationen unvermeidlich sein. Jede Mittelzuweisung wird regelmäßig Kritik hervorrufen, als Bevorzugung des einen und Benachteiligung des anderen empfunden werden. Ist das Verhältnis zwischen Staat und Mehrheitsparteien einerseits und der Minderheit andererseits aber ohnehin schon angespannt, so kann die Rivalität konkurrierender Verbände auch zur Manipulation der Interessenartikulation der Minderheit genutzt werden. Der Staat wird dazu neigen, den ihm genehmeren Vertretern Gehör zu verschaffen und die unbequemeren Verbände als sektiererische Störenfriede zu denunzieren, die man nicht ernstzunehmen brauche. Der Umgang des österreichischen Staates und der Regierungsparteien mit den Verbänden der Kärntner Slowenen liefert für diese Problematik deutliches Anschauungsmaterial.[44]

In der Folge könnte es naheliegen, die Minderheit gezielt vom Staat aus zu organisieren. Unter Kategorien der Subsidiarität ist dieser Schritt allerdings nicht unproblematisch zu bewerten. Über das rechtliche und organisatorische Instrumentarium, mittels dessen die Minderheit zu einem öffentlich-rechtlichen Verband (in der Regel zu einer Personalkörperschaft) verfaßt wird, gewinnt der Staat Einfluß auf die Interessenrepräsentation und -artikulation der Minderheit.[45] Doch schlimmere Manipulationsmöglichkeiten, als sie ihm im Gegeneinander konkurrierender Verbände ohnehin zuwachsen, schafft auch die durch staatliches Recht bewirkte Konstituierung öffentlich-rechtlicher Personalkörperschaften nicht. Im Gegenteil: Da diese Personalkörperschaften notwendig Prinzipien demokratischer Binnenorganisation gehorchen müssen, wird die Legitimationsbasis – und die Notwendigkeit demokratischer Rückkoppelung – in der öffentlich-rechtlichen Personalkörperschaft unweigerlich gestärkt.[46] Es werden Teile der Minderheit eingebunden, die in der organisatorischen Beschränkung der vereinsrechtlichen Form auf die aktiven Teile der Minderheit bisher in ihren Interessen und Vorstellungen nicht repräsentiert waren. Über die Einbeziehung der „schweigenden Mehrheit" kommt diesem Schritt oft auch eine moderierende Funktion zu. Der Staat schafft sich so einen Ansprechpartner mit breiter Legitimationsbasis, dessen Berechtigung, für die ganze Minderheit zu sprechen, kaum mehr bestritten werden kann. Dies nötigt naturgemäß intern zur Aggregation divergierender Interessen, zur Kompromißbildung und zur pluralistischen Zusammensetzung der Gremien, soweit größere Divergenzen innerhalb der Minderheit auftreten. Etwaige Absprachen zwischen Staat und Minderheit gewinnen auf diese Weise jedoch an Verbindlichkeit, waren doch an der Aushandlung Vertreter aller Minderheitenangehörigen beteiligt.

Es gibt nun zwei Wege, die Organisation der Minderheit in einer öffentlich-rechtlichen Personalkörperschaft zu bewerkstelligen. Der organisatorisch einfachere Weg besteht darin, eine einheitliche Personalkörperschaft für den ganzen Staat zu schaffen, in dem alle auf

---

[43] Siehe zu dieser Problematik St. Oeter: Anforderungen an ein zeitgerechtes Volksgruppenrecht unter besonderer Berücksichtigung der Situation in Österreich. In: Volksgruppenreport 1997 (Anm. 42) S. 200 ff. (207 ff.).

[44] Siehe dazu nur Volksgruppenreport 1997 (Anm. 42) S. 22 und S. 28 ff.

[45] Vgl. dazu auch Oeter: Anforderungen (Anm. 43) S. 208.

[46] Vgl. insoweit auch schon die Überlegungen in Oeter: Anforderungen (Anm. 43) S. 207 f. und 210 ff.

dem Gebiet des Staates lebenden Angehörigen der Minderheit repräsentiert sind. Der andere Weg ist organisatorisch anspruchsvoller und schafft ein gestuftes Gefüge von Minderheitenselbstverwaltungen auf lokaler, regionaler und nationaler Ebene, das seinerseits intern nach Kriterien der Subsidiarität strukturiert ist. Der erste Weg ist der bei weitem geläufigere, eignet er sich doch auch für recht kleine und sehr zerstreut lebende Minderheiten und stellt wenig Ansprüche an die organisatorische und rechtstechnische Phantasie der Staaten. Die drei baltischen Staaten hatten dieses System in der Zwischenkriegszeit entwickelt und zu hoher Blüte geführt — Litauen vor allem für seine große jüdische Minderheit (allerdings nur bis zur Errichtung eines autoritären Regimes unter Antanas Smetona im Jahre 1926), Lettland für die russische, jüdische, deutsche und polnische Minderheit, Estland für Deutsche, Juden, Russen und Schweden.[47] In Estland schufen sich die übers ganze Land in den Städten siedelnden Deutschen und Juden eine je eigene Kulturselbstverwaltung mit einem gewählten Schulrat an der Spitze, die das Minderheitenschulwesen für die jeweilige Volksgruppe in eigener Regie mit vom Staat zugewiesenen Haushaltsmitteln, aber auch mit Einnahmen aufgrund eines eigenen Besteuerungsrechts gegenüber den Minderheitsangehörigen betrieben;[48] die eher kompakt siedelnden Schweden und Russen nutzen die bestehenden Minderheitenrechte auf lokaler Ebene.

Estland hat 1993 mit seinem Gesetz über die Kulturautonomie der nationalen Minderheiten[49] an diese Tradition angeknüpft. Wieder können die Angehörigen bestimmter Minderheiten Kulturselbstverwaltungen mit einem 20- bis 60köpfigen Kulturrat als Hauptbeschlußorgan bilden, das eine Art Organ parlamentarischer Repräsentation darstellt. Dieser Kulturrat setzt eine Kulturverwaltung ein, unter deren Regie dann die autonomen Einrichtungen der Minderheit im Bildungs- und Kulturwesen betrieben werden.[50] Im Sinne einer Dekonzentration gibt es sogar örtliche Kulturräte als untere Selbstverwaltungsorgane. Den Minderheiten wird es so ermöglicht, nicht nur bestimmte, für ihr Gemeinschaftsleben

---

[47] Vgl. dazu Stahlberg: Minderheitenschutz (Anm. 9) S. 57 ff., 59 ff. und 63 ff.; ferner M. Laserson: Das Minoritätenrecht der baltischen Staaten. In: ZaöRV 2 (1930/31) S. 401 ff.; M. Mintz: Die nationale Autonomie im System des Minderheitenrechts unter besonderer Berücksichtigung der Rechtsentwicklung in den baltischen Randstaaten (1927) insbes. S. 104 ff.; M. Garleff: Die kulturelle Selbstverwaltung der nationalen Minderheiten in den baltischen Staaten. In: Die baltischen Nationen. Estland, Lettland, Litauen. Hrsg. von Boris Meissner (2. veränd. Aufl. 1991) S. 87 ff.

[48] Vgl. dazu eingehend Thiele: Selbstbestimmungsrecht (Anm. 35) S. 82 ff. sowie H. Weiss: Das Volksgruppenrecht in Estland vor dem Zweiten Weltkrieg. In: Zeitschrift für Ostforschung 1 (1952) S. 253 ff. (254 ff.).

[49] Riigi Teataja I 1993 Nr. 712, Pos. 1001; deutsche Übersetzung des Gesetzes in WGO-MfOR 35 (1993) S. 370 ff. Vgl. dazu — neben Meissner: Entwicklung und Bedeutung (Anm. 15) — die Studien von C. Hasselblatt: Das Estnische Gesetz über die Kulturautonomie der nationalen Minderheiten. In: WGO-MfOR 35 (1993) S. 367 ff. und Minderheitenpolitik in Estland. Rechtsentwicklung und Rechtswirklichkeit 1918-1995 (1996); H.-J. Uibopuu: Die rechtliche Stellung der Minderheiten in Estland. In: Das Minderheitenrecht europäischer Staaten (Anm. 4) Bd. 2, S. 27 ff.; C. Schmidt: Der Minderheitenschutz in der Republik Estland. In: Dies.: Der Minderheitenschutz in den baltischen Staaten. Dokumentation und Analysen. Estland, Lettland und Litauen (1993) S. 9 ff. (15 ff.) sowie Thiele: Selbstbestimmungsrecht (Anm. 35) S. 108 ff.

[50] Siehe dazu Stahlberg: Minderheitenschutz (Anm. 9) S. 73 f. sowie ausführlich Thiele: Selbstbestimmungsrecht (Anm. 35) S. 108 f. und 134 f.

und die Erhaltung ihrer Sprache und Kultur besonders wichtige Aufgabenfelder in eigener Verantwortung zu organisieren; über die quasi-parlamentarischen Beschluß- und Kontrollgremien der Kulturräte entsteht auch ein eigener Strang demokratischer Rückkoppelung und Legitimation, der dafür sorgt, daß bei Ausgestaltung und Betrieb des Minderheitenschulwesens und der kulturellen Einrichtungen die Präferenzen der Minderheitsangehörigen beachtet werden.

Ähnlichen Aufbauprinzipien folgt das System der „Gemeinschaften" von Flamen und Wallonen in Belgien, das auch eine Struktur von Personalkörperschaften errichtet, die staatliche Aufgaben im Bereich des Bildungs- und Kulturwesens wahrnehmen und die über eigene, gewählte parlamentarische Gremien eigene Stränge demokratischer Rückkoppelung und Legitimation aufweisen.[51] Auch die „Sami-Parlamente" in Norwegen und Finnland, über die die Sami in Lappland eigene Kulturselbstverwaltungen bilden, könnte man in diesem Kontext anführen.[52]

Die andere Variante der Konstruktion von Personalautonomie ist dagegen organisatorisch sehr viel anspruchsvoller. Der Gesetzgeber begnügt sich hier nicht mit der Errichtung einer einheitlichen, nationsweiten Minderheitenselbstverwaltung, sondern er ruft zunächst auf lokaler Ebene örtliche Minderheitenselbstverwaltungen ins Leben, die dann in einem Aufbau von unten nach oben eine zentrale, den ganzen Staat abdeckende nationale Selbstverwaltungskörperschaft formen. Diese Organisationsform ist aufwendig, weil die Schaffung unzähliger lokaler Minderheitenselbstverwaltungen erhebliche Organisationskosten verursacht. Zugleich sorgt sie aber dafür, daß nicht ein enger Zirkel von Funktionären das Schicksal der Minderheiten bestimmt, sondern in den lokalen Selbstverwaltungen die Betroffenen unmittelbar ihre Geschicke in die Hand nehmen und die breite Schicht der lokalen Funktionsträger über die Wahl der übergeordneten Selbstverwaltungen auch Einfluß auf die zentralen Entscheidungen behält. Die Mobilisation der Minderheitenangehörigen gelingt hier in einem ganz anderen Maße als in den klassischen Verbandsstrukturen, wenn auch der Erfolg des Modells naturgemäß an der Bereitschaft der Betroffenen hängt, ihre Rechte wahrzunehmen und sich in den zahlreichen, neu zu besetzenden Ämtern zu engagieren.

Eine prototypische Verkörperung dieses Modells ist das ungarische System der Minderheitenselbstverwaltung.[53] Über dieses System ist in den letzten Jahren so viel geschrieben

---

[51] Vgl. zum belgischen Modell nur R. Mathiak: Die rechtliche Stellung der Minderheiten in Belgien. In: Das Minderheitenrecht europäischer Staaten (Anm. 4) Bd. 2, S. 1 ff.

[52] Vgl. insoweit Th. Modeen: The Legal Situation of the Lapp (Sami) Ethnic Group in Finland, Compared to the Position of Other National, Religious and Ethnic Groups. In: Nordic Journal of International Law 55 (1986) S. 53 ff.

[53] Vgl. dazu H. Küpper: Das neue Minderheitenrecht in Ungarn (1998) S. 180 ff.; J. Kaltenbach: Das ungarische Minderheitengesetz. Zielsetzung und Akzeptanz. In: Minderheiten als Konfliktpotential in Ostmittel- und Südosteuropa. Hrsg. von G. Seewann (1995) S. 346 ff.; K. Sitzler, G. Seewann: Das ungarische Minderheitengesetz. Vorbereitung, Inhalt, öffentliche Diskussion. In: Ebenda S. 352 ff.; G. Brunner: Der Minderheitenschutz in Ungarn. In: Ders., G. H. Tontsch: Der Minderheitenschutz in Ungarn und in Rumänien (1995) S. 9 ff. (38 ff.); J. Wolfart: Bericht zur Lage der Volksgruppen in Ungarn. In: Volksgruppen im Spannungsfeld von Recht und Souveränität in Mittel- und Osteuropa. Hrsg. von F. Ermacora, H. Tretter und A. Pelzl (1993) S. 63 ff. (65 ff.) sowie G. Nolte: Die rechtliche Stellung der Minderheiten in Ungarn. In: Das Minderheitenrecht europäischer Staaten (Anm. 4) Bd. 1, S. 501 ff. (527 ff.).

worden, daß ich mir die Details der ungarischen Konstruktion erspare, weist sie doch mit den drei vom Gesetzgeber eingeräumten Optionen — erstens der „kommunalen Selbstverwaltung", bei der der Gemeinderat einer von einer Minderheit dominierten Gemeinde als Minderheitenselbstverwaltung tätig ist, zweitens der indirekt errichteten Minderheitenselbstverwaltung, bei der gewählte Gemeinderäte aus der Minderheit als Selbstverwaltung fungieren, und drittens der direkten Minderheitenselbstverwaltung, deren Repräsentanten in einer getrennten Wahl ermittelt werden — erhebliche Komplikationen auf.[54] Das Wahlverfahren ist recht komplex, da sich die Minderheiten gegen ein die Zugehörigkeit zur Minderheit erfassendes „Minderheitenkataster" gewehrt haben. Die (potentiellen) Befugnisse der örtlichen Minderheitenselbstverwaltungen sind allerdings recht weitreichend und erfassen praktisch alle für die Minderheit relevanten Belange des Bildungs- und Kulturwesens (mit eigenen Verwaltungs- wie Rechtsetzungskompetenzen) und gewähren auch so etwas wie ein Zustimmungsrecht in Minderheitenangelegenheiten.[55] Von den Mitgliedern der örtlichen Minderheitenselbstverwaltungen bzw. — wo diese nicht bestehen — von eigens dafür gewählten Elektoren werden dann die Mitglieder der landesweiten Minderheitenselbstverwaltung gewählt. Diesen landesweiten Minderheitenselbstverwaltungen kommen (potentiell) Zuständigkeiten im Bereich der Medien, der Gründung und des Betriebs von Kulturinstitutionen sowie höheren Bildungsanstalten zu, zudem ausgedehnte Informations- und Mitwirkungsrechte in Angelegenheiten, die die Belange der Minderheit berühren.[56]

Allerdings zeigt das ungarische Modell, daß es mit der gesetzgeberischen Schaffung entsprechender institutioneller Formen noch nicht getan ist. Das institutionelle Gehäuse muß auch mit Leben erfüllt werden — und inwieweit dies wirklich gelingt, hängt von der Bereitschaft der staatlichen Instanzen ab, tatsächlich staatliche Funktionen auf die Minderheitenselbstverwaltungen zu übertragen (und diese dann auch mit den zur Erfüllung dieser Aufgaben notwendigen materiellen Ressourcen auszustatten). Das ungarische Beispiel hat hier gezeigt, daß die Schaffung eines institutionell ausgefeilten Systems von Personalkörperschaften noch nicht gewährleistet, daß das so geschaffene Gefüge der „Selbstverwaltung" dann auch tatsächlich mit eigenen, selbständig wahrzunehmenden Befugnissen ausgestattet wird. Zwar hat Ungarn mit seinem Minderheitengesetz von 1993 den rechtlichen Rahmen für die Gewährung der Personalautonomie geschaffen; die meisten Minderheiten haben von dem zur Verfügung gestellten rechtlichen Rahmen auch alsbald Gebrauch gemacht. Zur tatsächlichen Übertragung der für eine sinnvolle Autonomiestruktur notwendigen Befugnisse im Bildungs- und Kulturbereich ist es jedoch bisher praktisch nicht gekommen. Die Minderheiten könnten zwar theoretisch ihre eigenen Privatschulen gründen, sind dazu aber aus Mangel an Finanzmitteln nicht in der Lage. Die ursprünglich ins Auge gefaßte Übertragung staatlicher Institutionen im Bereich der Minderheitenkultur und -bildung wie etwa der speziellen Minderheitenschulen, aber auch der für die Minderheiten geschaffenen Museen, Theater und Kulturzentren ist dagegen

---

[54] Vgl. Küpper: Das neue Minderheitenrecht (Anm. 53) S. 181 ff.; Stahlberg: Minderheitenschutz (Anm. 9) S. 99 f. sowie Wolfart: Bericht zur Lage (Anm. 53) S. 65 f.

[55] Siehe nur Küpper: Das neue Minderheitenrecht in Ungarn (Anm. 53) S. 191 ff., 195 ff. und 204 sowie Stahlberg: Minderheitenschutz (Anm. 9) S. 100 f.

[56] Zu den landesweiten Minderheitenselbstverwaltungen vgl. Küpper: Das neue Minderheitenrecht (Anm. 53) S. 216 ff. sowie Stahlberg: Minderheitenschutz (Anm. 4) S. 102 ff.

bislang am fehlenden Konsens über die insoweit unabdingbar erforderliche staatliche Zusatzfinanzierung gescheitert. Damit aber bleibt das System der „Minderheitenselbstverwaltungen" weit hinter dem zurück, was es bei optimaler Ausstattung für die Befriedigung der Bedürfnisse der Minderheiten leisten könnte.[57]

Ein weiteres Problem bedarf noch einiger Überlegungen — ein Problem, das in Ungarn durch die recht komplizierten Wahlmodalitäten zu den Minderheitenselbstverwaltungen zu lösen gesucht wurde, das aber regelmäßig in Strukturen der Personalautonomie als Hindernis auftritt. Aus ihren leidvollen historischen Erfahrungen heraus haben die meisten Minderheiten starke Vorbehalte gegnüber einem System umfassender Volksgruppenkataster oder -register.[58] Eine amtliche Erfassung als Minderheitenangehöriger wird tendenziell als Abstempelung zum „Bürger zweiter Klasse" empfunden. Zudem erfassen derartige Volksgruppenregister in den klassischen Situationen der Diglossie mit fließenden Volkstumsgrenzen immer nur einen Teil der tatsächlichen Minderheitenangehörigen, tendieren also zur systematischen Untertreibung der Zahlenverhältnisse. Einzige Alternative zur amtlichen Erfassung im Personenstandsregister oder einem getrennten Register aber ist das reine Bekenntnisprinzip. Angehöriger der Minderheit ist demnach, wer sich in konkreten Zusammenhängen als solcher bekennt.[59] Dies kann allerdings theoretisch dazu führen, daß auch Angehörige der Mehrheitsbevölkerung an den Wahlen zu den Minderheitenselbstverwaltungen teilnehmen.

Ob dies wirklich ein ernstzunehmendes Problem darstellt, muß bezweifelt werden. Ich entsinne mich noch gut, wie bei der Sachverständigenanhörung des sächsischen Landtages zu den divergierenden Entwürfen eines sächsischen Sorbengesetzes von verschiedenen Politikern der dominanten Mehrheitspartei die Frage aufgeworfen wurde, ob ein reines Bekenntnisprinzip ohne objektive Kriterien der Zuordnung und ohne inhaltliche Überprüfung nicht die Gefahr aufwerfe, daß Angehörige der Mehrheitsbevölkerung sich mißbräuchlich die „Privilegien" der Minderheit erschleichen könnten. Eine längere Diskussion kam dann genau zu dem Befund, der sich bei Nachdenken über diesen Einwand immer ergibt: Worin bestehen denn die „Privilegien", die hier erschlichen werden könnten? Wenn Deutsche das „Vorrecht" in Anspruch nehmen wollen, sich vor Behörden oder Gerichten auf Sorbisch zu artikulieren, wenn sie beanspruchen, für ihre Kinder eine Schulausbildung in Sorbisch zu erhalten — was ist daran so Schlimmes? Für das Verhältnis von Mehrheitsbevölkerung und Minderheit könnte man nur wünschen, daß dieser „Mißbrauch" Schule macht. Doch leider ist die Hoffnung nicht allzu groß, daß sich derartige Fälle häufen. Anders kann dies nur werden, wenn die Schulen der Minderheit besser sind als die allgemeinen Schulen, wenn unter Umständen ein auch ökonomisches Interesse am Erlernen der Minderheitensprache besteht. Ein solches Problem existiert teilweise an den Schulen der deutschen Minderheit in Ostmitteleuropa, insbesondere in Polen und Ungarn. Doch auch

---

[57] Vgl. zu den praktischen Erfahrungen mit dem ungarischen Modell und den dabei auftretenden Mängeln der Umsetzung J. Kaltenbach: Die Rechtsstellung der Minderheiten in Ungarn. In: Das Recht der nationalen Minderheiten in Osteuropa. Hrsg. von G. Brunner und B. Meissner (1999) S. 131 ff. (142 ff.).

[58] Vgl. zu den sich daraus ergebenden Konstruktionsproblemen Oeter: Anforderungen an ein zeitgerechtes Volksgruppenrecht (Anm. 43) S. 209 f.

[59] Siehe in diesem Sinne auch Pernthaler: Modell einer autonomen öffentlichrechtlichen Vertretung (Anm. 42) S. 26 und S. 29 f.

dann wird man spezifische Lösungen finden können. Jedenfalls ist symptomatisch, daß es auch bei derartigen Fällen in der Regel die Politiker und Juristen der Staatsnation sind, die diesen „Mißbrauch" fürchten, kaum jemals die Vertreter der Minderheiten selbst.

6. Schlußfolgerungen

Die vorstehenden Bemerkungen mögen den Anschein erwecken, als stelle die Gewährung von Kulturautonomie (etwa nach estnischem oder ungarischem Vorbild) so etwas wie eine Ideallösung dar. Ganz abwegig ist dieser Eindruck nicht und es spricht tatsächlich sehr viel dafür, diese institutionelle Gestaltung des Minderheitenschutzes nach Grundsätzen der Subsidiarität komme dem Ideal eines wirksamen und ausgewogenen Minderheitenschutzes so nahe, wie dies nur irgend möglich ist.[60] Der Minderheit wird ein Mittelweg zwischen Segregation und Assimilation eröffnet, dessen Detailkurs die Vertreter der Betroffenen selbst bestimmen und austarieren können. Wieviel Absonderung sinnvoll ist (etwa im Bildungswesen), wieviel Maßnahmen der Integration zum Abbau historisch eingefahrener Diskriminierung zugleich nötig ist, das kann letztlich niemand besser wissen als die Betroffenen selbst. Versucht der Staat – und das heißt letztlich ja immer: eine politische und bürokratische Elite aus Angehörigen der Mehrheitsbevölkerung –, die konkreten Details der Minderheitenpolitik im Bildungs- und Kulturwesen selbst festzulegen, so trägt dies immer Züge des Paternalismus mit dem Risiko, durch falsch verstandenen Minderheitenschutz das Leben (und Überleben) der Minderheit noch schwieriger zu machen, als es ohnehin schon ist. Zwar sind auch die Minderheiten selbst gegen Irrtümer nicht gefeit; als Betroffene spüren sie dies aber schneller und haben so eher die Chance zu rechtzeitigen Kurskorrekturen. Wie immer bei Strukturen der Subsidiarität: Dezentrale Aufgabenerledigung durch Organisationen der Betroffenen nutzt weit besser das praktische Wissen, das vor Ort, in der alltäglichen Praxis anfällt.[61] Es bedarf guter Gründe, wenn man sich durch zentrale Politikformulierung und Administration vor dem Wissen der konkret Betroffenen abschirmt.

Die Gründe, die in der Regel dazu führen, Minderheitenpolitik nicht in Strukturen der Kulturautonomie an die Vertretungen der Betroffenen zu delegieren, sind meist pure Machtinteressen bzw. institutionelle Eigeninteressen. Keine Regierung gibt gerne Macht ab, es sei denn aus besserer Einsicht. Die Einsicht aber wird vielfach noch durch die Perhorreszierung jeder Form von Autonomiegewährung blockiert. In zentralen Bürokratien ist der Gedanke nicht auszurotten, daß Autonomie nicht nur zu Kontrollverlusten führt, sondern daß sie den Keim der Auflösung in sich trägt sowie unweigerlich Ansätze zu Verselbständigung und Sezession fördert.[62] Dabei liegt der Vorteil der Kulturautonomie gerade darin, daß sie

---

[60] So auch völlig zu Recht Pernthaler: Modell (Anm. 42) S. 25 f. sowie ders.: Personalitätsprinzip und Territorialitätsprinzip im Minderheitenschutzrecht. In: Juristische Blätter (1990) S. 613 ff.; im selben Sinne vgl. auch R. Lapidoth: Autonomy. Potential and Limitations. In: International Journal on Group Rights 1 (1994) S. 269 ff. (282).

[61] Vgl. zur theoretischen Grundlegung dieser Aussage St. Oeter: Integration und Subsidiarität im deutschen Bundesstaatsrecht (1998) S. 553 ff.

[62] Vgl. als eingehende Auseinandersetzung mit dieser Grundannahme St. Oeter: Selbstbestimmungsrecht und Bundesstaat. In: Selbstbestimmung der Völker (Anm. 7) S. 73 ff. (82 ff.).

— als delokalisierte Form der Autonomie — *keine* territoriale Herrschaft gewährt, sondern nur ein Bündel funktional beschränkter Hoheitsmacht über einen bestimmten Personenkreis. Mangels territorialer Basierung eignet sie sich denkbar schlecht zu Unternehmen der Abspaltung. Aber vielleicht sind diese Befürchtungen vielfach auch nur vorgeschoben. In einer ganzen Reihe von Staaten nicht nur Ost-, sondern auch Mittel- und Westeuropas will man keinen Minderheitenschutz. Wenn man ihn schon — aus außen- wie innenpolitischen Gründen — formal gewähren muß, so soll er zumindest soweit wie möglich reine Fassadenkonstruktion bleiben. Dieses Bestreben aber ist mit Autonomiegewährung nicht vereinbar. Jede Kulturautonomie führt zu einer gewissen Verselbständigung der Minderheitenpolitik, erhöht deren praktische Wirksamkeit. Man kann insofern die Bereitschaft, über Formen der Kulturautonomie den Minderheiten selbst die Gestaltung ihrer Belange zu überlassen, als eine Art Lackmustest für die Ernsthaftigkeit nehmen, mit der Staaten den Schutz ihrer Minderheiten betreiben. In wie geringem Umfang Kulturautonomie bisher in die Minderheitenschutzpraxis der Staaten Europas Einzug gehalten hat, ist kein gutes Zeichen für den Willen, sich mit diesen Problemen ernsthaft auseinanderzusetzen. Aber vielleicht ist es auch noch zu früh, eine Bilanz zu ziehen, sind viele Staaten und Gesellschaften Europas doch noch mitten in dem schwierigen Lernprozeß, nach Jahrzehnten politischer (und intellektueller) Blockade Antworten auf die Frage zu finden, was es wirklich bedeutet, die Belange nicht nur der Staatsnation, sondern auch der anderen Volksgruppen im Staate ernst zu nehmen.

Prof. Dr. Stefan Oeter
Universität Hamburg
Institut für Internationale Angelegenheiten
Rothenbaumchaussee 19-23
D-20148 Hamburg / Deutschland
Tel.: 040-42838-4565
Fax: 040-42838-6262
Email: s-oeter@jura.uni-hamburg.de
Internet: www.jura.uni-hamburg.de/~iia

Stefan Oeter (geb. 1958): 1979-1983 Studium der Rechtswissenschaften an der Universität Heidelberg; 1987-1997 wissenschaftlicher Referent am Max-Planck-Institut für ausländisches öffentliches Recht und Völkerrecht, Heidelberg; 1990 Promotion; Expertentätigkeit für Europarat und OSZE im Rahmen zur Förderung der Rechtsstaatlichkeit und zur Reform der Justiz in Osteuropa; 1996 Habilitation an der Juristischen Fakultät der Universität Heidelberg; 1997 Lehrstuhlvertretung für Öffentliches Recht an der Universität Heidelberg; 1997-1999 an der Europa-Universität Viadrina in Frankfurt/Oder; seit Oktober 1999 Universitätsprofessor für Öffentliches Recht und Völkerrecht und Geschäftsführender Direktor des Instituts für Internationale Angelegenheiten der Universität Hamburg.
Forschungsschwerpunkte: Minderheitenschutz; vergleichender Föderalismus; europäisches und internationales Wirtschaftsrecht; Theorie des Völkerrechts und der internationalen Beziehungen.
Auswahlbibliographie: Selbstbestimmungsrecht im Wandel. Überlegungen zur Debatte um Selbstbestimmung, Sezessionsrecht und „vorzeitige" Anerkennung. In: ZaöRV 52 (1992) S. 741-780; (Hrsg. mit Jochen-Abr. Frowein und Rainer Hofmann:) Das Minderheitenrecht

europäischer Staaten. 2 Bde. Berlin, Heidelberg, New York/NY 1993-1994; Überlegungen zum Minderheitenbegriff und zur Frage der „neuen Minderheiten". In: Wiener Internationale Begegnung zu aktuellen Fragen nationaler Minderheiten. Hrsg. von Franz Matscher (Kehl u. a. 1997) S. 229-258; Integration und Subsidiarität im deutschen Bundesstaatsrecht. Untersuchungen zur Bundesstaatstheorie unter dem Grundgesetz. Tübingen 1998; Demokratieprinzip und Selbstbestimmungsrecht der Völker — Zwei Seiten einer Medaille? In: Demokratischer Experimentalismus. Hrsg. von Hauke Brunkhorst (Frankfurt am Main 1998) S. 329-360.

Abstract
Stephan Oeter: Minorities between Segregation, Integration and Assimilation. Thoughts upon the Development of the Model of Cultural Autonomy.
In: A Century of the Protection of Minorities and Ethnic Groups. Ed. by Dieter Blumenwitz, Gilbert H. Gornig, and Dietrich Murswiek (Cologne 2001) pp. 63-82.
Cultural and linguistic minorities usually live in a precarious situation, a dynamic dilemma characterized by the two poles of segregation and assimilation. Too much segregation would threaten to exclude them from society, assimilation endangers the survival of the minority as a distinct group. Minorities thus strive for positive integration, a state of affairs where they participate fully in society but preserve their distinct identity. The best instrument for such integration is granted by the model of autonomy. Autonomy, however, may occur in rather different forms. Territorial autonomy is a solution suitable only for specific conditions; most minorities do not fullfil the basic conditions for such a solution. The article analyses the potential of the alternative form of autonomy, of cultural (or personal) autonomy. The historical development of the theoretical concept is described first, then the practical experiences made with various models of cultural autonomy. The concept could work in rather diverse cases and promises a high potential in pacifying minority conflicts, but unfortunately is used only rarely.
Stefan Oeter (born 1958): 1979-1983 Studies in Law at the University of Heidelberg; 1987-1997 Research Fellow at the Max Planck Institute for Comparative Public and Public International Law, Heidelberg; 1990 Graduation as Dr. iur. utr.; Expert for Council of Europe and OSCE in Judicial Reform Projects in Eastern Europe; 1996 Habilitation at the Law Faculty of the University of Heidelberg; 1997 Acting Professor for Public Law at Heidelberg University Law School; 1997-1999 Visiting Professor for Public Law at Europa-Universitaet Viadrina, Frankfurt/Oder; since 1999 Full Professor with the Chair for Public Law and Public International Law and Managing Director of the Institute of International Affairs at the University of Hamburg Law School.
Fields of Research: Protection of Minorities; Comparative Federalism; European and International Economic Law; Theory of International Law and International Relations.

Dietrich Murswiek

Das Verhältnis des Minderheitenschutzes zum Selbstbestimmungsrecht der Völker

I. Selbstbestimmungsrecht und Gruppenidentität

Wohl kaum eine politische Idee hat sich in den letzten beiden Jahrhunderten als so wirkmächtig erwiesen wie die Idee der Selbstbestimmung. Seit der Aufklärung, seitdem das autonome Individuum in das Zentrum der politischen Philosophie gerückt ist, finden die Debatten über die richtige Gestaltung des Gemeinwesens ihren Brennpunkt in der Selbstbestimmungsidee. Es ist die Idee der individuellen Selbstbestimmung, von der das neuzeitliche Verfassungs- und Menschenrechtsdenken geprägt ist. Ist der einzelne Mensch der Ausgangspunkt der Politik, hat die politische Gemeinschaft dienende Funktion gegenüber dem einzelnen, so hat der Staat — und darüber hinaus auch die internationale Gemeinschaft der Staaten — die Autonomie des einzelnen zu respektieren, zu schützen und ihre Voraussetzungen zu wahren. Aus dieser Grundauffassung heraus sind die verfassungsstaatlichen Garantien der individuellen Grundrechte entstanden, die vor allem die individuelle Selbstbestimmung im privaten Bereich — im persönlichen Individualbereich und in der Gesellschaft — sichern sollen. Auf internationaler Ebene sind entsprechende menschenrechtliche Garantien hinzugekommen. Und in bezug auf die Gestaltung der Politik resultiert das Demokratieprinzip aus der Selbstbestimmungsidee: Die Gleichheit und Freiheit aller Individuen läßt keine Herrschaftsform zu, die nicht durch die freie Zustimmung aller Staatsbürger legitimiert ist. Dabei haben alle das gleiche Recht: One Man — One Vote.

Es hat sich aber gezeigt, daß die Freiheit des Individuums als substantielle, gelebte Freiheit von einer Vielzahl von Faktoren abhängig ist, die durch das Freiheitsprinzip nicht garantiert werden. Erwähnt seien etwa die sozialen Bedingungen der Freiheit oder die Umweltbedingungen. Das Recht auf Leben beispielsweise schützt den einzelnen davor, getötet zu werden; aber wenn er nichts zu essen hat und verhungern muß, kann er mit diesem Grundrecht nichts anfangen. Oder das Grundrecht der Berufsfreiheit: Es hilft dem Arbeitslosen, der keinen Arbeitsplatz findet, nicht weiter. Solche Abhängigkeiten der realen Möglichkeiten individueller Selbstbestimmung von sozialen Faktoren gibt es natürlich nicht nur als ausschließliche Bedingungen, dergestalt daß entweder die soziale Bedingung gegeben und die Freiheitsausübung möglich ist oder die soziale Bedingung fehlt und die Freiheitsausübung unmöglich ist. Meist beeinflussen soziale Bedingungen in mehr oder weniger großem Umfang die realen Möglichkeiten individueller Freiheitsausübung. Um beim Beispiel Berufsfreiheit zu bleiben: Es geht ja nicht nur darum, ob man überhaupt einen Arbeitsplatz findet, sondern auch was für einen Arbeitsplatz. Es geht darum, welche Arbeitsbedingungen man hat und wieviel man verdient, wie das Arbeitsklima im Betrieb ist usw. Wie der einzelne konkret sein Leben gestalten kann, hängt also von vielen Umständen ab, die nicht durch Freiheitsrechte garantiert werden können.

Zu den realen Bedingungen individueller Freiheit und Selbstbestimmung gehören auch all diejenigen Umstände, die Gegenstand des Minderheitenschutzrechts und des Selbstbestimmungsrechts der Völker sind. Die einzelnen Menschen sind in mehr oder minder großem Umfang in eine größere Gruppe eingebunden, durch deren kollektive Charakteristika sie geprägt worden sind — selbstverständlich in kulturell und individuell sehr verschiedener Weise und Intensität. Die überindividuelle Gruppe, welcher der einzelne durch Geburt und Sozialisation angehört (also das Volk oder die Volksgruppe), unterscheidet sich von anderen Gruppen durch ethnische Merkmale, insbesondere durch Sprache, Kultur, Religion, gemeinsame Geschichte, gemeinsames Schicksal. Jeder Mensch wächst mit einer bestimmten Muttersprache auf. Die Sprache ist besonders wichtig. Sie ermöglicht zwischenmenschliche Kommunikation. Jeder ist auf sprachliche Verständigung angewiesen. Die Möglichkeit, sich in seiner eigenen Muttersprache verständigen zu können, ist daher eine elementare Bedingung konkreter Freiheitsausübung. Freiheitsausübung ist natürlich auch ohne diese Bedingung möglich. Aber sie wird ohne diese Bedingung ganz erheblich erschwert.

Entsprechendes gilt für die übrigen Charakteristika eines Volkes oder einer Volksgruppe. Wer sich in dem ihm vertrauten Umfeld seines eigenen Volkes bewegen kann, in der Kultur, in der er aufgewachsen ist und durch deren Eigenheiten, Traditionen und Gewohnheiten auch die übrigen Angehörigen dieses Volkes geprägt sind, hat andere Entfaltungsmöglichkeiten als derjenige, der sich in einer fremden Kultur zurechtfinden muß.

Je größer der Umfang der kulturellen und sozialgestaltenden Eigenheiten und Auffassungen ist, über die die Mitglieder einer Gruppe sich einig sind und die den — oft unausgesprochenen und selbstverständlichen — gesellschaftlichen Grundkonsens bilden, desto leichter fällt es den einzelnen, nach dem Mehrheitsprinzip organisierte politische Herrschaft auch dann zu akzeptieren, wenn man bei der Parlamentswahl und Regierungsbildung in der Minderheit geblieben ist. Denn je größer der über die Parteigrenzen und politischen Gruppierungen hinausreichende Grundkonsens, desto weniger ist die politische Herrschaft, die von der Mehrheitspartei ausgeübt wird, geeignet, die Freiheit des einzelnen einzuschränken.

Das ist der Grund, weshalb längst, bevor das Selbstbestimmungsrecht der Völker zu einem Rechtsprinzip geworden ist, die politische Selbstbestimmung der Völker zu dem prägenden politischen Gestaltungsprinzip in Europa geworden ist. Es ist die Idee des Nationalstaats, die im 19. Jahrhundert bis hinein ins 20. Jahrhundert in Europa die Landkarte neu gestaltet hat. Das dynastische Prinzip wurde durch das Nationalstaatsprinzip abgelöst. Die Völker sollten die staatsbildenden Einheiten sein. Die nationalstaatliche Bewegung ging mit der liberalen und demokratischen Freiheitsbewegung einher. Die Idee der individuellen Selbstbestimmung fand ihre Ergänzung in der Idee der kollektiven Selbstbestimmung des Volkes. Das waren aber nicht zwei Ideen, die sozusagen zufällig sich historisch parallel entwickelten, sondern das waren zwei Ideen, die sich ergänzten: Individuelle Freiheit und Selbstbestimmung sollten gerade dadurch gesichert werden, daß die nationale Freiheit und Selbstbestimmung durchgesetzt wurde.

Umgekehrt, von der negativen Kehrseite her betrachtet, lautet die historische Erfahrung, die der Idee der Selbstbestimmung der Völker zugrunde liegt: Die Fremdherrschaft über ein Volk ist in der Regel auch Fremdherrschaft über die einzelnen Menschen, die diesem Volk angehören. Die politische Forderung, jede Form von Fremdherrschaft zu beseitigen — wie sie nach dem Zweiten Weltkrieg dann zur Befreiung der Kolonialvölker geführt hat — will durch Freiheit für die Völker zur Freiheit für die Individuen gelangen.

Individuelle Selbstbestimmung des einzelnen Menschen und kollektive Selbstbestimmung des Volkes ergänzen sich. Beide gehören zusammen. Das Selbstbestimmungsrecht der Völker dient dazu, die realen Voraussetzungen der Selbstbestimmung der einzelnen Menschen zu sichern.

In denselben Zusammenhang gehört der Minderheitenschutz. Auch dem Minderheiten- und Volksgruppenschutz geht es darum, wesentliche reale Voraussetzungen individueller Freiheit zu sichern, und zwar dieselben Voraussetzungen, um die es auch dem Selbstbestimmungsrecht der Völker geht. Der Minderheitenschutz setzt lediglich bei einer anderen Problemlage an.

Das Selbstbestimmungsrecht zielt – ich sage zunächst einmal vorsichtig: der Tendenz nach – auf Staatsbildung ab, auf Selbstbestimmung des Volkes in seinem eigenen Staat. Das Ziel, die ethnischen, kulturellen und sprachlichen Bedingungen individueller Entfaltung für ein Volk zu wahren, wird dadurch angestrebt, daß das Volk sich in einem eigenen Staat organisiert. Dort kann es seine spezifischen Besonderheiten und seine nationale Identität im Rahmen seiner eigenen Rechtsordnung zur Geltung bringen, kann Gesetze, Bildungssystem und kulturelle Einrichtungen nach seinen eigenen Vorstellungen gestalten.

Minderheitenschutz ist demgegenüber dort nötig, wo die Wahrung der ethnischen Besonderheiten durch staatliche Selbstbestimmung nicht möglich ist – und das ist oft der Fall. Die Verwirklichung der nationalen Selbstbestimmungsidee im Rahmen eines Nationalstaats gelingt selten auch nur annähernd vollständig. Meist ist es nicht möglich, die Grenzen des Nationalstaats mit den angestammten Siedlungsgrenzen der Völker und Volksgruppen zur Deckung zu bringen. Dafür gibt es vielfältige politische, historische und geographische Gründe. Oft sind die Siedlungsgebiete der Volksgruppen zu zersplittert. Vielfach gibt es – gerade in Grenzregionen – Gebiete mit Mischbevölkerung. Gleichgültig, wie man die Staatsgrenze zieht – immer bleibt dann auf einer Seite der Grenze eine ethnische Gruppe in der Minderheit. Die ethnischen Minderheiten, also diejenigen Gruppen, die nicht der Mehrheitsbevölkerung eines Nationalstaats angehören, bedürfen besonderen Schutzes, um innerhalb dieses Staates die von ihren ethnischen Eigenheiten abhängenden realen Freiheitsvoraussetzungen aufrechtzuerhalten. Was das Mehrheitsvolk durch den Nationalstaat verwirklichen kann, muß der Minderheit in besonderer Weise garantiert werden. Die Herausbildung der Nationalstaaten hat den Minderheitenschutz besonders dringlich gemacht, weil sie das Bewußtsein nationaler Identität gestärkt hat bis hin zu den Übersteigerungen des integralen Nationalismus. So wie der Nationalstaat die Selbstbestimmung der in ihm organisierten Nation sichert, neigt er dazu, die Selbstverwirklichung der in seinem Gebiet lebenden ethnischen Minderheiten zu unterdrücken. Die Funktion des Minderheitenschutzes besteht vor allem darin, dieser Gefahr entgegenzuwirken.[1]

Natürlich besteht die Schutzbedürftigkeit von Minderheiten nicht nur in Nationalstaaten. Sie besteht ebenso in multiethnischen Staaten. Zum einen besteht hier die Gefahr, daß eine oder mehrere Volksgruppen die politische Herrschaft an sich bringen und die anderen Volksgruppen unterdrücken. Zum anderen besteht das Bedürfnis, den Staat so zu organisieren, daß die einzelnen ethnischen Gruppen innerhalb ihrer Siedlungsgebiete so weit wie möglich sich gemäß ihren ethnischen Besonderheiten entfalten können.

---

[1] Näher zum Zweck des Minderheitenschutzes Dietrich Murswiek: Schutz der Minderheiten in Deutschland. In: HStR VIII (1995) § 201 Rdnr. 38 ff.

Verkürzt gesagt könnte man formulieren: Das Selbstbestimmungsrecht der Völker bezieht sich auf die Selbstbestimmung eines Volkes *durch* einen eigenen Staat, der Minderheitenschutz auf Selbstbestimmung der ethnischen Gruppe *innerhalb* eines nicht von ihr selbst bestimmten Staates. Das Selbstbestimmungsrecht der Völker wahrt die nationale Identität des Volkes durch Bildung oder Aufrechterhaltung eines Nationalstaats. Das Minderheitenschutzrecht wahrt die ethnische Identität einer Minderheit dadurch, daß innerhalb eines durch eine andere nationale Kultur geprägten oder multiethnischen Staates Vorkehrungen getroffen werden, die verhindern sollen, daß die Besonderheiten der ethnischen Minderheit unterdrückt oder hinwegnivelliert werden.

Das ist keine exakte Beschreibung der Rechtslage. Es ist eine — vereinfachte — Beschreibung der Grundidee, die dem Selbstbestimmungsrecht der Völker und dem Minderheitenschutzrecht zugrunde liegt.

Wir sehen also, daß das Selbstbestimmungsrecht und das Minderheitenschutzrecht auf derselben Grundidee beruhen. Sie haben dasselbe Ziel.[2] Es geht um die Verwirklichung der nationalen bzw. ethnischen Identität, die Wahrung der gruppenspezifischen kulturellen und vor allem sprachlichen Besonderheiten und damit um die gruppenspezifischen Bedingungen individueller Freiheit.

Und zugleich ist bereits der wesentliche Unterschied deutlich geworden: Die Selbstbestimmung bezieht sich vor allem auf den politischen Status eines Volkes, wie Art. 1 der beiden UN-Menschenrechtspakte es formuliert, also vor allem auf die Selbstbestimmung in einem eigenen Staat. Kann ein Volk sich in einem eigenen Staat selbst bestimmen, dann bedarf es keiner weiteren Schutzvorkehrungen zur Wahrung der nationalen Identität dieses Volkes. Ein Mehrheitsvolk braucht keinen Minderheitenschutz. Umgekehrt besteht ein besonderes Bedürfnis zum Schutz derjenigen Völker bzw. Volksgruppen und Minderheiten, denen die Selbstbestimmung in einem eigenen Nationalstaat versagt ist. Minderheitenschutzrecht und Selbstbestimmungsrecht sind also verschiedene Instrumente zur Verwirklichung desselben Ziels unter unterschiedlichen Voraussetzungen. Sie haben so gesehen auch grundlegend verschiedene Funktionen. Minderheitenschutz genießen diejenigen Völker bzw. Volksgruppen, die keine Selbstbestimmung genießen, während diejenigen Völker, die ihr Selbstbestimmungsrecht durch Bildung eines eigenen Staates verwirklicht haben, keinen Minderheitenschutz genießen.

Sinn und Zweck beider Rechte sind identisch. Dennoch scheinen sie sich unter dem Aspekt ihres Anwendungbereichs auszuschließen: Ein Volk bzw. eine ethnische Gruppe, so scheint es, ist entweder Subjekt des Selbstbestimmungsrechts; dann hat es keinen Minderheitenschutz. Oder es genießt Minderheitenschutz; dann kann es nicht zugleich Subjekt des Selbstbestimmungsrechts sein.

Die Auffassung, daß Minderheitenschutz und Selbstbestimmungsrecht sich gegenseitig ausschließen, wird in der völkerrechtlichen Literatur häufig vertreten.[3] Um zu sehen, ob sie zutrifft, müssen wir beide Rechtsmaterien genauer betrachten und Gemeinsamkeiten und Unterschiede herausarbeiten.

---

[2] So bereits das Åland-Gutachten der Juristenkommission von 1920, zitiert nach dem Abdruck bei Hermann Raschhofer: Selbstbestimmungsrecht und Völkerbund (1969) S. 54 ff. (58).

[3] Vgl. etwa Eckart Klein: Das Selbstbestimmungsrecht der Völker und die deutsche Frage (1990) S. 61 f. mit Hinweis auf A. Cassese: Political Self-Determination. Old Concepts and New Developments. In: UN Law/Fundamental Rights. Ed. by A. Cassese (1979) S. 137 ff. (151).

II. Das geschützte Subjekt

Zunächst möchte ich die jeweils geschützten Subjekte vergleichen. Was ist ein „Volk" im Sinne des Selbstbestimmungsrechts? Was ist eine „Volksgruppe" bzw. eine „ethnische Minderheit" im Sinne des Minderheitenschutzrechts? Das scheint im Hinblick auf viele konkrete Fälle völlig klar zu sein. In vielen anderen Fällen ist die Entscheidung schwierig, und schwierig ist vor allem eine allgemein-abstrakte, wie man sie in Rechtsnormen verwendet. Natürlich sind die Deutschen ein Volk im Sinne des Selbstbestimmungsrechts, ebenso die Franzosen oder die Italiener. Die Friesen sind eine Volksgruppe im Sinne des Minderheitenschutzrechts, und die Dänen in Südschleswig sind eine nationale Minderheit. Das ist unproblematisch — so scheint es. Bei genauerer Betrachtung tauchen allerdings Fragen auf: Wer sind denn beispielsweise die Deutschen als Subjekt des Selbstbestimmungsrechts? Das Staatsvolk der Bundesrepublik Deutschland, also alle Menschen mit deutscher Staatsangehörigkeit? Oder alle ethnisch Deutschen, also die Menschen deutscher Abstammung, die deutschsprachigen und sich der deutschen Kultur und der deutschen Nation zugehörig fühlenden Menschen? Was ist der Anknüpfungspunkt? Kommt es auf den ethnischen Anknüpfungspunkt an, dann fragt sich, was hierfür die Kriterien sind. Diese Frage stellt sich sowohl beim Minderheitenschutz als auch beim Selbstbestimmungsrecht.

1. Der Begriff des Volkes im Sinne des Selbstbestimmungsrechts

Subjekt des Selbstbestimmungsrechts[4] kann nur ein Volk sein, das auf einem geschlossenen, abgrenzbaren Territorium siedelt. Ausgeschlossen sind somit zum einen Nomadenstämme ohne festes Territorium und zum anderen ethnische Minoritäten, die nicht in einem geschlossenen Gebiet leben, sondern verstreut im von der Mehrheitsbevölkerung beherrschten Staatsgebiet, oder die nicht nur innerhalb des Staatsgebiets im Ganzen, sondern auch innerhalb des von ihnen besiedelten Teilgebiets in der Minderheit sind.

Nach der wohl vorherrschenden Meinung sind Staatsvölker Subjekte des Selbstbestimmungsrechts. Das Staatsvolk ist aber nicht das einzig mögliche Subjekt des Selbstbestimmungsrechts. Andernfalls wäre das Selbstbestimmungsrecht inhaltlich nicht wesentlich von der dem Staat zustehenden Souveränität zu unterscheiden, sofern man es nicht im Sinne innerer Selbstbestimmung verstünde, letztlich also als völkerrechtliche Gewährleistung der Demokratie. Dies aber ist nach der Staatenpraxis und der geschichtlichen Entwicklung des Selbstbestimmungsrechts eher nicht gemeint; freilich gibt es eine Tendenz, das Selbstbestimmungsrecht auch als demokratisches Recht des Volkes gegenüber seiner eigenen Regierung zu deuten.[5] Ein Volk im Sinne des Selbstbestimmungsrechts muß

---

[4] Zu diesem Thema ausführlich Dietrich Murswiek: Offensives und defensives Selbstbestimmungsrecht. Zum Subjekt des Selbstbestimmungsrechts der Völker. In: Der Staat 23 (1984) S. 523 ff. (insbes. S. 528 ff.).

[5] Vgl. etwa Denise Brühl-Moser: Die Entwicklung des Selbstbestimmungsrechts der Völker unter besonderer Berücksichtigung seines innerstaatlich-demokratischen Aspekts und seiner Bedeutung für den Minderheitenschutz (1994) S. 219 ff. (270).

aber auch ein staatlich nicht organisiertes Volk sein können. Nach der Geschichte der Selbstbestimmungsidee kommt als Subjekt insoweit nur das Volk im ethnischen Sinne in Betracht. Es gibt kein anderes Kriterium, ein Volk zu definieren. Staatsvolk oder Ethnos sind die Alternativen.[6]

Als dritte Möglichkeit wird noch die Bestimmung des Volkes nach der *uti possidetis*-Regel genannt: Danach findet die Selbstbestimmung in bezug auf die vorgegebenen Grenzen einer Verwaltungseinheit statt, in bezug auf welche Fremdherrschaft besteht. Nach dieser Regel fand in den meisten Kolonien die Dekolonisierung statt. Die Kolonialvölker bildeten unabhängige Staaten in den Grenzen der Kolonien und ohne Rücksicht auf ihre ethnische Zusammensetzung.[7] Manche Autoren ziehen daraus den Schluß, daß für das Subjekt des Selbstbestimmungsrechts ethnische Kriterien nicht maßgebend seien. Dies halte ich für falsch. Ohne Einbeziehung ethnischer Kriterien ist es nämlich nicht möglich, Fremdherrschaft — „Alien subjugation domination and exploitation", wie es in internationalen Dokumenten heißt — von autochthoner Herrschaft zu unterscheiden. Die Dekolonisierung nach der *uti possidetis*-Regel war daher eine unvollkommene Selbstbestimmung, mit deren negativen Folgen — vielfältigen blutigen ethnischen Konflikten — wir bis heute zu tun haben. Dennoch war die Anwendung dieser Regel wohl unvermeidbar, weil die ethnischen Gruppen in vielen Kolonien nach Größe, geographischen Verhältnissen und Entwicklungsstand zur Staatsbildung nicht geeignet erschienen. Möglich ist es hiernach also, daß eine Gruppe, die nicht durch gemeinsame ethnische Merkmale gekennzeichnet ist, Subjekt des Selbstbestimmungsrechts ist, wenn sie innerhalb der Grenzen einer territorialen Verwaltungseinheit lebt, welche von einem ethnisch differenten Volk beherrscht wird. In einer solchen Situation wird ein Volk quasi wie ein Staatsvolk durch die politischen Grenzen des Territoriums definiert. Da die Grenzen fremdbestimmt — nämlich durch den Kolonialherrn festgelegt — sind, ist auch das Subjekt in seiner Identität fremdbestimmt. Dekolonisierung nach diesem Muster konnte nicht mehr sein als eine Annäherung an das Selbstbestimmungsideal. Der Struktur nach gleicht die Selbstbestimmungssituation hier derjenigen des defensiven Selbstbestimmungsrechts:[8] Das Kolonialvolk wird wie das Staatsvolk eines bereits existierenden Staates betrachtet, das seinen Territorialstatus gegen eine Okkupationsmacht verteidigt. Nach dem Ende des Kolonialismus, also dem Ende der Herrschaft staatlich organisierter Völker über staatlich meist noch nicht organisierte Völker, die außerhalb des Territoriums des herrschenden Staates lebten und von diesem dort in quasi-staatlichen Territorialeinheiten organisiert wurden, dürfte dieses Selbstbestimmungsmuster obsolet geworden sein.

Die Verwirklichung der Selbstbestimmung in Europa dagegen, die wir beim Zerfall der Sowjetunion und Jugoslawiens erleben konnten, folgte dem Nationalstaatsprinzip: Die ihre staatliche Unabhängigkeit erlangenden Völker waren Völker im ethnischen Sinne, die sich

---

[6] Murswiek: Offensives und defensives Selbstbestimmungsrecht (Anm. 4) S. 528 ff.; vgl. auch etwa Karl Doehring: Das Selbstbestimmungsrecht der Völker. In: Charta der Vereinten Nationen. Kommentar. Hrsg. von Bruno Simma (1991) nach Art. 1, Rdnr. 27 ff.; Dieter Blumenwitz: Volksgruppen und Minderheiten. Politische Vertretung und Kulturautonomie (1995) S. 67 f.

[7] Zur Dekolonisierung etwa Daniel Thürer: Das Selbstbestimmungsrecht der Völker (1976) S. 126 ff.

[8] Zu diesem Begriff Murswiek: Offensives und defensives Selbstbestimmungsrecht (Anm. 4) S. 532.

als Nationen in einem eigenen Staat organisierten. Daß die Grenzziehung auch hier im wesentlichen dem *uti possidetis*-Prinzip folgte, nämlich den vorhandenen Republikgrenzen und nicht den ethnischen Siedlungsgrenzen, widerspricht dem nicht. Die Bildung von Nationalstaaten läßt sich nie exakt mit der ethnischen Zusammensetzung der Bevölkerung zur Deckung bringen. Aus praktischen Gründen spricht deshalb vieles dafür, an vorhandene Verwaltungsgrenzen anzuknüpfen, sofern man nicht — was der Selbstbestimmungsidee besser entsprechen würde, die präzise Grenzziehung in Gebieten mit Mischbevölkerung auf der Basis von Gebietsplebisziten vornähme.

Gebietsplebiszite, wie sie nach dem Ersten Weltkrieg als der zentrale Ausdruck des Selbstbestimmungsprinzips angesehen wurden, sind aber nach dem Zweiten Weltkrieg nicht notwendiger Bestandteil des Selbstbestimmungsrechts geworden. Wird die Staatsgrenze nicht durch Plebiszit festgelegt, sondern findet die Selbstbestimmung bezogen auf die vorgegebenen Grenzen statt, dann muß konsequenterweise auch die gesamte Bevölkerung innerhalb dieser Grenzen, soweit sie ständig und seit jeher dort lebt, zum Subjekt gerechnet werden und im Falle eines Selbstbestimmungsplebiszits stimmberechtigt sein. Ein Rechtsanspruch auf Selbstbestimmung kann aber nur dann gegeben sein, wenn sich die Bevölkerung in dem durch Verwaltungsgrenzen bestimmten Gebiet in ihrer Mehrheit von der Mehrheitsbevölkerung des Gesamtstaates ethnisch unterscheidet. Es gibt kein Selbstbestimmungsrecht von Republiken, Teilrepubliken oder Verwaltungseinheiten innerhalb eines Staates. Dafür gibt es keinen der Selbstbestimmungsidee entsprechenden Grund und auch keine von einer entsprechenden Rechtsüberzeugung getragene Staatenpraxis. Republiken als Organisationseinheiten eines Bundesstaates haben nur dort unter Berufung auf das Selbstbestimmungsrecht bzw. in praktischer Ausübung der Selbstbestimmungsidee ihre Unabhängigkeit erlangt, wo es sich um einen multiethnischen Staat handelte und die Republiken als von einem Volk im ethnischen Sinne dominierte (und im Republiknamen nach ihm benannte) Teilstaaten organisiert waren, etwa Kroatien und Slowenien. Die Anknüpfung der staatlichen Neuorganisation an die vorhandenen Republikgrenzen bedeutet eine Abschwächung der Selbstbestimmungsidee im Hinblick auf praktische politische Bedürfnisse. Daraus läßt sich aber nicht folgern, daß allein die vorgegebenen Grenzen eines Staates bzw. einer Republik innerhalb eines Bundesstaates für die Bestimmung des Subjekts eines Rechtsanspruchs auf Selbstbestimmung maßgeblich sind. Hinzukommen muß das Element der ethnischen Differenz. Ob beides zusammen ein Selbstbestimmungssubjekt im Sinne des Selbstbestimmungsrechts ausmacht, muß die weitere Entwicklung der Staatenpraxis zeigen. Völkerrechtspolitisch ist dazu zu bemerken: Das Subjekt eines Anspruchs auf Selbstbestimmung so zu bestimmen, könnte kontraproduktiv sein. Die Staaten könnten darin einen Grund sehen, eine erwünschte föderale Gliederung ihres Gebietes und ihrer Staatsorganisation zu vermeiden oder gar rückgängig zu machen. Ist Anknüpfungspunkt dagegen allein das Volk im ethnischen Sinne, kann die föderale Gliederung eines multiethnischen Staates entsprechend den Siedlungsgebieten der Völker dem Staat als ein Mittel erscheinen, auch die Stabilität des Gesamtstaates zu sichern und Sezessionsforderungen gar nicht erst aufkommen zu lassen.

De lege lata jedenfalls steht nicht jeder in einer Republik, einem Land, einem Staat oder wie auch sonst immer bezeichneten politischen Organisationseinheit eines Bundesstaates ein Selbstbestimmungsanspruch zu. Völkerrechtlich ist es jedem Staat überlassen, ob er sich als Zentralstaat oder als Bundesstaat organisiert. Dies ist eine rein innerstaatliche Angelegenheit, und die Entscheidung hierüber ist sowohl durch die staatliche Souveränität als auch durch das Selbstbestimmungsrecht des Staatsvolkes gegen äußere Einmischungen abgesichert. Wenn ein Staat völkerrechtlich nicht verpflichtet ist, mehr oder weniger selbständige dezentrale Einheiten zu bilden, dann kann das Völkerrecht diesen dezentralen Einheiten auch kein Selbstbestimmungsrecht zusprechen. Das Selbstbestimmungsrecht steht nicht zur Disposition der Staaten. Das Subjekt des Selbstbestimmungsrechts muß schon aus logischen Gründen durch Merkmale bestimmt sein, über die derjenige Staat, gegen den der Selbstbestimmungsanspruch sich richtet, nicht verfügen kann.

Hat ein Staat aber sein Gebiet nach ethnischen Gesichtspunkten in politische Organisationseinheiten aufgegliedert, dann mag es aus praktischen Gründen als sinnvoll erscheinen, Selbstbestimmungsentscheidungen auf diese vorgegebenen Organisationseinheiten zu beziehen, zumal dabei die innere Souveränität des Gesamtstaates mehr geschont wird, als wenn von Völkerrechts wegen eine den exakten ethnischen Siedlungsgrenzen entsprechende Festlegung des Selbstbestimmungsgebietes vorgenommen werden müßte. Man muß deshalb die Sezession etwa Kroatiens als Ausübung des Selbstbestimmungsrechts des kroatischen Volkes im ethnischen Sinne interpretieren, während die praktische Durchführung aus politischen Gründen an die vorhandenen Grenzen anknüpfte und damit der Selbstbestimmungsidee nur unvollkommen entsprach.

Das Subjekt des Selbstbestimmungsrechts ist also entweder als Staatsvolk durch den Staat, durch die Staatsgewalt und die Staatsgrenzen bestimmt, oder als Volk im ethnischen Sinne durch ethnische Kriterien wie Abstammung, Sprache, gemeinsame Geschichte und Kultur.

Beide Subjekte haben verschiedene Rechte. Das Staatsvolk kann nur Subjekt des „defensiven Selbstbestimmungsrechts" sein, das auf die Verteidigung des bestehenden Territorialstatus gerichtet ist. Das Volk im ethnischen Sinne dagegen ist Subjekt des „offensiven Selbstbestimmungsrechts"[9]. Dieses kann gegenüber dem Staat geltend gemacht werden, der über das Volk herrscht; es kann auf Änderung des Territorialstatus gerichtet sein.

2. Der Begriff der Volksgruppe oder Minderheit

Soweit das Selbstbestimmungsrecht Völkern im ethnischen Sinne zusteht, werden diese nach denselben Kriterien bestimmt, nach denen auch Volksgruppen bzw. ethnische Minderheiten im Sinne des Minderheitenrechts bestimmt werden.

Ich verzichte jetzt auf eine Differenzierung zwischen den Begriffen „Volksgruppe", „ethnische Minderheit" oder „nationale Minderheit"[10] und verwende für alle gemeinsam den Begriff „Minderheit". Auch hier geht es um Gruppen, die sich nach ethnischen Kriterien von anderen Gruppen unterscheiden. Die Merkmale, anhand derer die Subjekte des offensiven Selbstbestimmungsrechts und die Gruppen, auf die sich der Minderheitenschutz bezieht, bestimmt werden, unterscheiden sich insoweit nicht. Zu den objektiven Merkmalen (Sprache, Rasse, Abstammung, Religion, geschichtliche Schicksalsgemeinschaft usw.) muß sowohl beim Volk als auch bei der Minderheit subjektiv der Wille hinzutreten,

---

[9] Murswiek: Offensives und defensives Selbstbestimmungsrecht (Anm. 4) S. 532 ff.
[10] Zu diesen Begriffen näher Dieter Blumenwitz: Minderheiten- und Volksgruppenrecht. Aktuelle Entwicklung (1992) S. 26 ff.

die durch diese Merkmale begründete besondere Identität aufrechtzuerhalten.[11]

Während ein Volk im Sinne des Selbstbestimmungsrechts auf einem geschlossenen Territorium siedeln muß, ist dies bei einer Minderheit nicht zwingende Voraussetzung. Sie kann auch verstreut innerhalb des Staatsgebiets leben, kann dann allerdings nicht Subjekt territorialer Minderheitenrechte sein. Ein Volk als Subjekt des (offensiven) Selbstbestimmungsrechts kann ein Siedlungsgebiet haben, das sich über die Grenzen mehrerer Staaten hinweg erstreckt. Demgegenüber ist eine Minderheit im Sinne des Minderheitenschutzes immer eine Gruppe innerhalb des Gebiets eines bestehenden Staates. Siedelt ein Volk im ethnischen Sinne im Grenzgebiet mehrerer Staaten, kann es als ganzes Subjekt des Selbstbestimmungsrechts sein, nicht jedoch Minderheit im Sinne des Minderheitenschutzrechts. Minderheiten sind dagegen die Teile des betreffenden Volkes in dem jeweiligen Staat, wenn dieser eine andere ethnische Mehrheitsbevölkerung hat.

Zum Begriff der Minderheit müssen also neben den ethnischen Kriterien, die mit den Kriterien des Volkes identisch sind, weitere Kriterien hinzutreten, die sich aus dem Staatsbezug ergeben: Eine Minderheit ist immer eine Gruppe innerhalb eines bestehenden Staates, und diese Gruppe muß der übrigen Bevölkerung dieses Staates zahlenmäßig unterlegen sein und darf nicht die politische Herrschaft über die Mehrheit ausüben. Regelmäßig muß sie auch die Staatsangehörigkeit des Staates haben, in dem sie siedelt.[12] Gemeinsam mit dem Subjekt des Selbstbestimmungsrechts hat die Minderheit wiederum, daß sie traditionell in dem Gebiet siedeln muß, in dem sie Minderheitenschutz beansprucht. Das Minderheitenschutzrecht dient ebensowenig wie das Selbstbestimmungsrecht der Völker dem Schutz und der Selbstbestimmung von sich vorübergehend im Territorium aufhaltenden Fremden und von Immigranten. Für diese gelten das völkerrechtliche Fremdenrecht[13] und die allgemeinen Menschenrechte — einschließlich des Verbots der Diskriminierung aus rassischen und ethnischen Gründen —, aber nicht der spezifische Minderheitenschutz.[14]

3. Das Volk als Minderheit – die Minderheit als Volk

Die Begriffe „Volk" im Sinne des offensiven Selbstbestimmungsrechts der Völker und „Minderheit" im Sinne des Minderheitenschutzrechts bezeichnen also nicht zwei Kategorien

---

[11] Vgl. in bezug auf Minderheiten Francesco Capotorti: Study on the Rights of Persons Belonging to Ethnic, Religious and Linguistic Minorities. E/CN.4/Sub.2/384 vom 20. Juni 1977; in bezug auf das Selbstbestimmungsrecht Karl Doehring: Das Selbstbestimmungsrecht der Völker als Grundsatz des Völkerrechts. In: BerDGVR 14 (1974) S. 23.

[12] Vgl. die Definition von Capotorti: Study on the Rights of Persons (Anm. 11). Ausführlicher zum Minderheitenbegriff Blumenwitz: Minderheiten- und Volksgruppenrecht (Anm. 10) S. 26 ff. sowie die eingehende Darstellung von Gilbert H. Gornig: Die Definition des europäischen Minderheitenbegriffs und der Minderheitenrechte aus historisch–völkerrechtlicher Sicht. In: Ein Jahrhundert Minderheiten- und Volksgruppenschutz. Hrsg. von Dieter Blumenwitz, Gilbert H. Gornig und Dietrich Murswiek (2001) S. 19 ff. (38 ff.).

[13] Blumenwitz: Minderheiten- und Volksgruppenrecht (Anm. 10) S. 27.

[14] Vgl. etwa Blumenwitz: Minderheiten- und Volksgruppenrecht (Anm. 10) S. 27; Gornig: Die Definition des europäischen Minderheitenbegriffs (Anm. 12) sowie Murswiek: Schutz der Minderheiten in Deutschland (Anm. 1) Rdnr. 7.

von Subjekten, die durch völlig unterschiedliche Merkmale gekennzeichnet sind. Sie haben gemeinsame Merkmale, aber auch Unterscheidungsmerkmale. Führen diese Unterscheidungsmerkmale nun dazu, daß ein Volk immer etwas anderes ist als eine Minderheit – und umgekehrt? Die Antwort ergibt sich aus der Anwendung unserer Definitionen: Ein Volk kann keine Minderheit sein, wenn es in dem Staatsgebiet, in dem es lebt, die Mehrheitsbevölkerung ist. Eine Minderheit, die innerhalb eines durch eine andersethnische Mehrheit dominierten Staat lebt, kann aber durchaus zugleich ein Volk im Sinne des Selbstbestimmungsrechts sein. Voraussetzung dafür ist ja neben der besonderen ethnischen Identität nur noch ein geschlossenes Siedlungsgebiet sowie eine zur Staatsbildung hinreichende Größe, verbunden mit den subjektiven Elementen Identitätsbewußtsein und Wille zur Wahrung der Identität. Umgekehrt betrachtet kann ein Volk, das Subjekt des offensiven Selbstbestimmungsrechts ist, zugleich Minderheit sein. Es ist nämlich dann auch Minderheit, wenn es innerhalb des Staates, in dem es sein Siedlungsgebiet hat, der sonstigen Bevölkerung zahlenmäßig unterlegen ist. Dabei kommt es nicht darauf an, ob es sich im Sinne der ethnologischen Terminologie um ein „Volk" oder um eine „Volksgruppe" handelt.

Wenn dies so ist, dann ist es auch möglich, daß ein Volk sowohl Subjekt des Selbstbestimmungsrechts als auch Gegenstand des Minderheitenschutzes ist bzw. daß eine Minderheit nicht nur durch das Minderheitenschutzrecht geschützt, sondern zugleich Subjekt des Selbstbestimmungsrechts ist.[15] Für den sachlichen Geltungsbereich der beiden Rechtsmaterien – Selbstbestimmungsrecht der Völker und Minderheitenschutzrecht – bedeutet dies, daß sie sich nicht gegenseitig ausschließen, sondern überschneiden. Die Regeln des Selbstbestimmungsrechts gelten für alle Völker, diejenigen des Minderheitenschutzrechts für alle Minderheiten, und die Regeln beider Rechtsmaterien finden kumulativ Anwendung auf alle Völker, die zugleich Minderheiten sind.

Fragt man sich nach den praktischen Konsequenzen dieser Rechtskumulation, muß man sich Struktur und Inhalt der Rechte näher ansehen. So kann man prüfen, ob sich für ein Volk, das zugleich Minderheit ist, aus der Anwendbarkeit beider Rechtsmaterien Vorteile ergeben.

III. Schutzgegenstand und Anspruchsinhaber

Das Selbstbestimmungsrecht der Völker ist ein Kollektivrecht. Rechtssubjekt ist das Volk im ganzen. Gegenstand des Minderheitenschutzrechts sind die Minderheiten, ebenfalls als Kollektive, daneben häufig auch oder sogar in erster Linie die ihr angehörenden einzelnen Menschen. Rechtssubjekte der Minderheitenschutzrechte sind in aller Regel aber nicht die Minderheiten im ganzen, sondern ihre Mitglieder. Minderheitenschutzrechte sind regelmäßig Individualrechte. Ich möchte mich jetzt nicht mit der Frage beschäftigen,

---

[15] Vgl. bereits Dietrich Murswiek: Das Recht auf Sezession – neu betrachtet. In: AVR 31 (1993) S. 307 ff. (328) (= erweiterte Fassung von ders.: The Issue of a Right of Secession – Reconsidered. In: Modern Law of Self-Determination. Ed. by Christian Tomuschat (1993) S. 21 ff.). Ebenso Blumenwitz: Volksgruppen und Minderheiten (Anm. 6) S. 68 f. mit Hinweis auf Felix Ermacora: Receuil des Cours 182 (1983) Part IV, S. 250 (324 ff.); vgl. auch etwa Doehring: Das Selbstbestimmungsrecht der Völker (Anm. 6) Rdnr. 29.

inwieweit der minderheitenrechtliche Individualrechtsschutz der Ergänzung durch kollektive Rechte bedarf. Nach geltendem Recht jedenfalls sind die einklagbaren Minderheitenrechte meist Individualrechte.

Die individualrechtliche Ausgestaltung des Minderheitenschutzes hat den Vorteil, daß sie dem etablierten Rechtsschutzsystem entspricht. Vor Gerichten oder gerichtsähnlichen Rechtsschutzeinrichtungen können Individualrechtssubjekte Klage erheben, nicht aber Völker. Der Tendenz nach ist deshalb das Minderheitenrecht effektiver durchsetzbar als das Selbstbestimmungsrecht.

Ich möchte das an einem Beispiel demonstrieren. Vor einigen Jahren erhob die kanadische Indianergruppe Lubicon Lake Band vom Stamme der Cree eine Menschenrechtsbeschwerde vor dem UN-Ausschuß für Menschenrechte.[16] Vertreten durch ihren Häuptling machten die Cree geltend, die kanadische Regierung verletze sie in ihrem Selbstbestimmungsrecht. Die Vorwürfe, die erhoben wurden, waren sehr schwerwiegend. Sie liefen darauf hinaus, daß durch Vernichtung der Lebensgrundlagen nicht nur die traditionelle Lebensweise der Lubicon Lake Band unmöglich gemacht, sondern daß das Volk physisch ausgerottet würde. Träfen die Vorwürfe zu und wäre die Lubicon Lake Band ein Volk, dann läge zweifellos eine skandalöse Verletzung des Selbstbestimmungsrechts vor. Nach Art. 1 IPBPR bezieht sich dieses Recht ja nicht nur auf die freie Bestimmung des politischen Status, sondern auch auf die freie Bestimmung über die natürlichen Ressourcen. Und es impliziert notwendig ein Recht auf Existenz. Der UN-Ausschuß für Menschenrechte sah sich aber aus prozessualen Gründen gehindert, sich mit dem Vorwurf der Verletzung des Selbstbestimmungsrechts zu befassen. Denn das Fakultativprotokoll zum Internationalen Pakt über bürgerliche und politische Rechte als Rechtsgrundlage für die Tätigkeit des Ausschusses gibt diesem zwar die Kompetenz, sich mit Individualbeschwerden über die Verletzung von Individualrechten zu befassen, aber dazu gehört nicht das Selbstbestimmungsrecht.

Der Ausschuß wollte den Indianern dennoch helfen und kam auf folgende Idee: Er zerlegte sozusagen juristisch den Indianerstamm in seine einzelnen Bestandteile und interpretierte den als Beschwerde eines Volkes aufgrund Verletzung des Selbstbestimmungsrechtes eingebrachten Antrag als Individualbeschwerde, die der Häuptling im eigenen Namen und in Vertretung der Stammesangehörigen eingebracht habe, und sah als Beschwerdegegenstand nicht das Selbstbestimmungsrecht, Art. 1 IPBPR, sondern das Minderheitenrecht, Art. 27 IPBPR, an. Der Umstand, daß die Cree eine Minderheit sind und daß der Minderheitenschutz im Internationalen Pakt über bürgerliche und politische Rechte ein Individualrecht ist, brachte den Beschwerdeführern also einen prozessualen Vorteil und im Ergebnis einen Erfolg, den sie mit Berufung auf das Selbstbestimmungsrecht nicht erlangen konnten.

Der Fall demonstriert noch einen zweiten Vorteil des Minderheitenschutzrechts: Im Fall der Lubicon Lake Band war es unproblematisch, daß es sich um eine ethnische Minderheit handelte. Der Ausschuß beschreibt sie als relativ autonome, eine eigene Identität besitzende soziokulturelle und ökonomische Gruppe, deren Mitglieder Cree als ihre Stammessprache sprechen, seit unvordenklichen Zeiten in ihrem Gebiet leben, jagen und fischen und nach wie vor ihre traditionelle Kultur, Religion, politische Struktur und Subsistenzwirtschaft

---

[16] UN-Human Rights Committee. Decision of 26th March 1990. In: HRLJ 11 (1990) 305 — Bernard Ominayak vs. Canada.

aufrechterhalten. Ob diese Gruppe aber ein Volk im Sinne des Selbstbestimmungsrechts ist, muß durchaus als zweifelhaft angesehen werden. Mit nur 500 Mitgliedern fehlt ihr die Fähigkeit zur Staatsbildung — ein wohl notwendiges Merkmal des Volkes als eines Subjekts des Selbstbestimmungsrechts.

Was in diesem Fall ziemlich eindeutig war, mag in anderen Fällen problematisch sein. In manchen Fällen jedenfalls ist es erheblich leichter festzustellen, daß eine Gruppe eine Minderheit ist, als daß sie ein Volk ist.

IV. Der Rechtsinhalt

Vergleicht man den Inhalt der Rechte, die sich einerseits aus dem Selbstbestimmungsrecht, andererseits aus dem Minderheitenschutzrecht ergeben, so zeigt sich folgendes: Das Selbstbestimmungsrecht ist ein sehr allgemein und unbestimmt gefaßtes Rechtsprinzip. Es hat den Vorteil, daß es gewohnheitsrechtlich gilt und daß es vertragsrechtlich in den beiden UN-Menschenrechtspakten abgesichert ist, in Verträgen also, die für die allermeisten Staaten der Welt verbindlich sind. Und es gilt nach wohl vorherrschender Auffassung sogar als *ius cogens*[17], als zwingendes Völkerrecht mit Vorrang vor gegenteiligen Vertragsbestimmungen. Diesen Vorteilen, die es im Vergleich zum Minderheitenschutzrecht hat, steht als Nachteil gegenüber, daß sein Inhalt und vor allem seine Anwendungsvoraussetzungen konturenarm und umstritten sind. Klar ist zwar, daß das Selbstbestimmungsrecht mit dem Recht auf freie Bestimmung des politischen Status (Art. 1 der UN-Menschenrechtspakte) dem Volk das Recht auf Entscheidung für Selbstorganisation in einem eigenen Staat, Integration in einen anderen Staat oder andere Fragen des Territorialstatus gibt. Sehr unklar sind jedoch die Voraussetzungen, unter denen ein Volk im ethnischen Sinne dieses Recht — als offensives Selbstbestimmungsrecht — wahrnehmen kann. Denn dem Selbstbestimmungsanspruch steht das Recht der Staaten auf Souveränität und territoriale Integrität entgegen.[18] Nur für extreme Ausnahmelagen wird ein Sezessionsrecht bejaht;[19] von manchen Autoren wird es völlig bestritten. Auch über die Frage, ob und welche Rechte aus dem Selbstbestimmungsprinzip unterhalb der Schwelle der Sezession folgen, besteht keine Klarheit.

Leider läßt sich auch vom völkerrechtlichen Minderheitenschutz nicht sagen, daß er sich durch Eindeutigkeit und Klarheit seiner Garantien und durch Rechtssicherheit für die Minderheiten auszeichnet. Dies gilt jedenfalls für den allgemeinen Minderheitenschutzstandard. Es gibt aber immerhin rechtliche Garantien, die ausdrücklich den Minderheitenschutz betreffen oder die jedenfalls mittelbar auch den Minderheiten zugute

---

[17] Doehring: Das Selbstbestimmungsrecht der Völker (Anm. 6) Rdnr. 57 ff. m. w. N. sowie Klein: Das Selbstbestimmungsrecht der Völker (Anm. 3) S. 56 ff. m. w. N.

[18] Zu diesem Prinzipienkonflikt und seiner Auflösung eingehend Murswiek: Das Recht auf Sezession (Anm. 15) S. 309 ff., insbes. S. 325 ff.

[19] Vgl. Doehring: Das Selbstbestimmungsrecht der Völker (Anm. 6) Rdnr. 35 ff.; Georg Nolte: Eingreifen auf Einladung (1999) S. 255 f.; weitere Nachweise bei Stefan Oeter: Selbstbestimmungsrecht im Wandel. Überlegungen zur Debatte um Selbstbestimmung. Sezessionsrecht und „vorzeitige" Anerkennung. In: ZaöRV 52 (1992) S. 741 ff. (759 f.). Weitergehend Murswiek: Das Recht auf Sezession (Anm. 15) S. 307 ff., insbes. S. 325 ff.

kommen, die relativ exakt gefaßt und justitiabel sind. Dazu gehört insbesondere der Minderheitenschutzartikel des Internationalen Pakt über bürgerliche und politische Rechte, und dazu gehören die menschenrechtlichen Diskriminierungsverbote und Freiheitsrechte, insbesondere die Religionsfreiheit.[20] Das ist noch nicht viel, aber es ist für die Rechtspraxis vielleicht bedeutsamer als eine sehr allgemeine und umfassende, aber konturenarme und deshalb auch durchsetzungsschwache Bestimmung. Hinzu kommen die bilateraten Minderheitenschutzverträge und die innerstaatlichen Minderheitenschutzbestimmungen. Minderheitenschutz ist dort stark, wo er konkret wird, wo sich die rechtlichen Garantien auf ganz bestimmte Minderheiten beziehen und diesen genau definierte Rechte geben.[21] Mit solchen konkreten Garantien ist den Minderheiten mehr gedient als mit dem hochrangigen, aber inhaltsarmen Selbstbestimmungsrecht. Aber gerade deshalb sind viele Staaten leider nicht bereit, ihren Minderheiten präzis formulierte, auf die konkrete Lage und die konkreten Bedürfnisse bezogene Rechte einzuräumen.

Theoretisch kann das Selbstbestimmungsrecht einer Minderheit als Recht auf Bildung eines eigenen Staates oder auf Anschluß an einen anderen Staat zustehen. Die rechtlichen Voraussetzungen hierfür sind jedoch kaum je erfüllt, ihre praktische Durchsetzbarkeit noch weniger. Die entgegenstehende staatliche Souveränität ist meist zu stark.

Eine Minderheit, die zugleich Subjekt des Selbstbestimmungsrechts ist, wird von dieser doppelten Rechtsstellung normalerweise nur dann etwas haben, wenn sich aus dem Selbstbestimmungsrecht außer dem meist nicht gegebenen Recht auf Eigenstaatlichkeit noch andere Rechte ergeben. Dies muß m. E. bejaht werden, auch wenn die Völkerrechtspraxis zu diesem Thema leider ziemlich unergiebig ist. Wenn nämlich das Selbstbestimmungsrecht allen Völkern das Recht gibt, über ihren politischen Status frei zu entscheiden, dieses Recht aber regelmäßig hinter das Recht der Staaten auf Wahrung ihrer Souveränität zurücktreten muß, dann kann daraus doch nicht folgen, daß es für die betreffenden Völker überhaupt keine Selbstbestimmung geben kann. Wenn der Normenkonflikt zwischen Selbstbestimmung und Souveränität zugunsten der Staaten und zu Lasten der Völker gelöst wird, dann kann die systematische Folgerung nur lauten, daß die Völker das Recht auf Selbstbestimmung in dem Umfang behalten, in welchem es mit dem Anspruch der Staaten auf Wahrung ihrer territorialen Integrität vereinbar ist. Das bedeutet: Die Achtung der staatlichen Existenz in den bestehenden territorialen Grenzen schließt Selbstbestimmung unterhalb der Schwelle der Sezession nicht aus. Ein Volk, das als Minderheit in einem Staat mit anderer ethnischer Mehrheit lebt, hat zwar regelmäßig kein Sezessionsrecht, also kein Recht auf Selbstbestimmung in einem eigenen Staat, aber es hat doch das Recht auf Selbstbestimmung innerhalb des bestehenden Staates.[22]

Was folgt daraus? Daraus folgt zumindest, daß das Volk ein Recht auf Existenz hat, und zwar auf Existenz in seinem angestammten Gebiet. Damit ist nicht nur die physische Existenz gemeint, also ein Abwehrrecht gegen Massaker oder Verhinderung von Geburten.

---

[20] Vgl. zum Minderheitenschutz im Rahmen der Europäischen Menschenrechtskonvention Christian Hillgruber, Matthias Jestaedt: Die Europäische Menschenrechtskonvention und der Schutz nationaler Minderheiten. 1993.
[21] Vgl. etwa Dieter Blumenwitz: Minderheitenschutz nach den beiden Weltkriegen. Ein Rechtsvergleich unter besonderer Berücksichtigung der deutschen Minderheit in Polen. In: Ein Jahrhundert Minderheiten- und Volksgruppenschutz (Anm. 12) S. 47 ff.
[22] Murswiek: Das Recht auf Sezession (Anm. 15) S. 329 f.

Dazu gehört auch das Recht, die eigene kulturelle, sprachliche und religiöse Identität zu pflegen und die Voraussetzungen dafür zu erhalten.[23] Dazu gehört das Verbot von Vertreibungen ebenso wie das Verbot, durch gezielte Ansiedlung von Angehörigen der ethnischen Mehrheit oder anderer ethnischer Gruppen das Volk auf seinem eigenen Siedlungsgebiet in eine Minderheitenposition zu bringen. Diese Rechte lassen sich als Minimalanforderungen an den Schutz der betreffenden Gruppe aus dem Selbstbestimmungsrecht ableiten. Sie gelten auch dann, wenn entsprechende Minderheitenschutzbestimmungen fehlen. Das meiste, was hier als Mindestschutz geboten ist, bedarf freilich heute keiner Ableitung aus dem Selbstbestimmungsrecht mehr, soweit die Staaten in besonderen Konventionen – etwa in der Völkermordkonvention[24] oder neuerdings im Völkerstrafrecht[25] – entsprechende Verpflichtungen übernommen bzw. entsprechende Schutzvorkehrungen getroffen haben.

Die Sicherung der Existenz des Volkes auf seinem angestammten Territorium ist aber nicht das einzige, was sich aus dem Selbstbestimmungsrecht an Rechten ergibt. Vielmehr müssen einem Volk alle Selbstbestimmungsrechte zugestanden werden, die sich mit der staatlichen Souveränität vereinbaren lassen.[26] Möglicher Inhalt des Selbstbestimmungsrechts sind insoweit beispielsweise die selbstbestimmte Regelung der Kultur, vor allem des Bildungswesens, der Nutzung natürlicher Ressourcen und die Aufrechterhaltung einer traditionellen Wirtschaftsweise.[27] Auch hier kann es Konflikte mit der staatlichen Souveränität geben. Diese sind umso geringer, je weniger ein territorialer Sonderstatus begründet wird. Was sich m. E. als nicht mehr durch Abwägung zu relativierende Position aus dem Selbstbestimmungsrecht ableiten läßt, ist ein Mindestmaß an kultureller und politischer Autonomie für jedes Volk, das Subjekt des Selbstbestimmungsrechts ist. Wie diese Autonomie gestaltet werden muß, läßt sich nicht generell sagen. Hier hängt vieles von den konkreten Verhältnissen ab, von Größe, Geschichte und Kultur des betreffenden Volkes, von geographischer Lage und Bedürfnissen des betroffenen Staates. Ein Staat verstößt aber jedenfalls dann gegen das Selbstbestimmungsrecht, wenn er sich jedweder Autonomielösung von vornherein verweigert.

Es ist sicher nicht sehr viel, was die Minderheiten, die zugleich juristisch gesehen Völker sind, aus dem Selbstbestimmungsrecht gewinnen können. Aber das Selbstbestimmungsrecht verstärkt die Garantie ihrer elementaren Existenzinteressen, und es gibt zumindest eine

---

[23] Ausführlicher Murswiek: Das Recht auf Sezession (Anm. 15) S. 314 f.
[24] Konvention über die Verhütung und Bestrafung des Völkermords vom 9. Dezember 1948.
[25] Vgl. hierzu das Römische Statut des Internationalen Strafgerichtshofes vom 17. Juli 1998, etwa Art. 6 – Völkermord –, Art. 7 (1) (d) i. V. m. (2) (d) – Deportationsverbot –, Art. 7 (1) (h) i. V. m. (2) (g) – Verbot, Minderheiten zu verfolgen – Art. 8, der Kriegsverbrechen betrifft, schützt Völker sogar noch besser, indem beispielsweise in Art. 8 (2) (b) (viii) in internationalen Konflikten die Ansiedlung eigener Staatsangehöriger auf fremdem Gebiet pönalisiert wird. Zu den Vorbildern für diese Normen etwa in den Genfer Konventionen von 1949 und den Zusatzprotokollen von 1977 vgl. den Commentary on the Rome Statute of the International Criminal Court. Ed. by Triffterer (1999).
[26] Murswiek: Das Recht auf Sezession (Anm. 15) S. 329 ff.
[27] Vgl. den Wortlaut von Art. 1 der UN-Menschenrechtspakte, Abs. 1: „[...] Kraft dieses Rechts entscheiden sie frei über ihren politischen Status und gestalten in Freiheit ihre wirtschaftliche, soziale und kulturelle Entwicklung" und Abs. 2: „Alle Völker können für ihre eigenen Zwecke frei über ihre natürlichen Reichtümer und Mittel verfügen [...]. In keinem Falle darf ein Volk seiner eigenen Existenzmittel beraubt werden".

rechtliche Ausgangsposition für Verhandlungen über konkrete minderheitenrechtliche Autonomieregelungen. Stefan Oeter hat in eindrucksvoller Weise begründet, daß und warum wir Kulturautonomie für ethnische Minderheiten brauchen.[28] Meine Ausführungen haben gezeigt, daß auf diese Autonomie bestimmte Minderheiten schon heute einen aus dem Selbstbestimmungsrecht ableitbaren völkerrechtlichen Anspruch haben.

Das Verhalten der NATO-Staaten im Kosovo-Konflikt bestätigt diese Auffassung: Diese Staaten haben, insoweit ohne Widerspruch seitens dritter Staaten, von der jugoslawischen Regierung gefordert, die Autonomie für den Kosovo wiederherzustellen. Der Entwurf des Vertrages von Rambouillet[29] sah eine sehr weitgehende Selbstregierung des Kosovo auf föderaler Grundlage vor.[30] Die NATO-Staaten haben der Bundesrepublik Jugoslawien mit Anwendung von militärischer Gewalt gedroht, falls sie diesen Vertrag nicht akzeptiert[31], und sie haben diese Drohung schließlich wahr gemacht. Ich möchte in diesem Zusammenhang nicht über die Frage sprechen, ob die Gewaltanwendung rechtens war. Es geht mir allein um die Autonomielösung, die die NATO-Staaten von Jugoslawien einforderten. Diese — mit Drohungen bekräftigte — Forderung kann nur dann völkerrechtsmäßig gewesen sein, wenn Jugoslawien zur Gewährung der von der NATO geforderten Autonomie völkerrechtlich verpflichtet war.[32] Andernfalls wäre die Forderung eine verbotene Einmischung in innere Angelegenheiten Jugoslawiens gewesen. Eine völkerrechtliche Verpflichtung zur Gewährung von Autonomie für das Kosovo konnte sich für Jugoslawien aber mangels vertraglicher Regelungen allein aus dem Selbstbestimmungsrecht der Völker ergeben. Nur wenn man annimmt, daß die Kosovo-Albaner ein Volk im Sinne des Selbstbestimmungsrechts sind und daß sie ein Recht auf innere Selbstbestimmung in Jugoslawien einschließlich politischer Autonomie haben, kann das Verhalten der NATO-Staaten rechtmäßig gewesen sein.

Auch der Sicherheitsrat der Vereinten Nationen hat in verschiedenen Resolutionen die Autonomie und Selbstverwaltung des Kosovo gefordert[33] und die Durchsetzung der in Rambouillet vorgesehenen Autonomie und Selbstregierung mittels der internationalen Zivialdministration ins Werk gesetzt.[34] Das läßt sich schwer verstehen, wenn der Sicherheitsrat

---

[28] Vgl. Stefan Oeter: Minderheiten zwischen Segregation, Integration und Assimilation. Zur Entstehung und Entwicklung des Modells der Kulturautonomie. In: Ein Jahrhundert Minderheiten- und Volksgruppenschutz (Anm. 12) S. 63 ff.

[29] Interim Agreement for Peace and Self-Government in Kosovo, Entwurf vom 23. Febr. 1999.

[30] Vgl. Chapter I Art. 1 (1): „Kosovo shall govern itself [...]" sowie Art. 1 (3), der die der Bundesrepublik Jugoslawien verbleibenden Kompetenzen im Kosovo aufzählt.

[31] Vgl. etwa Marie-Janine Calic: Die Jugoslawienpolitik des Westens seit Dayton. In: Aus Politik und Zeitgeschichte 49 (1999) H. 34, S. 22 ff. (27 ff.).
Die Drohung war zwar primär mit militärischen Forderungen (Abzug der jugoslawischen Truppen, Stationierung von NATO-Truppen) verbunden; diese aber dienten letztlich der Durchsetzung der inhaltlichen Ziele des Vertragsentwurfs.

[32] Zum Selbstbestimmungsrecht der Kosovo-Albaner und insbesondere zu einem daraus folgenden Autonomieanspruch ausführlich Fee Rauert: Das Kosovo. Eine völkerrechtliche Studie (1999) S. 121 ff., insbes. zum (bloßen) Autonomierecht im Verhältnis zum Sezessionsrecht S. 166 ff.

[33] S/RES/1160 (1998) vom 31. März 1998 Nr. 5; bekräftigt in S/RES/1199 (1998), S/RES/1203 (1998) sowie in S/RES 1244 (1999).

[34] S/RES/1244 (1999) vom 10. Juni 1999 (insbes. Nr. 10, 11 sowie Annex 1 und Annex 2).

nicht davon ausgeht, daß die Kosovo-Albaner einen völkerrechtlichen Anspruch auf Autonomie haben.[35]

Konsequent zu Ende gedacht läßt sich sogar folgern, daß einem Volk dann ein *ius secedendi* zustehen muß, wenn der Staat, zu dem es als Minderheit gehört, ihm die Selbstbestimmung innerhalb des Staates versagt.[36] Die Staatenpraxis freilich steht dem bislang entgegen.

V. Ergebnis

Im Ergebnis läßt sich somit festhalten: Selbstbestimmungsrecht und Minderheitenschutzrecht dienen demselben Ziel – der Wahrung der Existenz, der kulturellen Identität und der spezifischen Besonderheiten ethnischer Gruppen als Voraussetzungen individueller Selbstbestimmung ihrer Angehörigen. Selbstbestimmungsrecht der Völker und Minderheitenschutz ergänzen sich. Dort, wo sie sich überschneiden, haben die betreffenden Völker und Minderheiten eine doppelte Rechtsposition. Das verstärkt – jedenfalls in der Theorie – ihren Schutz. Die Schwierigkeiten liegen in der praktischen Durchsetzung. Aber daß das Völkerrecht den Eigenwert der ethnischen Identität anerkennt und die Existenz der Völker und Volksgruppen auf ihrem traditionellen Territorium garantiert, ist eine gute Grundlage für alle praktischen Bemühungen der Politik.

Prof. Dr. Dietrich Murswiek
Albert-Ludwigs-Universität Freiburg
Institut für Öffentliches Recht
Platz der Alten Synagoge 1
D-79085 Freiburg / Deutschland
Tel.: 0761-203-2241 / -2237
Fax: 0761-203-2240
Email: dietrich.murswiek@jura.uni-freiburg.de
Internet: www.jura.uni-freiburg.de

---

[35] Dem könnte entgegengehalten werden, daß der Sicherheitsrat bei seinen auf das VII. Kapitel der Charta gestützten Resolutionen freies Ermessen im Hinblick auf die zu treffenden Maßnahmen habe; Ziel sei die Sicherung des Friedens und alle hierzu dienenden Maßnahmen könnten angeordnet werden und müßten nicht als solche rechtlich geboten sein. Dem ist aber entgegenzuhalten, daß die Herstellung von Autonomie und Selbstverwaltung nicht ein Mittel zur Herstellung des Friedens, sondern selbst ein politisches Ziel ist. Ein politisches Ziel, das nicht lediglich als Zwischenziel zur Wiederherstellung des Friedens verstanden werden kann, sondern das dauerhaft die politischen Verhältnisse in einem Land gestalten soll, kann vom Sicherheitsrat nur dann eingefordert werden, wenn es Ausdruck der Selbstbestimmung ist. Andernfalls würde der Sicherheitsrat sich selbst in Widerspruch zum Selbstbestimmungsrecht setzen.

[36] Murswiek: Das Recht auf Sezession (Anm. 15) S. 330; a. A. Rauert: Das Kosovo (Anm. 32) S. 206, die mit der sogenannten klassischen Konzeption des Sezessionsrechtes (vgl. S. 188 ff.) dieses nur als gegeben ansieht, wenn ein Staat schwere Menschenrechtsverletzungen gegen die fragliche Volksgruppe begangen hat.

Dietrich Murswiek (geb. 1948): Studium der Rechtswissenschaft; 1978 Promotion an der Ruprecht-Karls-Universität Heidelberg; 1984 Habilitation an der Universität Saarbrücken; 1986 Professur für Öffentliches Recht an der Georg-August-Universität Göttingen; seit 1990 Ordinarius für Staats- und Verwaltungsrecht, Deutsches und Internationales Umweltrecht an der Albert-Ludwigs-Universität Freiburg; 1995-1997 Dekan der Rechtswissenschaftlichen Fakultät; Geschäftsführender Direktor des Instituts für Öffentliches Recht.
Forschungsschwerpunkte: Verfassungsrecht und -theorie; Umweltrecht; Völkerrecht.
Auswahlbibliographie: Die verfassunggebende Gewalt nach dem Grundgesetz für die Bundesrepublik Deutschland. Berlin 1978; Die staatliche Verantwortung für die Risiken der Technik. Berlin 1985; Umweltschutz als Staatszweck. Bonn 1995; Peaceful Change. Ein Völkerrechtsprinzip? Köln 1998; Das Wiedervereinigungsgebot des Grundgesetzes und die Grenzen der Verfassungsänderung. Zur Frage nach der Verfassungswidrigkeit der wiedervereinigungsbedingten Grundgesetzänderungen. Köln 1999.

Abstract
Dietrich Murswiek: The Relationship between Protection of Minorities and the Right of Peoples to Self-Determination.
In: A Century of the Protection of Minorities and Ethnic Groups. Ed. by Dieter Blumenwitz, Gilbert H. Gornig, and Dietrich Murswiek (Cologne 2001) pp. 83-99.
Is protection of minorities under public international law to be regarded as quite different from the right of peoples to self-determination, as some authors suggest? Or do both of these principles have an impact on each other? In his article Dietrich Murswiek points out, that a "minority" under public international law of protection of minorities is not necessarily a "people" under public international law of self-determination, but in some cases it is. A minority is a "people" and as such enteld to self-determination, if it is an ethnic group, big enough to build a state and traditionally settling in a certain territory and forming at least the ethnic majority in that territory. Being enteld to self-determination in such a case normally doesn't mean, being enteld to secession. But it means being enteld to some autonomy within the existing state. So from the right to self-determination may be derived additional minority rights. A "people" on the other hand that is at the same time a "minority" (living in a state with a different ethnic majority) may in some cases better get on with it's minority rights rather than with claiming self-determination.
Dietrich Murswiek (born 1948): JD Law, Heidelberg 1978; Habilitation University of Saarbruecken, 1984; Professor of Public Law, University of Goettingen, 1986; since 1990 Professor of Constitutional Law, Administrative Law, German and International Environmental Law, University of Freiburg; Managing Director of the Institute of Public Law at the University of Freiburg; 1995-1997 Dean of the Law Faculty.
Fields of Research: Constitutional Law and Theory; Environmental Law; Public International Law.

Michael Silagi

Der Minderheitenschutz vor dem Ständigen Internationalen Gerichtshof*

A. Zu den Besonderheiten der Jurisdiktion des Ständigen Internationalen Gerichtshofs in Minderheitenangelegenheiten

Der Schutz ethnischer und anderer Minderheiten kann in den einzelnen Staaten durch autonom gesetzte nationale Normen oder auch durch Völkerrecht bzw. durch völkerrechtlich gebotene innerstaatliche Vorschriften erfolgen. Für unser Thema – die einschlägige Tätigkeit des Ständigen Internationalen Gerichtshofs (StIGH) – sind drei auf den ersten Blick ganz unterschiedliche Rechtsquellen eines völkerrechtlichen Minderheitenschutzes von Bedeutung, die sämtliche mit den Gebietsregelungen nach dem Ersten Weltkrieg und den dadurch entstandenen Minderheitenproblemen zusammenhängen. Bei den ersten beiden handelt es sich um Vertragsregelungen: Teils handelt es sich um Verpflichtungen aus Abkommen einzelner Staaten mit den Hauptsiegermächten (etwa der Vertrag zwischen den Alliierten und Assoziierten Hauptmächten und Polen vom 28. Juni 1919[1]). Teils geht es um bilaterale Vereinbarungen zwischen zwei von Gebietsverschiebungen betroffenen Staaten (etwa das deutsch-polnische Abkommen über Oberschlesien vom 15. Mai 1922[2]). Als dritte Rechtsquelle des völkerrechtlichen Minderheitenschutzes wären Deklarationen einzelner Staaten (etwa die Albaniens[3]) zu nennen, die vom Völkerbundrat entgegengenommen wurden; dabei handelt es sich bloß formal um einseitige Erklärungen, denn bei Albanien sowie den baltischen Staaten war die Abgabe einer Verpflichtungserklärung zum Schutz bestimmter Minderheiten Voraussetzung für die Aufnahme in den Völkerbund. Ziel entsprechender völkerrechtlicher Regelungen ist zwar wie *in foro interno* der Schutz der Minderheit – sei es des einzelnen Angehörigen oder der Volksgruppe als Kollektiv –, die Verpflichteten – und mehr noch die Berechtigten des völkerrechtlichen Minderheitenschutzrechts – sind aber nicht die Minderheit und ihre Angehörigen, sondern die Staaten.

Anders als Gesetzesrecht wird Völkervertragsrecht nicht durch eine von den Rechtsunterworfenen verschiedene Instanz geschaffen. Die Gesamtheit der Völkerrechtssubjekte ist

---

* Herrn Professor Gaetano Arangio-Ruiz, dem Altmeister der italienischen Völkerrechtslehre, in aufrichtiger Verehrung zugeeignet.

[1] Wiedergegeben bei H. Kraus: Das Recht der Minderheiten (1927) S. 50 ff. Zum ganzen vgl. D. Blumenwitz: Minderheitenschutz nach den beiden Weltkriegen. Ein Rechtsvergleich unter besonderer Berücksichtigung der deutschen Minderheit in Polen. In: D. Blumenwitz, G. H. Gornig und D. Murswiek (Köln 2001) S. 49 ff.

[2] Convention concernant la Haute-Silésie, Martens N. R. G. 3 Sér. Bd. 16 S. 645; bei dem dort angegebenen Datum für die Unterzeichnung (15. März 1922) handelt es sich um einen Druckfehler. Deutsche Übersetzung in: RGBl. 1922 II S. 239.

[3] Erklärung vom 2. Oktober 1921, wiedergegeben bei Kraus (Anm. 1) S. 119.

zugleich auch Normsetzungsinstanz[4]. Ähnlich der Ordnung der privaten Verträge in einem die Privatautonomie gewährleistenden Rechtssystem ist das Völkervertragsrecht autonom gesetztes Recht. Die Staaten — vergleichbar den Privatrechtssubjekten[5] — bestimmen selber Umfang und Dauer der Geltung eingegangener vertraglicher Verpflichtungen, weshalb das Völkerrecht „formal gesprochen ein eminent privatrechtliches System"[6] ist.

Aus der bereits angedeuteten privatistischen Natur des Völkerrechts, nämlich dem Fehlen eines den Parteien übergeordneten Normgebers, folgt ein für die internationale Gerichtsbarkeit entscheidender Unterschied zu nationalen Rechtsprechungsinstanzen, der das Völkerrecht noch „privatrechtlicher als das Privatrecht"[7] erscheinen läßt: Im Staat gibt es rechtsunterworfene Individuen; sie sind in der Schaffung privater Vertragsnormen zwar frei — zum selbstbestimmten Wollen der Parteien tritt jedoch ein heteronomes Sollen der gewollten Verpflichtungen. Die Einhaltung von Privatverträgen ist erzwingbar mittels vollstreckbarer Erkenntnisse der Zivilgerichtsbarkeit, die den Vertragsparteien selbständig — aufgrund des öffentlichen Rechts und nicht aufgrund einer privaten Vereinbarung — gegenübersteht, so daß Gerichtsentscheidungen *in foro interno* für die Streitparteien fremdbestimmtes Sollen bedeuten. Das Privatrecht erlaubt es zwar dem einzelnen, Rechte gegenüber anderen aufgrund autonomer Entscheidung zu erwerben, aber diesen subjektiven materiellen Rechten steht ein öffentlich-rechtliches Klagerecht gegenüber, denn der Staat stellt den materiell Berechtigten seine Jurisdiktion zur Verfügung. Der Zivilprozeß besteht also in der Feststellung und Verwirklichung subjektiver Rechte[8]. Die Einklagbarkeit zivilrechtlicher Ansprüche — das Recht zur Prozeßführung *in foro interno* selber — beruht nicht auf einer Absprache zwischen den Parteien; es ist kein subjektives Privatrecht, sondern eröffnet die prozessuale Möglichkeit zur Rechtserzwingung[9]. Das innerstaatliche Prozeßrecht geht davon aus, daß im Prinzip jeder sich aus dem materiellen Recht ergebende privatrechtliche Anspruch auch einklagbar ist[10]. Im Völkerrecht fehlt dieser öffentlich-rechtliche Klageanspruch. Der eminent privatrechtlichen Natur des Völkerrechts entsprechend kann auch das Recht zur zwischenstaatlichen klageweisen Geltendmachung eines Anspruchs vor einem Gericht nur auf der Abrede der Parteien beruhen. Internationale Schiedsgerichte sind daher lediglich nach dem autonomen Willen der Parteien möglich, und die Kompetenz völkerrechtlicher Gerichte kann nur so weit wie der vertragliche Konsens der Parteien gehen[11].

Ob nun dieser Konsens in einer *ad hoc*-Abrede oder einem generellen Schiedsvertrag oder einer einseitigen Unterwerfungserklärung seinen Ausdruck findet: In jedem Fall

---

[4] Vgl. M. Huber: Die soziologischen Grundlagen des Völkerrechts (1928) S. 9, 43.

[5] Vgl. dazu grundlegend G. Arangio-Ruiz: Gli enti soggetti dell'ordinamento internazionale (1951) passim, insbes. S. 390 ff., und ders.: The UN Declaration on Friendly Relations and the System of the Sources of International Law (1979) S. 222: „In relation to international law, States occupy a position similar to the position of physical persons in municipal law. States are the private parties of the international system."

[6] W. Burckhardt: Methode und System des Rechts (1936) S. 201.

[7] Ders.: Die Lücken des Gesetzes und die Gesetzesauslegung (1925) S. 19 Anm. 1.

[8] Vgl. Rosenberg/Schwab/Gottwald: Zivilprozeßrecht (15. Aufl. 1993) S. 2 f.

[9] Vgl. G. Lüke: Die Prozeßführungsbefugnis, Zeitschrift für Zivilprozeß 76 (1963) S. 1 (19).

[10] Ebenda, S. 20.

[11] I. F. I. Shihata: The power of the International Court to determine its own jurisdiction (1965) S. 57.

handelt es sich um eine Selbstverpflichtung der Parteien. Dabei ist zu beachten, daß der Rechtsstreit und das in ihm ergehende Judikat weit mehr als ein bloßes Mittel zur Findung des positiven Rechts im Sinne von Art. 38 Abs. 1 des IGH-Statuts sind. Das Diktum eines völkerrechtlichen Spruchkörpers gleicht seinem Wesen nach eher einer von den Betroffenen vertraglich übernommenen Verbindlichkeit[12], nur daß deren Inhalt – so, wie etwa bei einem Schiedsgutachten nach § 317 BGB – von einem Dritten bestimmt wurde[13]. Zwar hat die Unterscheidung zwischen gerichtlichem Urteil und schiedsrichterlicher Entscheidung auch in die Satzung des Völkerbundes (Art. 13 VBS) Eingang gefunden, aber eine Differenzierung zwischen schiedsrichterlichen und richterlichen Entscheidungen bleibt auf völkerrechtlicher Ebene untunlich, denn „jede Form internationaler Gerichtsbarkeit trägt Schiedsgerichtscharakter"[14].

Die Besonderheit des StIGH (seit 1945 Internationaler Gerichtshof, kurz IGH) liegt in der Permanenz, die aber nichts am Schiedsgerichtscharakter ändert[15]. Allerdings bedingt die Permanenz der Richterbank und der Gerichtsorganisation wie bei innerstaatlichen Schiedsgerichten[16] eine Schiedsordnung – im Falle der Haager Cour „Statut" genannt. Die Kompetenz dieses Gerichts kann aber – dies sei nochmals betont – nie aus seiner Schiedsordnung abgeleitet werden; das Statut ist daher nicht mit einer Verfahrensordnung nach innerstaatlichem Recht (wie etwa der ZPO oder der VwGO in Deutschland) vereinbar, aufgrund deren sich die Kompetenz des nationalen Gerichts ergibt. Die Kompetenz einer völkerrechtlichen Streitschlichtungsinstanz setzt immer den Konsens der Parteien voraus, den konkreten Streitfall vor dem Schiedsgericht zu verhandeln. Erst wenn dieser Konsens feststeht, prüft ihn der Gerichtshof auf die Übereinstimmung mit den formellen Anforderungen der Schiedsordnung (des Statuts). Wie die privatrechtliche Schiedsabrede ist die kompetenzbegründende Vereinbarung zwischen den Prozeßparteien ein materiell-rechtlicher Vertrag. Während es in der Zivilprozeßlehre umstritten ist, ob die Befugnis zur Klage ein Recht gegen das Gericht oder gegen den Prozeßgegner darstellt[17], handelt es sich beim völkerrechtlichen Klageanspruch jedenfalls um ein subjektives Recht gegenüber der anderen Partei oder den anderen Parteien. Das Völkerrecht überläßt es dabei ganz den Kontrahenten zu vereinbaren, ob und gegebenenfalls worüber das vertraglich eingesetzte und akzeptierte Gericht entscheiden soll. Das „Recht" auf Prozeßführung ist hier „abstrakt"[18], das heißt, es besteht unabhängig von sonstigen (außerprozessualen) materiellen Ansprüchen der Parteien gegeneinander.

---

[12] So auch W. Burckhardt: Die Organisation der Rechtsgemeinschaft (2. Aufl. 1941) S. 352.

[13] Dies gilt besonders für die Findung gewohnheitsrechtlicher Normen. So hebt etwa Kelsen die über die bloße Rechtsfindung hinausgehende Bedeutung der Schiedsinstanz für die Entstehung von Völkergewohnheitsrecht hervor: „Cet organe est – surtout pendant la période qui suit immédiatement la naissance de la coutume – un organe créateur du droit dans une mesure beaucoup plus vaste que tout autre organe d'application." Hans Kelsen: Théorie du droit international coutumier, Internationale Zeitschrift für Theorie des Rechts N. F. Bd. 1 (1939) S. 253 (266).

[14] So treffend F. Matscher: Die Begründung der Entscheidungen internationaler Gerichte. In: R. Sprung (Hrsg.), Die Entscheidungsbegründung (1974) S. 429 ff. (430).

[15] Vgl. dazu grundlegend G. Morelli: La théorie générale du procès international, RdC 61 (1937) S. 253 (362).

[16] Vgl. O. Glossner: Das Schiedsgericht in der Praxis (2. Aufl. 1978) S. 24.

[17] Vgl. W. Grunsky: Grundlagen des Verfahrensrechts (2. Aufl. 1974) S. 74.

[18] Morelli (Anm. 15) S. 363.

Nun wird seit dem zweiten Urteil des IGH in der von Belgien gegen Spanien angestrengten Barcelona-Traction-Angelegenheit von 1970[19] gelegentlich erwogen, ob nicht für die Durchsetzung von sogenannten *Erga omnes*-Verpflichtungen vor dem IGH etwas anderes gilt[20]. Zu diesen *Erga omnes*-Verpflichtungen zählen mit den Menschenrechten möglicherweise auch die minderheitenrechtlichen Verbürgungen[21]. Auch hier muß aber zunächst ein Jurisdiktionstitel (Kompromiß, Unterwerfung, Vertragsklausel) die Gerichtsbarkeit des IGH zwischen den jeweiligen Parteien des Streites begründen. Juriskdiktionstitel für die streitige Befassung des StIGH mit den Fragen des Minderheitenschutzes waren — neben der Unterwerfung der jeweiligen Parteien unter das Statut des Gerichtshofs, die selbstverständlich auch gegeben sein muß — entsprechende Jurisdiktionsklauseln in den Verträgen bzw. in den einseitigen Erklärungen.

Allerdings regelten die Minderheitenschutzverträge mit den Hauptsiegermächten und die einseitigen Erklärungen Albaniens und der baltischen Staaten die Zuständigkeit des StIGH auf eine Weise, welche die Jurisdiktion des StIGH in Minderheitensachen als ein völkerrechtliches Unikum erscheinen läßt. Sie unterscheidet sich grundsätzlich von der Gerichtsbarkeit der Cour in anderen menschenrechtlichen Angelegenheiten oder auch von den Klagemöglichkeiten für Staaten, etwa nach der Europäischen Menschenrechtskonvention oder der Satzung der Internationalen Arbeitsorganisation (ILO): Humanitäre Verträge verleihen jedem Vertragspartner das subjektive Recht gegenüber den anderen Parteien auf Einhaltung der in den Verträgen stipulierten Verpflichtungen. Auch Menschenrechtskonventionen und ähnliche multilaterale Abkommen erzeugen nämlich Verpflichtungen *inter partes*[22]. In diesen Fällen verletzt also das vertragswidrige Verhalten einer Partei die subjektiven Rechte jeder anderen Partei. Auch hier berühren also Konventionsverstöße durch eine Vertragspartei eigene Ansprüche des beschwerdeführenden oder klagenden Staates[23]. Hingegen sahen die einzelnen Minderheitenschutzverträge und die einseitigen Erklärungen ein Klagerecht der Mitglieder des Völkerbundrates vor, und zwar auch derjenigen Mitglieder des Rates, die nicht Parteien dieser Verträge waren[24]. Zu diesem Klagerecht von Staaten in ihrer Eigenschaft als Völkerbundratsmitglieder hat Max Huber in seinem Sondervotum zum Urteil im deutsch-polnischen Minderheitsschulfall angemerkt: „This jurisdiction is in every respect very particular in character and goes beyond the province of general international law"[25].

---

[19] ICJ Reports 1970, S. 3 ff.; siehe dazu I. Seidl-Hohenveldern: Der Barcelona-Traction-Fall, ÖZöR 22 (1971) S. 255 ff.

[20] Vgl. §§ 33, 34 der IGH-Entscheidung, ICJ Reports 1970, S. 33.

[21] Vgl. dazu I. Seidl-Hohenveldern: Actio popularis im Völkerrecht?, Comunicazioni e Studi 14 (1975) S. 803 ff.

[22] Vgl. zu dieser Vertragskategorie B. Simma: Das Reziprozitätselement im Zustandekommen völkerrechtlicher Verträge (1972) S. 314: „On the normative level, the agreements under consideration set forth reciprocal rights in exactly the same way as their more traditional counterparts."

[23] Siehe dazu M. Silagi: Die Popularklage als Fremdkörper im Völkerrecht, South African Yearbook of International Law 4 (1978) S. 10 (19).

[24] Vgl. ebenda, S. 21, und N. Feinberg: La juridiction et la jurisprudence de la Cour permanente de la justice internationale en matière de Mandats et de Minorités, RdC 59 (1937) S. 591 ff.

[25] Diss. op. M. Huber, Rights of Minorities in Upper Silesia (Minority Schools), PCIJ Series A, No. 15, S. 50; Huber hat deshalb die vertraglich eingeräumte Klagebefugnis (hier: Art. 72 Abs. 3

Allerdings machte nur Deutschland überhaupt von diesem Klagerecht Gebrauch, und der StIGH ist nur in einer begrenzten Zahl von zwischenstaatlichen Meinungsverschiedenheiten mit Bezug zu Minderheitenfragen gutachtlich tätig geworden. Nach Francesco Capotorti[26] sind lediglich drei streitige Verfahren vor dem Haager Gerichtshof angestrengt worden, und bloß im soeben angeführten Fall der Minderheitsschulen in Oberschlesien kam es auch zu einer Entscheidung des Gerichts. In den beiden anderen Verfahren ging es gleichfalls um deutsch-polnische Meinungsverschiedenheiten aus dem Oberschlesienabkommen bzw. aus dem Vertrag zwischen den Alliierten und Assoziierten Hauptmächten und Polen vom 28. Juni 1919. Es handelte sich einmal um den Steuerstreitfall des Fürsten von Pless, bei dem Deutschland im Jahr 1932 die gleichheitssatzwidrige Festsetzung der Einkommensteuer sowie zusätzlich die Beschränkungen rügte, denen der Fürst bei der Auswahl seiner Arbeitnehmer unterworfen wurde[27]. Die Klagebefugnis beruhte hier auf Art. 72 des Oberschlesienabkommens und war nicht Ausfluß der Stellung des Reichs als Vertragspartei. Die Aktivlegitimation folgte vielmehr aus seiner Mitgliedschaft im Völkerbundrat. Bei der anderen Streitsache ging es um die polnische Agrarreform. Deutschland beanstandete Anfang 1933 die Verletzung des polnischen Minderheitenschutzabkommens mit den Hauptmächten aufgrund diskriminatorischer Inanspruchnahme von Grundstücken von Angehörigen der deutschen Minderheit. Obwohl Deutschland nicht Partei dieses Abkommens mit Polen war, hatte es nach seinem Art. 12 als Völkerbundratsmitglied ein Klagerecht[28]. Beide Klagen wurden nach dem Austritt Deutschlands aus dem Völkerbund Ende 1933 zurückgenommen.

Bereits zuvor — im Minderheitenschulfall — hatte der Gerichtshof das von Huber als außergewöhnlich charakterisierte Klagerecht Deutschlands zur umfassenden Geltendmachung von Verstößen gegen das Oberschlesienabkommen bejaht. Es beruhte zwar auf dessen Art. 72 Abs. 3 und war dem Reich, wie gesagt, nicht als Vertragspartei, sondern aufgrund seiner Stellung als ständiges Mitglied des Völkerbundrates eingeräumt, aber Deutschland war doch zugleich auch Vertragspartner Polens im Oberschlesienabkommen und daher von den geltend gemachten Rechtsverstößen Polens selber betroffen. Die übrigen von Capotorti angeführten Stellungnahmen des StIGH zu Minderheitenfragen ergingen im sogenannten Gutachtenverfahren auf Antrag des Völkerbundrates. Als im engeren Sinne nicht minderheitenrechtlich qualifiziert Capotorti die Entscheidungen des StIGH in der Frage des deutschen Privateigentums in Polen. Sie sind jedoch für unser Thema ebenfalls von Relevanz[29]. Nur in der Herleitung und in der dogmatischen Begründung eines Klagerechts Deutschlands unterscheiden sich die zuletzt erwähnten Verfahren über das deutsche Privateigentum vom Minderheitenschulfall. Für den Bereich des deutschen Eigentums stellte nämlich Art. 23 des Oberschlesienabkommens eine konventionelle Schiedsklausel zur Verfügung, so daß Deutschland hier auch formell aus eigenem Recht — das heißt als Vertragspartei und nicht als Mitglied des Völkerbundrates — klagen konnte.

---

des Oberschlesienabkommens) restriktiv interpretiert und im konkreten Fall verneint.

[26] F. Capotorti: Minorities, EPIL III (1997) S. 410 (412).

[27] Vgl. dazu G. Kaeckenbeeck: The International Experiment of Upper Silesia (1942) S. 369 ff., und K. Lamers, Prince von Pless Administration (Orders), EPIL III (1997) S. 1108 f.

[28] Vgl. dazu C. Weil: Polish Agrarian Reform (Orders), EPIL III (1997) S. 1058 f.

[29] Dies hebt C. Weil: German Minorities in Poland, Cases Concerning The, EPIL II (1995) S. 553 ff., hervor.

Im übrigen wurde der Haager Weltgerichtshof mehrfach vom Völkerbundrat um Gutachten in Minderheitenangelegenheiten angegangen. Dies erfolgte im Einklang mit den einzelnen Minderheitenschutzabkommen bzw. Unterwerfungserklärungen und entsprach Art. 14 Satz 3 VBS. Eine Regelung des Gutachtenverfahrens durch das Statut des StIGH erfolgte erst bei einer Vertragsrevision im Jahr 1936 durch das neue Kapitel IV[30], das dann auch in das Statut des IGH von 1945 übernommen wurde; zwischen ihrem Inkrafttreten und der Auflösung des StIGH wurde kein Gutachtenverfahren eingeleitet. Einzige vertragliche Grundlage für die Erstattung von Gutachten war also Art. 14 Satz 3 VBS.

B. Der völkerrechtliche Minderheitenschutz

Bis weit in das 19. Jahrhundert hinein galt im zwischenstaatlichen Verkehr allgemein, daß allfällige rechtliche Schranken der Gewalt des Staates über seine eigenen Angehörigen innerstaatlicher Natur waren. Es war, so Friedrich Berber, eine „aus dem Grundsatz der Unabhängigkeit der Staaten folgende Völkerrechtsregel, daß ein Staat, soweit nicht von ihm eingegangene völkerrechtliche Verträge ihn in dieser Freiheit beschränkten, seine Untertanen nach Belieben, das heißt lediglich im Rahmen seiner innerstaatlichen Gesetze und ohne Einschränkung durch das allgemeine Völkerrecht behandeln könne; ein Eingreifen fremder Staaten zugunsten der Angehörigen eines anderen Staates, das sich gegen diesen anderen Staat richten würde, könnte sich nicht auf Völkerrecht berufen, sondern wäre eine unzulässige Intervention."[31]

Wie bereits angedeutet wurde am Ende des Ersten Weltkriegs zwar das Prinzip der nationalen Selbstbestimmung propagiert, aber die Friedensverträge von 1919/1923 setzten dann das Selbstbestimmungsrecht der Völker keineswegs um. Sicher war dies infolge der Vermischung der Siedlungsräume der Volksgruppen nicht immer möglich, aber es wurden auch kompakte Siedlungsräume von Völkern (im geschilderten Fall der neu geschaffenen Tschechoslowakei etwa der Deutschen und der Ungarn) zerschnitten, um die neuen Staaten zu Lasten der Mittelmächte zu arrondieren[32].

Immerhin erlegte man den nach dem Ersten Weltkrieg neugeschaffenen Völkerrechtssubjekten Polen und Tschechoslowakei und dem aus Serbien erwachsenen Königreich S.H.S., dem späteren Jugoslawien, sowie den anderen um Gebiete der Mittelstaaten vergrößerten Staaten vertragliche Verpflichtungen auf, wodurch ihre Personalhoheit gegenüber solchen Untertanen, die einer Minderheit angehörten, eingeschränkt wurde[33].

Durch diese Minderheitenschutzverträge wurden überdies den Mittelmächten im Verhältnis zu den genannten Nutznießern der territorialen Verschiebungen entsprechende reziproke Verpflichtungen auferlegt; es entspricht dies dem im Völkerrecht herrschenden

---

[30] Art. 65 ff. des StIGH-Statuts (jetzt IGH-Statut).
[31] F. Berber: Lehrbuch des Völkerrechts Bd. 1 (2. Aufl. 1975) S. 391. Zum Schutz religiöser Minderheiten bis zum Ersten Weltkrieg siehe den Überblick über einschlägige zwischenstaatliche Vereinbarungen bei H. Wintgens: Der völkerrechtliche Schutz der nationalen, sprachlichen und religiösen Minderheiten (1930) S. 57 ff.; zum Schutz nationaler Minderheiten siehe ebenda, S. 83 ff.
[32] Vgl. R. Laun: Nationalitätenfrage einschließlich des Minderheitenrechts, WdVD II (1925) S. 82 ff.
[33] Eine Übersicht findet sich bei Kraus (Anm. 1).

Grundsatz der weitestgehenden Reziprozität. Die reziproken Verpflichtungen aus den Minderheitenschutzverträgen waren freilich in der Praxis aufgrund der einseitigen Gebietsverschiebungen zu Lasten der Mittelmächte von untergeordneter Bedeutung[34].

Inwieweit sich aus der Umschreibung des Begriffs der „Minderheit" in einzelnen einschlägigen Verträgen oder aus dem Schrifttum Hinweise auf eine, wenn schon nicht völkerrechtlich verbindliche, so doch wenigstens tragfähige Definition der Volkszugehörigkeit gewinnen lassen, ist fraglich. Insbesondere blieb ungeklärt, welcher Stellenwert bei der Zuordnung des einzelnen zu einer bestimmten völkischen, sprachlichen oder religiösen Minderheit objektiven Bestätigungsmerkmalen im Verhältnis zum subjektiven Wollen des Betreffenden, einer bestimmten Gruppe zuzugehören, zukomme.

Weder im Minderheitenschutzsystem des Völkerbundes, noch im Rahmen der Vereinten Nationen, noch im Bereich des Europarates findet sich der Versuch einer verbindlichen Formulierung des Begriffs „Minderheit" oder „nationale Minderheit". Dies gilt auch für das grundlegende UN-Dokument der „Declaration on the Rights of Persons Belonging to National or Ethnic, Religious and Linguistic Minorities"[35] und im Bereich des Europarats für die Europäische Charta für Regional- oder Minderheitensprachen vom 5. November 1992 und für die Rahmenkonvention des Europarats zum Schutz nationaler Minderheiten vom 1. Februar 1995[36]. Resignierend stellte daher Karl Zemanek in seiner Haager Vorlesung im Jahr 1997 fest: „It should, perhaps, be taken as a sign of the attitude of States towards a general régime of minority protection that none of the aforementioned documents or instruments – not even the European Framework Convention![37] – defines clearly what a minority is."[38]

Auch das wissenschaftliche Schrifttum hat Schwierigkeiten mit der Herleitung einer allgemeingültigen Definition des Minderheitenbegriffs – sei es generell oder in seinen Ausprägungen als „nationale", „ethnische", „sprachliche" oder „religiöse" Minderheit[39]. Eine allgemeine, nicht auf das nationale Merkmal abstellende Definition für Minderheit im Sinne des Völkerrechts versucht Georg Erler in seinem Artikel für das „Wörterbuch des Völkerrechts" aus dem Jahr 1961[40]. Er umschreibt das Phänomen als „Gruppen von Staatsangehörigen, die sich von der staatstypischen Bevölkerungsmehrheit durch ihre

---

[34] Dies galt etwa im Verhältnis Deutschlands zu Polen aufgrund der verschwindend kleinen Minderheit der Polnischgesinnten in Ostdeutschland. Vgl. Chr. Th. Stoll: Die Rechtsstellung der deutschen Staatsangehörigen in den polnisch verwalteten Gebieten (1968) S. 9 ff.

[35] GA-Res. 47/51 vom 18. Dezember 1992, vgl. dazu R. Hofmann: Minderheitenschutz in Europa (1995) S. 23 ff. (Wortlaut der Resolution auf S. 221 ff.).

[36] Texte abgedruckt bei Hofmann (Anm. 35) S. 267 ff., 282 ff.; zur geringen Verbindlichkeit der beiden Regelungswerke vgl. J. Niewerth: Der kollektive und der positive Schutz von Minderheiten und ihre Durchsetzung im Völkerrecht (1996) S. 149 ff., 204 ff. Zur seltenen Berücksichtigung minderheitenspezifischer Belange durch den Straßburger Menschenrechtsgerichtshof und die Kommission vgl. A. Spiliopoulou Åkermark: Justifications of Minority Protection in International Law (1997) S. 204 ff.; zu den für unzulässig erklärten Beschwerden siehe ebenda, S. 210 ff.

[37] Es handelt sich um besagte Rahmenkonvention des Europarats zum Schutz nationaler Minderheiten vom 1. Februar 1995.

[38] K. Zemanek: The Legal Foundations of the International System, RdC 266 (1997) S. 9 (120).

[39] Vgl. dazu M. Silagi: Vertreibung und Staatsangehörigkeit (1999) S. 65 ff.

[40] G. Erler: Minderheiten, WdVD II (1961) S. 527 ff. (527).

andersartige Religion, Rasse, Sprache oder Volkstumszugehörigkeit unterscheiden, zahlenmäßig im Gesamtbestand des Staates hinter der oder den Mehrheitsgruppen zurückstehen und sich dabei als eine geschlossene Gruppe empfinden und zu ihr bekennen." Eine solche Minorität unterscheide sich wesensartig durch die in ihrer Andersartigkeit begründete Konstanz von variablen Wahl-, Abstimmungs- und Parlamentsminderheiten[41]. (Allein in diesem letzteren Sinne wurde der Begriff der Minderheit etwa noch 1898 bei Georg Jellinek gebraucht[42]).

Über die Definition Erlers ging auch der Vorschlag nicht hinaus, den Capotorti im Jahr 1977 als Sonderberichterstatter der „Sub-Commission on the Prevention of Discrimination and the Protection of Minorities" vorlegte. Minderheit wäre demnach: „A group numerically inferior to the rest of the population of a State, in a non-dominant position, whose members – being nationals of the State – possess ethnic, religious or linguistic characteristics different from those of the rest of the population and show, if only implicitly, a sense of solidarity, directed towards preserving their culture, religion or language."[43]

C. Das Gutachten des StIGH zu den Polnischen Staatsangehörigen in Danzig und die Beschränkung des Minderheitenschutzes auf Inländer

Wichtig bei jeder Definition der Minderheit in dem hier interessierenden Sinn ist die Inländereigenschaft der Angehörigen der Minderheit. Sowohl Erler als auch Capotorti heben zutreffend die Beschränkung des Zugehörigkeitsstatus im Aufenthaltsstaat auf inländische Angehörige der Minderheit hervor. Nichtstaatsangehörige Bewohner des betreffenden Landes fallen also nicht unter den Begriff der Minderheit. Das gilt zumindest für die „Minderheit im engeren Sinn", um die es in dem Gutachten des StIGH zur Rechtslage in Danzig[44] geht, und dies steht im Einklang mit der überkommenen Staatenpraxis[45].

Am 4. Februar 1932 hat der StIGH ein Gutachten über die Rechte der polnischen Minderheit in der Freien Stadt Danzig verkündet. Dem lag eine Kontroverse zwischen dem polnischen Staat und den Behörden der Freien Stadt Danzig zugrunde. Es ging um die Frage, ob die den Danziger Staatsangehörigen polnischer Nationalität zugesicherten Privilegien auch den im Danziger Gebiet lebenden polnischen Staatsangehörigen zustünden. Dies war deshalb von Bedeutung, da bei der Volkstagswahl im Jahr 1930 mit 6.377 von 197.871 Stimmen nur etwa drei Prozent auf die polnischen Listen entfielen, daneben aber noch 22.000 polnische Staatsangehörige ständig in Danzig lebten[46].

---

[41] Ebenda, S. 528.
[42] G. Jellinek: Das Recht der Minoritäten (1898).
[43] UN Doć. E/CN.4/Sub.2/384; zitiert nach Zemanek (Anm. 38) S. 120.
[44] Treatment of Polish Nationals and Other Persons of Polish Origin or Speech in the Danzig Territory, PCIJ Series A/B, No. 44.
[45] Vgl. C. Thiele: Minderheitenschutz als Staatsbürgerrecht oder Menschenrecht. In: M. Mohr (Hrsg.), Friedenssichernde Aspekte des Minderheitenschutzes in der Ära des Völkerbundes und der Vereinten Nationen in Europa (1996) S. 215 ff.; Hofmann (Anm. 35) S. 24 f., 55.
[46] Vgl. G. Crusen: Die Rechte der polnischen Minderheit in der Freien Stadt Danzig nach dem Gutachten des Haager Gerichtshofs vom 4. Februar 1932, DJZ (1932) Sp. 383 ff. (385).

Polen berief sich zur Untermauerung seiner Forderung auf Art. 104 Ziff. 5 FVV[47] und auf Art. 33 des zu seiner Verwirklichung in Paris zwischen Danzig und Polen geschlossenen Vertrags[48]. Trotz der mißverständlichen, zugegebenermaßen mehrdeutigen Formulierungen in diesen Bestimmungen[49] hat der StIGH das Begehren auf Gleichstellung aller polnischen Volkszugehörigen mit den privilegierten Staatsangehörigen polnischer Nationalität für ungerechtfertigt erklärt. Aus der Entstehungsgeschichte des Art. 33 des Vertrags zwischen Danzig und Polen wird gefolgert, „daß bei den Verhandlungen in Paris niemals die Absicht bestanden hat, den Nichtdanzigern polnischer Nationalität mehr zu gewähren als die völlige Gleichstellung mit anderen Ausländern."[50]

Hier prägte der StIGH – wie gesagt – den Begriff von der „Minderheit im engeren Sinne". Der Terminus „Minderheit" stehe für zweierlei. Er umfasse einmal alle Angehörigen einer in einem Staat lebenden fremden Volksgruppe ohne Rücksicht auf die Staatsangehörigkeit; ihnen sei in Polen – und entsprechend in Danzig – nur der Schutz ihres Lebens und ihrer Freiheit sowie ungehinderte Religionsausübung zugesichert. Weitergehende Rechte – so etwa die Gleichstellung mit den übrigen Staatsangehörigen auf dem Gebiete des öffentlichen und des privaten Rechtes sowie im Elementarunterricht – könnten sie aber nicht beanspruchen. Derartige zusätzliche Vergünstigungen stünden nur den Mitgliedern der „Minderheit im engeren Sinne" zu, also solchen Bewohnern, die auch Angehörige des Staates sind, in dem sie lebten[51].

Im Nachgang zum Gutachten des StIGH wurde am 26. November 1932 ein Abkommen zwischen Danzig und Polen geschlossen, in dem die Ergebnisse des Gutachtens rezipiert wurden[52]. Es sah für Danzig die Einrichtung öffentlicher Volksschulen mit polnischer Unterrichtssprache oder das Erteilen von polnischem Religions- oder Sprachunterricht in bestehenden Volksschulen vor. Voraussetzung war, daß die Erziehungsberechtigten einer bestimmten Zahl von Kindern polnischer Herkunft oder Sprache, die aber zugleich Danziger Staatsangehörige sein mußten, dies verlangten. Weitere Bestimmungen des Abkommens, welche die Benutzung der polnischen Sprache sowie die Vorlage polnischer Zeugnisse und Diplome betreffen, bezogen sich hingegen auf Personen polnischer Herkunft ohne Beschränkung auf Danziger Staatsangehörige. Überdies wurde am 18. September 1933 noch ein Übereinkommen über die Behandlung polnischer Staatsangehöriger und

---

[47] Art. 104 des Friedensvertrags von Versailles vom 28. Juni 1919 (FVV), RGBl. 1919 S. 687, lautet: „Die a. und a. Hauptmächte verpflichten sich, ein Übereinkommen zwischen der polnischen Regierung und der Freien Stadt Danzig zu vermitteln, das mit der Begründung der Freien Stadt in Kraft treten und den Zweck haben soll: [...] (5) Vorsorge zu treffen, daß in der Freien Stadt Danzig keinerlei unterschiedliche Behandlung der Bevölkerung zum Nachteil der polnischen Staatsangehörigen und anderer Personen polnischer Herkunft oder polnischer Zunge stattfindet."

[48] Art. 33 der Konvention zwischen Polen und der Freien Stadt Danzig vom 9. November 1920 (Martens N. R. G. 3. Sér. Bd. 14 S. 45 ff.) setzt Art. 104 Ziff. 5 FVV um; auch hier ist von „polnischen Staatsangehörigen und anderen Personen polnischer Herkunft oder polnischer Sprache" die Rede. Vgl. noch E. H. Pircher: Der vertragliche Schutz ethnischer, sprachlicher und religiöser Minderheiten im Völkerrecht (1979) S. 95.

[49] Vgl. Crusen (Anm. 46) Sp. 383 f.

[50] Ebenda, Sp. 385.

[51] PCIJ Series A/B, No. 44, S. 39.

[52] Vgl. Pircher (Anm. 48) S. 96 mit Anm. 156.

anderer Personen polnischer Herkunft und Sprache auf dem Gebiete der Freien Stadt Danzig geschlossen[53].

D. Volkszugehörigkeit und Minderheitenschutz: Die Minderheitenschulen

1. Problemstellung

In Danzig war naturgemäß die Frage nach der staatsangehörigkeitsrechtlichen Eingrenzung der vertraglich privilegierten Minderheit besonders dringend. Im bereits erwähnten Streit um die Minderheitenschulen in Oberschlesien stand ein anderes Problem im Vordergrund. Es ging zwar ebenfalls um Meinungsverschiedenheiten zwischen Deutschland und Polen über den privilegierten Personenkreis, aber diesmal war nicht die vom Tatsächlichen her einfach festzustellende Staatsangehörigkeit der Betroffenen strittig. Bei der Auslegung des von den Hauptmächten mit Polen abgeschlossenen Minderheitenschutzvertrages[54] sowie des in seiner Folge zustandegekommenen deutsch-polnischen Oberschlesienabkommens[55] waren vielmehr die Kriterien problematisch, nach denen sich die deutsche Volkszugehörigkeit bestimmte. In dieser deutsch-polnischen Auseinandersetzung ging es um die Auslegung bestimmter Klauseln des Oberschlesienabkommens. Sie regelten die Voraussetzungen für die Einrichtung von besonderen Schulen oder Schulklassen der deutschen Minderheit[56]. Der Streit ist auch von aktueller Relevanz. Deutschland ist nämlich im Falle der Abtretungsgebiete Oberschlesiens in der Zwischenkriegszeit dezidiert und konsequent von der Irrelevanz der Beherrschung der deutschen Sprache für die Zugehörigkeit zur deutschen Minderheit ausgegangen — ganz anders als der Reformgesetzgeber des Kriegsfolgenbereinigungsgesetzes von 1992.

2. Das Oberschlesienabkommen (1922)

In seinem „Schutz der Minderheiten" überschriebenen Dritten Teil hat das deutsch-polnische Abkommen über Oberschlesien vom 15. Mai 1922 zunächst (in Art. 64-72) die wichtigsten Artikel des Vertrags zwischen den Alliierten und Assoziierten Hauptmächten und Polen vom 28. Juni 1919 rezipiert. Besonders wichtig war die Übernahme

---

[53] Vgl. ebenda, S. 96 mit Anm. 155, sowie G. Crusen: Die Beziehungen der Freien Stadt Danzig zu Polen, ZVölkR 19 (1935) S. 39 (49 ff.).

[54] Der Vertrag zwischen den Alliierten und Assoziierten Hauptmächten und Polen vom 28. Juni 1919 ist wiedergegeben bei Kraus (Anm. 1) S. 50 ff. Dieser Vertrag hatte „in vieler Hinsicht Vorbildcharakter" (Hofmann (Anm. 35) S. 18) für weitere Minoritätenschutzverträge, welche die Hauptmächte mit der Tschechoslowakei, dem Königreich S.H.S., Rumänien und Griechenland abschlossen; eine Liste von Verträge, die entsprechend dem Vertrag der Hauptmächte mit Polen vom 28. Juni 1919 abgeschlossen wurden, findet sich mit Quellenangaben bei Kraus (Anm. 1) S. 51 Anm. 2.

[55] RGBl. 1922 II S. 238 ff.

[56] Siehe dazu grundlegend Kaeckenbeeck (Anm. 27) S. 298 ff. sowie M. Kneip: Die deutsche Sprache in Oberschlesien (1999) S. 75 ff.

des Art. 8[57], der die zentrale Vorschrift zum Minderheitenschutz enthielt und folgendermaßen lautete:

„Die polnischen Staatsangehörigen, die zu einer völkischen, religiösen oder sprachlichen Minderheit[58] gehören, sollen dieselbe Behandlung und dieselben rechtlichen und tatsächlichen Sicherheiten wie die übrigen polnischen Staatsbürger genießen. Sie sollen insbesondere ein gleiches Recht haben, auf ihre Kosten Wohlfahrts-, religiöse oder soziale Einrichtungen sowie Schulen und andere Erziehungsanstalten zu errichten, zu leiten und zu beaufsichtigen sowie in ihnen ihre Sprache frei zu gebrauchen und ihre Religion frei auszuüben."[59]

Eine nähere Erläuterung, nach welchen Kriterien sich die Zugehörigkeit des einzelnen zu einer geschützten völkischen, religiösen oder sprachlichen Minderheit richte, fehlte in diesem Abkommen. Sie fehlte gleichermaßen in den erwähnten Vereinbarungen, welche die Alliierten Hauptmächte analog zum Vertrag mit Polen mit anderen Staaten schlossen[60].

Der Dritte Teil des deutsch-polnischen Oberschlesienabkommens regelte dann in annähernd hundert Artikeln[61], inwieweit in minderheitlichen Schul-, Kultur-, Sozial- und Religionseinrichtungen auch ausländische Lehrer und Ärzte tätig sein durften; insbesondere waren nicht nur öffentliche Volksschulen, sondern auch Mittel- und Oberschulen als Minderheitenschulen bzw. mit Minderheitenklassen und -sprachkursen einzurichten. Dabei waren in Art. 106 des Oberschlesienabkommens die Bedingungen festgelegt, unter denen in Volksschulen[62] Unterricht in der Minderheitssprache vorzusehen war. Danach war eine Minderheitenschule einzurichten, wenn der Antrag durch die Erziehungsberechtigten von wenigstens 40 staatsangehörigen Kindern einer staatsangehörigen Minderheit unterstützt wurde[63].

Das Oberschlesienabkommen enthielt — wie gesagt — keine eigenständigen Regeln zur Bestimmung der Zugehörigkeit zu einer Minderheit. Es rezipierte vielmehr in Art. 68

---

[57] Rezipiert durch Art. 68 des Oberschlesienabkommens.
[58] Im authentischen englischen Text heißt es „racial, religious or linguistic minorities", im französischen „minorités ethniques, de religion ou de langue".
[59] Deutsche Übersetzung nach Kraus (Anm. 1) S. 69.
[60] Vgl. dazu Kneip (Anm. 56) S. 63 Anm. 181.
[61] Art. 73 bis Art. 158 des Oberschlesienabkommens.
[62] Die entsprechende Regelung für Höhere Schulen fand sich in Art. 118: Die Errichtung einer Minderheitsschule hatte auf einen von mindestens 300 Schülern unterstützten Antrag hin zu erfolgen; Minderheitenklassen setzten in den unteren vier Klassen die Unterstützung eines entsprechenden Antrags durch dreißig, in den oberen vier Klassen durch zwanzig Schüler voraus.
[63] Art. 106 § 1 des Abkommens hatte folgenden Wortlaut: „(1) Eine Minderheitsschule ist einzurichten auf den Antrag eines Staatsangehörigen, der von den Erziehungsberechtigten von wenigstens vierzig staatsangehörigen Kindern einer sprachlichen Minderheit unterstützt wird, wenn diese Kinder im schulpflichtigen Alter stehen, zum Besuche der Volksschule bestimmt sind und zu demselben Schulverbande gehören. (2) Gehören wenigstens vierzig dieser Kinder derselben Konfession oder Religion an, so ist für sie auf Antrag eine Minderheitsschule mit entsprechendem konfessionellen oder religiösen Charakter einzurichten. (3) Wo die Errichtung einer Minderheitsschule nach Lage des Falles nicht angebracht ist, sind wenigstens Minderheitsklassen einzurichten." Nach § 2 von Art. 106 war der in § 1 bezeichnete Antrag neun Monate vor Beginn des Schuljahrs zu stellen.

lediglich den bereits angeführten Art. 8 des Abkommens der Hauptmächte mit Polen vom 28. Juni 1919, ohne dessen Inhalt zu konkretisieren. Allerdings waren die Art. 74 und Art. 131 des Oberschlesienabkommens insoweit von besonderer Bedeutung, als sie die behördliche Kontrolle des Bekenntnisses zu einer Minderheit verboten. Insbesondere sahen sie auch keine wie auch immer geartete Überprüfung der Zugehörigkeit zu einer Minorität durch die Verwaltung anläßlich der Anmeldung zu einer Minderheitenschule vor[64]. Diese beiden Artikel hatten bei den Verhandlungen, welche zum Oberschlesienabkommen führten, ihre endgültige Fassung gegen den Widerstand Polens erhalten. Die deutsche Delegation in Genf hatte auf der subjektiven Konzeption des Begriffs der Minderheit bestanden, und sie konnte ihre Vorstellungen im Abkommenstext weitgehend durchsetzen[65].

3. Das Urteil im Streit um die deutschen Minderheitenschulen

Obwohl also keine Kontrolle der Angaben des einzelnen über seine Zugehörigkeit zur deutschen Volksgruppe vorgesehen war, versuchten die polnischen Schulbehörden dennoch, den Besuch deutscher Minderheitenschulen zu beschränken. Im Jahr 1926 wurden bei einer Überprüfung der Anmeldungen für deutsche Minderheitenschulen im polnischen Teil Oberschlesiens 7.114 Anträge auf Besuch deutscher Schulen abgelehnt. Die polnischen Stellen begründeten dies damit, daß die betroffenen Kinder gar nicht zur deutschen Minderheit gehörten. Gegen diesen Versuch einer Disqualifizierung der Bewerber aus „objektiven" Gründen wandte sich der Präsident des Deutschen Volksbunds für Polnisch-Oberschlesien an die durch das Abkommen geschaffene „Gemischte Kommission" in Kattowitz und an den Völkerbundrat. Da seinen Beschwerden durch diese Gremien nur teilweise abgeholfen wurde, erhob nunmehr das Deutsche Reich in seiner Eigenschaft als Völkerbundratsmitglied Klage zum StIGH in Den Haag.

Das Deutsche Reich machte geltend, daß die zitierten Artikel 74, 106 und 131 des Oberschlesienabkommens vom 15. Mai 1922 „für eine Person die Freiheit schaffen, ungehindert, nach eigenem Gewissen und unter eigener persönlicher Verantwortung zu erklären, daß er einer völkischen, sprachlichen oder religiösen Minderheit angehöre oder nicht, und ohne irgendwelche Überprüfung, Infragestellung, Druck oder Behinderung durch die Behörden die Unterrichtssprache und die entsprechende Schule für das Kind oder den Schüler zu wählen, für dessen Erziehung er nach dem Gesetz verantwortlich ist."[66] Hingegen beantragte die polnische Regierung, das deutsche Begehren für unbegründet zu

---

[64] Art. 74: „Die Zugehörigkeit zu einer völkischen, sprachlichen oder religiösen Minderheit darf von den Behörden weder nachgeprüft noch bestritten werden." Art. 131: „(1) Was die Sprache eines Kindes oder Schülers ist, bestimmt ausschließlich die mündlich oder schriftlich abgegebene Erklärung des Erziehungsberechtigten. Diese Erklärung darf von der Schulbehörde weder nachgeprüft noch bestritten werden. (2) Auch haben sich die Schulbehörden jeder Einwirkung, welche die Zurücknahme des Antrags auf Schaffung von Minderheitsschuleinrichtungen bezweckt, gegenüber den Antragstellern zu enthalten."

[65] Zu den Vertragsverhandlungen vgl. Kaeckenbeeck (Anm. 27) S. 299 mit Anm. 2.

[66] C. Weil: Minorities in Upper Silesia Case (Minority Schools), EPIL III (1997) S. 424 f. (424).

erklären[67]: Die Zugehörigkeit zur Minderheit sei eine Frage der tatsächlichen Verhältnisse und nicht des bloßen Willens. Erklärungen einer Person über die Zugehörigkeit zu einer Minderheit, welche offensichtlich im Widerspruch zu den Tatsachen stünden, stellten einen nicht hinnehmbaren Mißbrauch dar.

Der Gerichtshof mußte also in seinem Urteil vom 26. April 1928[68] zu der Frage Stellung nehmen, ob sich die Zuordnung des einzelnen zu einer Minderheit in erster Linie von dessen subjektivem Willen ableite oder ob die Zuordnung auf objektiven Merkmalen beruhe. Grundsätzlich schien sich der Gerichtshof der von Polen vertretenen objektiven Theorie anzuschließen, tatsächlich gab er aber der deutschen Seite Recht. Die Richter qualifizierten es nämlich im Urteil als eine Frage nach den tatsächlichen, objektiven, Verhältnissen und nicht nach dem bloßen (subjektiven) Willen, ob jemand einer Minderheit angehöre oder nicht[69]. Dies sei trotz Art. 74 des Oberschlesienabkommens der Fall[70], der ja die Nachprüfung des Bekenntnisses verbot. Aber in der Entscheidung fehlte dann jeder Hinweis darauf, welche objektiven Kriterien neben der Willenserklärung des Betroffenen entscheidend für seine Zuordnung zu einer Minderheit sein könnten. Vielmehr stellten die Richter fest, unter den in Oberschlesien gegebenen Verhältnissen seien die Fälle zahlreich, in denen sich die Zugehörigkeit — namentlich zu einer sprachlichen oder völkischen Minderheit — nicht eindeutig aus dem Sachverhalt ergebe. Gerade aufgrund dieser vom Tatsächlichen her zweifelhaften Fälle untersagten Art. 74 und Art. 131 des Oberschlesienabkommens die behördliche Nachprüfung oder Infragestellung der Erklärung einer Person; ihre Erklärung, sie wolle einer Minderheit angehören, sei entscheidend. Die entsprechende Willenserklärung war demnach in den Augen der Richter die einzige tatsächlich verifizierbare (objektive) Tatsache. Sie entschied über die Zuordnung einer Person zu einer Minderheit. Wörtlich heißt es dann, zwar entspreche eine Erklärung, die offensichtlich den Tatsachen widerspreche, nicht der Oberschlesienkonvention, aber daraus folge keineswegs — wie die Polnische Regierung anzunehmen scheine —, daß das Verbot der Verifikation oder Infragestellung der Erklärung in derartigen Fällen zu gelten aufhöre. Das Verbot der Nachprüfung der Erklärung sei in vorbehaltloser Form ausgesprochen,

---

[67] Jedenfalls interpretierte das Gericht den polnischen Antrag in diesem Sinne: Der spätere Einwand Polens, Deutschland stehe ein Klagerecht lediglich hinsichtlich einer Verletzung von Art. 1 bis Art. 71 des Oberschlesienabkommens zu, die Klage Deutschlands sei also unzulässig, wurde vom Gerichtshof aufgrund der bereits erfolgten impliziten Anerkennung der Jurisdiktion des Gerichtshofs durch meritorische Einlassung auf das Verfahren verworfen — vgl. PCIJ Series A, No. 15 S. 25. Anders diss. op. Huber, ebenda, S. 48 ff.; diss. op. Nyholm, ebenda, S. 56 ff.; diss. op. Negulesco, ebenda, S. 67; Negulesco wich nur in der Frage der Zulässigkeit der Klage vom Urteil ab. (Schücking ebenda, S. 74, hielt die Klage für zulässig und wich bloß bei der Begründetheit in einem Punkt vom Urteil ab.)

[68] PCIJ Series A, No. 15.

[69] Ebenda, S. 31: „The Court is of opinion that Poland is justified in construing the Minorities Treaty [...] as meaning that the question whether a person does or does not belong to a racial, linguistic or religious minority, and consequently is entitled to claim the advantages arising under the provisions which the Treaty comprises with regard to the protection of minorities, is a question of fact and not solely one of intention."

[70] „Does this stipulation [i. e. Art. 74] provide a sufficient basis for the construction [...] according to which it is a question of intention alone (the 'subjective principle')? The Court does not think so." Ebenda, S. 33.

und es dürfe keiner Einschränkung unterliegen[71]. Im Ergebnis näherte sich damit der StIGH trotz scheinbarer Konzessionen an Polen (Abstellen auf „objektive" Verhältnisse) dem Standpunkt der deutschen Seite an[72].

4. Das Gutachten vom 15. Mai 1931

Der Gerichtshof sollte alsbald Gelegenheit erhalten, seinen Standpunkt nochmals in einem Gutachten zu bekräftigen. Trotz des für Deutschland günstigen Urteils vom 26. April 1928 fuhren nämlich die polnischen Behörden in den Schuljahren von 1928 bis 1930 fort, Erklärungen von Kindern über die Teilnahme an einem deutschsprachigen Unterricht in Frage zu stellen. Nur bei entsprechendem Ausgang eines Sprachtests wurden diese Erklärungen anerkannt. Ohne hinreichende Beherrschung der deutschen Sprache durch die Kinder blieben ihre Anmeldungen unberücksichtigt. Auf Ersuchen des Völkerbundrats bekräftigte der Haager Weltgerichtshof daher in seinem Gutachten vom 15. Mai 1931 die Unzulässigkeit solcher Sprachtests. Die Sprachkenntnisse von Bewerbern unterlagen nämlich nicht der Nachprüfung durch die Behörden[73]. Auch im Gutachten hielten die Richter an der „widersprüchlichen" Linie des Urteils aus dem Jahr 1928 fest: Die umstrittenen Sprachtests hätten tatsächlich erwiesen, daß bestimmte an deutschen Minderheitenschulen angemeldete Kinder keine hinreichenden deutschen Sprachkenntnisse besitzen würden, um dem deutschsprachigen Unterricht mit Gewinn folgen zu können. Es treffe auch zu, daß die für ein Kind bezüglich seiner Sprachbeherrschung abgegebenen Erklärungen den Tatsachen entsprechen müßten. Aber dennoch seien abgegebene Erklärungen für die Behörden verbindlich. Sie dürften nicht in Frage gestellt oder überprüft werden[74].

Der Vergleich mit der bundesdeutschen Rechtslage nach der Novellierung des Vertriebenenrechts durch das Kriegsfolgenbereinigungsgesetz von 1992 drängt sich — wie gesagt — auf. Interessant sind in diesem Zusammenhang nicht nur die beiden Vertragsklauseln

---

[71] „If [...] a declaration which clearly does not conform to the facts is to be considered as not in conformity with the [German-Polish Convention relating to Upper Silesia of May 15th, 1922], it does not follow, as the Polish Government appears to maintain, that the prohibition to verify or dispute ceases to be applicable in such a case. The prohibition which is expressed in unqualified terms cannot be subject to any restriction." Ebenda, S. 35.

[72] Aufgrund dieses Widerspruchs schloß sich der ebenfalls dissentierende deutsche Richter Schücking (ebenda, S. 74) Teil IV des Sondervotums von Nyrholm (ebenda, S. 62 ff.) an. Nyrholm ging für das Oberschlesienabkommen von einer „definition of minorities solely based on the subjective principle" aus (ebenda, S. 65). Schücking wich ausschließlich in dieser materiellen Auslegungsfrage von der Begründung im Urteil ab. Hingegen hatte Richter Negulesco an der Umschreibung des Umfangs der materiellen Verpflichtungen Polens in den „merits" des Urteils nichts auszusetzen.

[73] Access to German Minority Schools in Upper Silesia, Advisory Opinion, PCIJ Reports A/B No. 40.

[74] „The language tests no doubt established that in 1927 certain children did not possess a knowledge of German adequate to enable them to profit by instruction in the German schools. It is equally true that, according to the Court's judgment, the declarations as to a child's language must be in accordance with the facts. But as has also been seen, these declarations are conclusive and can neither be disputed nor verified." Ebenda, S. 18 f.

(Art. 74 und Art. 131 des Oberschlesienabkommens), welche die Zugehörigkeit zur deutschen nationalen Minderheit in Polen ausdrücklich nicht von Sprachkenntnissen der Einzuschulenden abhängig machten. Ihre Großzügigkeit im Vergleich mit den umstrittenen Anforderungen an die Beherrschung der deutschen Sprache nach § 6 Abs. 2 BVFG[75] ist bemerkenswert. Für die Bestimmung und Abgrenzung der deutschen Volkszugehörigkeit von potentiellen Spätaussiedlern in der deutschen Rechtswirklichkeit könnten diese Klauseln vorbildlich sein. Noch mehr Beachtung verdient in diesem Zusammenhang, wie nachdrücklich die deutsche Seite in der Zwischenkriegszeit auf der Maßgeblichkeit einer bloß subjektiven Erklärung ohne den objektiven Nachweis deutscher Sprachkenntnisse für die Zugehörigkeit polnischer Staatsangehöriger zur deutschen Minderheit insistiert hat. Auch dies scheint der Gesetzgeber des Jahres 1992 verdrängt zu haben.

5. Die kollektive Komponente des Minderheitenschutzsystems
Das Gutachten zur Schließung albanischer Privatschulen

Nicht um den Zugang zu Minderheitenschulen, sondern um deren Fortbestand ging es in dem Gutachten des StIGH vom 6. April 1935 über die Zulässigkeit der Schließung privater Minderheitenschulen in Albanien. Albanien hatte — wie bereits erwähnt — bei seiner Aufnahme in den Völkerbund eine Verpflichtungserklärung zum Schutz bestimmter Minderheiten abgeben müssen. Darin war die rechtliche und tatsächliche Gleichstellung der ethnischen, sprachlichen und religiösen Minderheiten mit den übrigen Albanern festgeschrieben (Art. 5)[76]. Albanischen Staatsangehörigen war zunächst das Recht eingeräumt gewesen, unter bestimmten Bedingungen Privatschulen zu gründen. Aufgrund einer Verfassungsänderung im Jahr 1933 mußten sämtliche Privatschulen im Lande geschlossen werden. Davon waren auch die griechischen Minderheitenschulen betroffen. Dagegen richteten sich Petitionen griechischer Beschwerdeführer an den Völkerbundrat, der daraufhin den StIGH um ein Gutachten bat[77]. Interessant ist dies, weil hier besonders dezidiert einem materiell-faktischen und nicht bloß formell-rechtlichen Gleichstellungsgebot von Minderheit und Mehrheit das Wort geredet wird. Beachtung verdient überdies die Differenzierung zwischen den einzelnen zur Minderheit gehörigen Staatsangehörigen und der Minderheit selber als kollektivem Nutznießer des Minderheitenschutzes.

Nach Ansicht der Mehrheit der Richter[78] bedeutete die Neuregelung zwar keine Schlechterstellung der griechischen Minderheit im rechtlichen Sinn, denn das gesamte Schulwesen sollte nunmehr staatlich sein. Faktisch lief das Verbot der Privatschulen aber auf eine Benachteiligung der Minderheit und eine Privilegierung der Mehrheit hinaus: Die albanische Erklärung über den Schutz der Minderheiten gebiete nämlich nicht bloß

---

[75] Vgl. M. von Schenckendorff: Vertriebenen- und Flüchtlingsrecht (Stand: 42. Erg.-Lfg., 1999), B 2, § 6 BVFG n.F. S. 20/6.

[76] Wiedergegeben bei Kraus (Anm. 1) S. 119.

[77] Vgl. Radler: Gutachten des Ständigen Internationalen Gerichtshofs vom 6. April 1935 über die Zulässigkeit der Schließung privater Minderheitenschulen in Albanien, ZaöRV 5 (1935) S. 647 ff.

[78] Die Entscheidung erging mit acht gegen drei Stimmen; vgl. V. Böhmert, Die „Gemeinschaften" der Balkanvölker und das Völkerrecht, ZVölkR 19 (1935) S. 265 (320).

die Gewährleistung einer *égalité en droit*, sondern überdies einer *égalité en fait*. Letztere, die tatsächliche Gleichberechtigung als *raison d'être* des Minderheitenschutzes, könne eine ungleiche Behandlung von Mehrheit und Minderheit notwendig machen, um das Gleichgewicht zwischen den verschiedenen Ausgangslagen von Mehrheit und Minderheit herzustellen[79].

Hinsichtlich des Trägers des Minderheitenrechts sei Zweck der Minderheitenverträge die Aufrechterhaltung der Eigenart der Minderheiten. Die Richter lehnen damit eine Assimilationsforderung ab[80]. Zu diesem Zweck, der Wahrung der besonderen Eigenheiten, würde das System von minderheitenrechtlichen Verträgen (dessen Bestandteil auch die albanische Minderheitendeklaration sei) nicht bloß den einzelnen zu einer Minderheit gehörigen Staatsbürgern vollständige Rechtsgleichheit mit der Mehrheitsnation gewähren, sondern es würden auch „den Minderheitsgruppen geeignete Mittel zur Erhaltung ihrer ethnischen Besonderheiten, ihrer Überlieferungen und ihres nationalen Charakters"[81] zugesichert. Es gehe also nicht nur um die Gleichberechtigung des einzelnen, sondern auch um ein Gruppenrecht, „denn es würde keine wirkliche Gleichheit zwischen Mehrheit und Minderheit vorhanden sein, wenn die letztere ihrer eigenen Institutionen beraubt und infolgedessen zum Verzicht auf das gezwungen würde, was den Kern ihres Lebens als Minderheit ausmacht."[82]

E. Der Schutz des privaten deutschen Eigentums in den Abtretungsgebieten durch den Ständigen Internationalen Gerichtshof

1. Problemstellung

Als lediglich im weiteren Sinne minderheitenrechtlich wertete Capotorti — wie erwähnt — bestimmte Entscheidungen des StIGH in der Frage des deutschen Privateigentums in Polen. Da sie aber die diskriminatorische Behandlung von Angehörigen der deutschen Minderheit in den Abtretungsgebieten betrafen, seien sie hier ebenfalls dargestellt.

Es ging in diesen Fällen vordergründig um ein Problem der Staatennachfolge. Die Verfügungsmacht eines Vorgängerstaates (hier: das Deutsche Reich) über sein Vermögen im Abtretungsgebiet ist in der Zeit, in der sich der Souveränitätswechsel abzeichnet, möglicherweise eingeschränkt. Man spricht hier von einer sogenannten *période suspecte*[83]. Art. 13 der noch nicht in Kraft getretenen Konvention über die Staatennachfolge in das Vermögen, die Archive und die Schulden (1983)[84] bestimmt dazu Folgendes: „Für den Zweck der Erfüllung der Bestimmungen der Artikel im vorliegenden Teil soll der Vorgängerstaat alle Maßnahmen ergreifen, um Beschädigung oder Zerstörung von Staatsvermögen zu

---

[79] Minority Schools in Albania, Advisory Opinion, PCIJ Series A/B No. 64, S. 19.
[80] Ebenda, S. 17.
[81] Ebenda.
[82] Ebenda; deutsche Übersetzung nach Böhmert (Anm. 78) S. 318.
[83] Siehe dazu M. Silagi: Staatsuntergang und Staatennachfolge (1996) S. 231 ff., S. 305 ff.
[84] Vienna Convention on Succession of States in Respect of State Property, Archives and Debts (vom 8. April 1983), Text in: ILM 1983, S. 306 ff. (deutsche Übersetzung in W. Poeggel/ R. Meißner: Staatennachfolge im Völkerrecht (1986) Anlage).

verhindern, das in Übereinstimmung mit diesen Bestimmungen auf den Nachfolgestaat übergeht." Das Rechtsinstitut der *période suspecte* wurde weitgehend in der Folge der Friedensregelung von Versailles durch die Judikatur des StIGH und in der dänischen Rechtsprechung entwickelt, und zwar immer zu Lasten der deutschen Bevölkerung in den Abtretungsgebieten. Es ging um ursprünglich deutsches Staatsvermögen, das in den Abtretungsgebieten belegen war. Der Vorgängerstaat (das Deutsche Reich) hatte es in der Zeit vor der Abtretung der Gebiete an Polen bzw. Dänemark an Dritte übertragen. Staatsvermögen in zedierten Territorien geht regelmäßig an den Nachfolgestaat als Zessionar über. Andererseits hat aber dieser Nachfolgestaat das Privateigentum und damit die wohlerworbenen Rechte einzelner Bewohner des Abtretungsgebiets grundsätzlich zu respektieren. Im Falle des kurz vor der Abtretung der Gebiete an Private gelangten Staatsvermögens stellte sich nun die Frage, ob es sich bei deren Privateigentum um wohlerworbene, von den Nachfolgestaaten Polen und Dänemark zu respektierende Rechte handelte oder nicht.

2. Der Chorzow-Fall

Im Jahre 1915 hatten sich die Bayerischen Stickstoffwerke in Trostberg (Oberbayern) gegenüber dem Reich vertraglich zur Errichtung und zum Betrieb eines Stickstoffwerkes in Chorzow, einem Ort in den oberschlesischen Abtretungsgebieten, verpflichtet. Nach dem Ersten Weltkrieg fiel der Ort an Polen. (Chorzow im Kreis Königshütte wurde 1934 nach Königshütte eingemeindet, das seither polnisch „Chorzów" heißt.) Leitung und Betrieb sollten unter der Kontrolle des Reiches bleiben, das auch die erforderlichen Grundstücke erworben hatte und als Eigentümer in das beim Amtsgericht Königshütte geführte Grundbuch eingetragen worden war. Dieser Vertrag sollte bis zum 31. März 1941 gelten. Am 24. Dezember 1919 wurden in Berlin durch verschiedene notarielle Akte die Oberschlesischen Stickstoffwerke gegründet, an die das Reich das Stickstoffwerk Chorzow veräußerte, wobei die Leitung des Werkes bei den Bayerischen Stickstoffwerken verblieb. Erst im Januar 1920 wurden die Oberschlesischen Stickstoffwerke als Eigentümerin der Stickstoffwerke von Chorzow ins Grundbuch eingetragen. Am 14. Juli 1920 erließ Polen ein sogenanntes Liquidationsgesetz. Dadurch wurde das Eigentum des Deutschen Reiches in den nach Art. 87 f. FVV an Polen abzutretenden Gebieten an den polnischen Fiskus übertragen. Das Gesetz erklärte Transaktionen, durch die derartiges Eigentum des Reiches nach dem 11. November 1918 beeinträchtigt worden war, für nichtig.

Mit dem 11. November 1918 macht dieser polnische Rechtsakt das Datum des Waffenstillstands zum Stichtag für die faktische Verfügungssperre des Reiches über sein Vermögen. Der Friedensvertrag von Versailles trat allerdings erst am 10. Januar 1920 in Kraft, und die Staatennachfolge in bezug auf das oberschlesische Chorzow erfolgte sogar erst mehr als zwei Jahre nach diesem Zeitpunkt, da die Grenzen der oberschlesischen Abtretungsgebiete in Art. 87 f. des Versailler Vertrags noch nicht festgelegt worden waren. Die Grenzziehung blieb den Alliierten Hauptmächten vorbehalten und bedurfte noch der Ratifizierung durch Deutschland und Polen. Der Souveränitätswechsel konnte also erst nach Abschluß des deutsch-polnischen Oberschlesienabkommens vom 15. Mai

1922 vollzogen werden[85]. Dennoch trug das inzwischen polnisch gewordene Amtsgericht Königshütte am 1. Juli 1922 den polnischen Staat als Eigentümer der vom Reich veräußerten Werke ins Grundbuch ein[86]. Im Jahre 1925 erhob die deutsche Regierung Klage beim StIGH aufgrund der Liquidation der Chorzow-Werke.

In dem polnischen Gesetz, durch das deutsche Transaktionen nach dem 11. November 1918, also schon vor dem Zeitpunkt der Staatennachfolge im Jahr 1922, für nichtig erklärt wurden, sah Mohammed Bedjaoui, Mitglied der UN-Völkerrechtskommission und nachmaliger Präsident des IGH, einen Versuch Polens, die Definition von öffentlichem Eigentum, wie sie im Versailler Vertrag enthalten war, zu entwerten und das innerstaatliche Recht des Vorgängerstaates Deutschland in Frage zu stellen. Statt des deutschen Rechts sollte im konkreten Fall nicht einmal das eigene polnische Recht angewandt werden, sondern, so Bedjaoui, eine improvisierte *Ex post facto*-Gesetzgebung zu Lasten der geschädigten Deutschen[87].

Für die Entscheidung der Frage, ob die Stickstoffwerke im Zeitpunkt der Zession den Status öffentlichen Eigentums besaßen, waren beide Streitparteien vom deutschen Recht, das heißt vom Recht des Vorgängers ausgegangen. Das Problem war jedoch, ob zwischen dem Waffenstillstand am 11. November 1918 und dem Zeitpunkt, an dem tatsächlich eine Abtretung des Gebietes stattfand, der abtretende Staat seine Rechtsordnung so ändern durfte, daß dadurch faktisch der Umfang des öffentlichen Eigentums, welches abzutreten war, verringert würde. Freilich war es in diesem konkreten Fall gar nicht notwendig, das innerstaatliche Recht irgendwie zu ändern, denn alles, was das abtretende Deutsche Reich zu tun hatte, war eine Verfügung über sein Eigentum. Fraglich konnte also nur sein, ob ein nach deutschem innerstaatlichen Privatrecht wirksamer Akt in Übereinstimmung mit dem Völkerrecht stand oder nicht.

Die polnische Regierung machte geltend, daß die Eigentumsübertragung, welche im Jahre 1919 bewirkt wurde, gegenüber Polen eine arglistige Handlung darstellte: Wenn der abtretende Staat nach Unterzeichnung und sogar Ratifizierung des Vertrags über die Zession einen Verkauf äußerst wertvollen Staatseigentums im abzutretenden Gebiet bewirkt habe und wenn er den Gegenwert dieses Eigentums aus besagtem Gebiet fortschaffe, sei dies eine Handlung, die gegen das Völkerrecht verstoße, welches wesentlich auf dem gutem Glauben der vertragschließenden Parteien beruhe[88]. Hingegen erblickte der StIGH in der deutschen Vorgehensweise keine Absicht zur Hintergehung. Die völkerrechtlichen Verpflichtungen Deutschlands würden es nicht daran gehindert haben, eine ökonomische Aktivität — das heißt, die Leitung der Stickstoffwerke von Chorzow — einzustellen, wenn

---

[85] Nach Q. Wright: The End of a Period of Transition, AJIL 1937, S. 604 (606), wurde der Souveränitätsübergang erst mit dem 15. Juli 1922 wirksam. Dies wurde 1937 von Bedeutung aufgrund der auf 15 Jahre befristeten Laufzeit der im Abkommen enthaltenen Übergangsregelungen.

[86] Vgl. I. Seidl-Hohenveldern: Chorzow-Fall. In: WVR I (1960) S. 284 ff. (285).

[87] Vgl. M. Bedjaoui: Third report on succession in respect of matters other than treaties, YBILC 1970 II S. 141. (Bedjaoui war Berichterstatter der UN-Völkerrechtskommission für das Konventionsprojekt zur Staatennachfolge in das Vermögen, die Archive und Schulden).

[88] Case Concerning Certain German Interests in Polish Upper Silesia (The Merits), PCIJ, Ser. A No. 8, S. 37 ff.

es deren Fortsetzung für wirtschaftlich nachteilig ansah[89]. Der Gerichtshof hielt daher durch Urteil vom 26. Juli 1927[90] die Schadensersatzansprüche Deutschlands dem Grunde nach für gerechtfertigt.

3. Der Kolonisten-Fall

Auch im sogenannten Kolonistenfall[91], der durch den Völkerbundrat an den Haager Gerichtshof herangetragen wurde[92], spielte das Problem der *période suspecte* eine Rolle. Der Streit ergab sich aus folgendem: Polen hatte nach Art. 256 des Versailler Vertrags in dem abgetretenen Gebiet das Eigentum an dem früheren deutschen Reichs- und Ländervermögen erworben. Gestützt auf diese Rechtsnachfolge in das deutsche Eigentum bestritt Polen nunmehr die Wirksamkeit des Eigentumstitels von ungefähr 3.500 deutschen Siedlern, die meist erst gegen Kriegsende von der preußischen Regierung aufgrund von „Rentengutsverträgen" angesiedelt worden waren. Polen wollte auch hier verhindern, daß diese Rentengutsverträge gegen den Nachfolgestaat geltend gemacht werden könnten. Die Verträge waren von der preußischen Regierung größtenteils noch vor dem Waffenstillstandsschluß am 11. November 1918 abgeschlossen worden, ohne daß es in der Regel vor diesem Zeitpunkt zu einer Auflassung gekommen wäre[93]. Die Unverbindlichkeit der erst danach erfolgten Auflassung gegenüber Polen wurde von Warschau überdies damit begründet, daß Polen kein Neustaat, sondern ein wiedererstandener Staat sei, dessen Teilungen weder vom polnischen Volk anerkannt noch je von einer freien polnischen Regierung bestätigt worden seien[94].

Der StIGH kam jedoch in einem Rechtsgutachten[95] zu dem Ergebnis, daß die Haltung der polnischen Regierung wie im Chorzow-Fall ihren internationalen Verpflichtungen zuwiderlief. Was die Auflassung nach dem 11. November 1918 angehe, so handle es sich dabei um nichts anderes als die schlichte Erfüllung einer bereits zuvor eingegangenen Verbindlichkeit[96]. Aber auch nach Inkrafttreten des Waffenstillstands abgeschlossene Rentengutsverträge hielten die Richter für unbedenklich[97]. Sie waren nämlich nicht bereit, in den Versailler Vertrag ein Verbot der Vermögensverfügungen in der Übergangszeit seit dem Waffenstillstand hineinzulesen[98]. Polen hatte demnach das Eigentum der Siedler

---

[89] Vgl. Bedjaoui (Anm. 87) S. 142.
[90] Case Concerning the Factory at Chorzów (Claim for Indemnity) (Jurisdiction), Judgment (26. Juli 1927), PCIJ, Ser. A No. 9.
[91] Advisory Opinion on certain questions relating to settlers of German origin in the territory ceded by Germany to Poland (10. September 1923), PCIJ, Ser. B No. 6.
[92] Vgl. C. Weil: German Settlers in Poland (Advisory Opinion), EPIL II (1995) S. 560 f.
[93] Siehe dazu E. Kaufmann: Die Stellung der deutschen Ansiedler. In: J. Partsch/H. Triepel (Hrsg.): Studien zur Lehre von der Staatensukzession: Drei Gutachten (1923) S. 67 ff.
[94] Zum polnischen Standpunkt vgl. die Entscheidung des Obersten Gerichtshofs von Polen vom 28. April 1923 in der Sache Polnisches Finanzministerium gegen von Bismarck, Ann. Dig. 2, No. 39, S. 80 f.
[95] Vgl. G. Erler: Polnischer Minderheitenstreit, WVR II (1961) S. 778 (S. 779 Nr. 2 b).
[96] PCJ, Ser. B No. 6, S. 40.
[97] PCJ, Ser. B No. 6, S. 42 f.
[98] Vgl. Bedjaoui: Fourth report on succession in respect of matters other than treaties, YBILC

als „wohlerworbenes Recht" anzuerkennen[99].

4. Pachtverträge in den dänischen Abtretungsgebieten

Nicht nur in den an Polen gefallenen Teilen Oberschlesiens wurden nach dem Ersten Weltkrieg die kurz vor Eintritt der Staatennachfolge begründeten Rechte Privater an öffentlichem Eigentum in Frage gestellt. Vergleichbar war die Lage in den nach dem Ersten Weltkrieg an Dänemark gefallenen Abstimmungsgebieten. Dänemark war zwar selber nicht Kriegsgegner Deutschlands, erhielt aber dennoch von den Alliierten Hauptmächten durch Vertrag vom 5. Juli 1920[100] deutsche Gebiete übertragen. Es hatte in diesen Gebieten nach Art. 256 des Versailler Vertrags das Eigentum an dem früheren deutschen Reichs- und Ländervermögen erworben. In dem an Dänemark übertragenen Territorium erkannte der neue Gebietsherr keine Pachtverträge preußischer Dienststellen an, die lediglich im Hinblick auf den bevorstehenden Gebietsübergang abgeschlossen worden waren. Allerdings hat sich Deutschland anders als im Verhältnis zu Polen im Schlußprotokoll zum deutsch-dänischen Vertrag über den Hoheitsübergang vom 10. April 1922[101] damit abgefunden, daß sich die dänische Regierung „bezüglich einiger, besonders namhaft gemachter Fälle" bei der Behandlung noch laufender privatrechtlicher Verträge und Verpflichtungen „freie Hand" vorbehalten dürfe.

Zu einem derartigen noch kurz vor Eintritt der Staatennachfolge abgeschlossenen Pachtvertrag gibt es eine Entscheidung des dänischen Obersten Gerichtshofes[102]. Demnach lasse ein Gebietstransfer private Rechte Dritter an Grundstücken zwar grundsätzlich unberührt, für Verpachtungen, die im Hinblick auf die Zession erfolgten und ausschließlich zu Lasten des Nachfolgestaats gingen, könne dies aber nicht gelten. Sie seien unwirksam. Das Gericht leitete daher die Unwirksamkeit des streitigen Pachtvertrags nicht erst aus dem Schlußprotokoll vom 10. April 1922 ab, sondern aus dem genannten allgemeinen Rechtsgrundsatz[103]. Daß diese Auslegung bedenklich war und einer kritischen Prüfung kaum standhält, zeigt die Rechtsprechung des StIGH in bezug auf das deutsche Privateigentum in Polen.

F. Das Minderheitenschutzsystem des Völkerbunds in der Rückschau

Das System des Minderheitenschutzes unter dem Völkerbund wurde allgemein als wenig be-

---

1971 II, 1 S. 157 (S. 173 f.).

[99] Vgl. zu diesem Aspekt der Entscheidung G. Kaeckenbeeck: La protection international des droits acquis, RdC 59 (1937) S. 317 (343 ff.).

[100] Treaty Between the Principal Allied Powers and Denmark with Regard to Slesvig (5. Juli 1920), LNTS 2, 241.

[101] Vertrag zwischen Deutschland und Dänemark, betreffend die Regelung der durch den Übergang der Staatshoheit in Nordschleswig auf Dänemark entstandenen Fragen vom 10. April 1922, RGBl. 1922 II S. 141.

[102] Schwerdtfeger gegen dänische Regierung, Verwerfung der Revision durch den Obersten Gericht vom 6. Dezember 1923, Ann. Dig. 2 No. 40, S. 81 ff.

[103] Die Urteilswiedergabe (Anm. 100, S. 83) führt daher das Schlußprotokoll lediglich in Parenthese an.

friedigend empfunden. Bereits 1925 stellte Rudolf Laun im „Wörterbuch des Völkerrechts" fest, das formelle Recht des Rechtsschutzes sei in den Minderheitenschutzverträgen „gänzlich unzureichend"[104] geregelt. Er vermißte nicht nur die fehlende formale Legitimation der Minderheit selber, irgendein internationales Gremium anzurufen, sondern kritisierte insbesondere, daß die Minderheitenschutzverträge lediglich Verpflichtungen gegenüber den Großmächten statuierten; „auch konnationale Staaten können nicht intervenieren"[105] Auf das Oberschlesienabkommen traf dies zugegebenermaßen nicht zu. Hier konnte Deutschland den StIGH anrufen. Aber wie wenig effektiv der Rechtsschutz auch hier war, zeigt der Fall der deutschen Minderheitenschulen: Trotz Verurteilung der deutschen Sprachtests durch den StIGH im Jahr 1928 hielt Polen unverändert an seiner überkommenen Praxis fest. Dritten Staaten (etwa dem Deutschen Reich, Österreich oder Ungarn) wurde durch das Minderheitenschutzsystem des Völkerbunds ein Recht zur diplomatischen Intervention zugunsten konnationaler Minderheiten in den vertraglich verpflichteten Staaten eher erschwert[106]. Der StIGH konnte — wie eingangs ausgeführt — stets nur durch eine im Völkerbundrat vertretene Macht angerufen werden, die ihm eine Meinungsverschiedenheit mit der Regierung des Minderheitenstaates als einen Streit im Sinne des Art. 14 VBS vorlegte. Daher wurde ein Streitverfahren nur vom Deutschen Reich im Verhältnis zu Polen angestrengt. Mehr noch als im Sonderfall Deutschland, das sowohl selber betroffen als auch Ratsmitglied war, war das Minderheitenschutzverfahren vor dem StIGH ansonsten „durch seine Bindung an das persönliche Interesse der äußerst zurückhaltenden Ratsmächte [...] unfähig, einen wirksamen Schutz der Minderheiten zu gewährleisten."[107]

Bei dem völkerrechtlichen Minderheitenschutzsystem, das nach dem Ersten Weltkrieg im Rahmen des Völkerbunds entstand, soll es sich um bloßes Vertragsrecht gehandelt haben; nach dem Ende des Völkerbunds wurde fast einhellig die Ansicht vertreten, daß die Minderheitenschutzverträge und auch das System der Völkerbundgarantien selber weggefallen waren. Dies wurde auch zum herrschenden Standpunkt innerhalb der Vereinten Nationen[108].

Eine eingehende kritische Würdigung dieser These würde zwar den Rahmen dieser Untersuchung sprengen, es sei aber doch dargetan, daß tatsächlich weder der Kriegszustand noch die Auflösung des Völkerbunds zwingender Erlöschensgrund für die zugrundeliegenden Verpflichtungen sein kann. Der Wegfall des Völkerbunds ließ nämlich keineswegs notwendig das ganze Schutzsystem obsolet werden, denn mit den Vereinten Nationen entstand eine Weltorganisation, die als Garant an die Stelle des Völkerbunds treten konnte und sollte.

Gewiß kennt das allgemeine Völkerrecht keine Vertragssukzession internationaler Organisationen[109], aber nach einer im Schrifttum weitverbreiteten, vom IGH in zahlreichen Gutachten und Urteilen aus den Jahren 1950 bis 1971 bekräftigten Auffassung sind

---

[104] Laun (Anm. 32) S. 103.
[105] Ebenda.
[106] Vgl. auch Erler: Das Recht der nationalen Minderheiten (1931) S. 396 f.
[107] Erler (Anm. 40) S. 533.
[108] Hofmann (Anm. 35) S. 19.
[109] Vgl. Silagi: Zur Vertragssukzession internationaler Organisationen, South African Yearbook of International Law 9 (1983) S. 13 ff.

die Vereinten Nationen trotzdem *ipso jure* in die Vertragsstellung des Völkerbunds beim Mandatsvertrag mit Südafrika über Südwestafrika eingetreten[110]. Unter Zugrundelegung dieser Auffassung ist schwerlich einzusehen, warum die Vereinten Nationen nicht automatisch oder kraft Implikation Überwachungsorgan in Minderheitenschutzverträgen aus der Zwischenkriegszeit hätten werden können. Denn anders als bei den zwischenstaatlichen Minderheitenschutzverträgen — und in gewissem Sinne vergleichbar mit den Deklarationen gegenüber dem Völkerbundrat — war das Mandat ein bilateraler Vertrag zwischen Mandatar und Völkerbund[111]. Wenn hier der Wegfall der Vertragspartei Völkerbund nicht zum Erlöschen des bilateralen Mandatsvertrages führen durfte, dann läge ein Fortbestand der Verträge zum Minderheitenschutz erst recht nahe. Auch die Erklärungen gegenüber dem Völkerbund, die ja im Gegensatz zum Mandatsvertrag einseitig waren, wären von der Auflösung des Erklärungsempfängers weniger unmittelbar betroffen als das bilaterale Mandat vom Wegfall der anderen Vertragspartei. Die Überleitung der Zuständigkeit des StIGH auf den IGH würde übrigens durch Art. 36 Abs. 5 bzw. Art. 37 IGH-Statut gewährleistet. Dennoch war bei den Minderheitenschutzverträgen und Erklärungen gegenüber dem Völkerbundrat — anders als beim Südwestafrikamandat — von einem Eintritt der Vereinten Nationen in die Überwachungsfunktionen des Völkerbunds oder auch nur von einer Fortgeltung ohne Kontrollorgan keine Rede. Zu diesem — milde gesagt — fragwürdigen Ergebnis kam zumindest ein 1950 vom UN-Generalsekretär erstattetes Gutachten[112].

Eine Ausnahme machte das Gutachten allerdings im Falle der Åland-Inseln[113]. Warum gerade in diesem einzigen praktisch relevanten Fall die internationalen Verbürgungen zum Minderheitenschutz fortgelten sollten, ist kaum nachvollziehbar. Die These des UN-Generalsekretärs über das Erlöschen der übrigen Minderheitenschutzvorschriften wird damit jedenfalls noch weniger plausibel.

Was nun die *causa* Åland betrifft, so lohnt es sich, diese juristische Pirouette näher anzusehen. Am 27. Juni 1921 einigten sich Vertreter Finnlands und Schwedens unter Vermittlung eines Vertreters des Völkerbundrates auf einen Text betreffend die Autonomie der schwedischstämmigen Bevölkerung Ålands, dessen Art. 7 die Einschaltung des Völkerbunds und gegebenenfalls die Einholung eines Gutachtens beim StIGH vorsah[114]. Diese Vereinbarung wurde allerdings von Schweden und Finnland nicht als ein regulärer bilateraler völkerrechtlicher Vertrag behandelt und auch nicht ratifiziert, „vielmehr waren beide Vertragsstaaten aus innenpolitischen Gründen der Ansicht, der Akt sei so zu deuten, daß er nur Verpflichtungen gegenüber dem Völkerbund enthält"[115]. In der finnischen und schwedischen völkerrechtlichen Literatur der Zwischenkriegszeit wurde Finnland daher

---

[110] Zur Widersprüchlichkeit der Vorgehensweise der Weltgemeinschaft im Fall Südwestafrikas und beim Minderheitenschutz vgl. ebenda, S. 30.
[111] Vgl. dazu M. Silagi: Von Deutsch-Südwest zu Namibia: Wesen und Wandlungen des völkerrechtlichen Mandats (1977) S. 122 ff.
[112] UN Doc. E/CN. 4/367 S. 15 ff.; vgl. K. Doehring: Das Gutachten des Generalsekretärs der Vereinten Nationen über die Fortgeltung der nach dem Ersten Weltkrieg eingegangenen Minderheitenschutzverpflichtungen, ZaöRV 1954, S. 541 ff.
[113] Vgl. Doehring (Anm. 112) S. 539.
[114] SdN, J. O. 1921 Nr. 7, S. 701 ff.
[115] T. Modeen: Völkerrechtliche Probleme der Åland-Inseln, ZaöRV 37 (1977) S. 604 ff. (609).

ebenfalls ausschließlich gegenüber dem Völkerbund als gebunden angesehen[116]. Auch in der Staatenpraxis folgte man dieser Wertung[117]. Schweden war im Zweiten Weltkrieg zwar neutral, der Kriegseintritt Finnlands hätte also bilaterale Verträge im Verhältnis zu Schweden unberührt gelassen, aber Finnland hielt nach der Auflösung des Völkerbunds seine 1921 eingegangene Verpflichtung für erloschen[118]. In diesem Sinne stellte der finnische Völkerrechtler Eric Castrén im Jahr 1957 fest: „Nachdem nunmehr der Völkerbund aufgelöst worden ist, haben auch diese Garantien jede Bedeutung verloren."[119] Daher wurde 1952 das innerstaatliche Garantiegesetz aus dem Jahr 1922, das den Text vom 27. Juni 1921 umsetzte, durch ein neues Autonomiegesetz abgelöst. Es enthielt keinen Hinweis auf die UN, eine andere Internationale Organisation oder den Weltgerichtshof[120].

Mehr noch als die Behauptung von der Fortgeltung des Südwestafrikamandats, die im Laufe der Jahre immer mehr zur Obsession der UN-Juristen und auch zahlreicher Völkerrechtler wurde, spräche eine Fortgeltung der finnischen Ålandverpflichtungen aus dem Jahr 1921[121] gegen die pauschale These vom Erlöschen der übrigen Minderheitenschutzverpflichtungen der Zwischenkriegszeit und für einen Übergang der Kontrolle auf die Vereinten Nationen und den IGH.

Prof. Dr. Dr. Michael Silagi
Georg-August-Universität Göttingen
Institut für Völkerrecht
Platz der Göttinger Sieben 5
D-37073 Göttingen / Deutschland
Tel.: 0551-394-734
Fax: 0551-394-767

Michael Silagi (geb. 1948): 1967-1974 Studium der Rechtswissenschaft, Anglistik, Klassischen Philologie und Amerikanistik an der Universität München; 1973 Promotion zum Dr. phil.; 1977 Promotion zum Dr. jur.; seit 1979 wissenschaftlicher Angestellter und 1996 Habilitation an der Juristischen Fakultät der Universität Göttingen; seit 2001 apl. Professor ebenda.

Forschungsschwerpunkte: Völkerrechtsgeschichte und Rechtslage Deutschlands seit 1945; Vertriebenenrecht; Deutsches und ausländisches Staatsangehörigkeitsrecht.

---

[116] Ebenda, S. 612.

[117] Bei Kraus (Anm. 1) S. 226 ff., ist beispielsweise eine Erklärung des brasilianischen Delegierten Mello Franco über Minoritäten wiedergegeben, die er am 9. Dezember 1925 vor dem Völkerbundrat als dessen Berichterstatter abgegeben hat. Dort nennt er in Zusammenhang mit einseitigen Verpflichtungserklärungen gegenüber dem Völkerbund zur Behandlung von Minderheiten die Albaniens, die der baltischen Staaten und auch die Verpflichtung Finnlands vom 27. Juni 1921. Im Falle Finnlands hielt Kraus (Anm. 1) S. 228 Anm. 5 dies zwar für falsch, aber die Qualifikation durch Franco entspricht der herrschenden Auffassung zur Rechtsnatur des zwischen Finnland und Schweden vereinbarten Textes.

[118] Modeen (Anm. 115) S. 613.

[119] E. Castrén: Die Selbstverwaltung Ålands, Intern. Recht und Diplomatie 1957, S. 105 ff. (S. 106).

[120] Ebenda, S. 107 f.

[121] Für eine Fortgeltung Modeen (Anm. 115) S. 613.

Auswahlbibliographie: Staatsuntergang und Staatennachfolge. Mit besonderer Berücksichtigung des Endes der DDR. Frankfurt am Main 1996; Minderheitenrecht und diplomatischer Schutz für Deutsche in Ost-, Ostmittel- und Südosteuropa. Historische Aspekte. In: Rechtsanspruch und Rechtswirklichkeit des europäischen Minderheitenschutzes. Hrsg. von Dieter Blumenwitz, Gilbert H. Gornig und Dietrich Murswiek (Köln 1999) S. 77–99; Vertreibung und Staatsangehörigkeit. Bonn 1999.

Abstract

Michael Silagi: Minority Protection and the Permanent Court of International Justice.
In: A Century of the Protection of Minorities and Ethnic Groups. Ed. by Dieter Blumenwitz, Gilbert H. Gornig, and Dietrich Murswiek (Cologne 2001) pp. 101–124.
The article by Michael Silagi describes the jurisdiction of the Permanent Court of International Justice (PCIJ) in minority cases and discusses several exemplary cases. In the advisory opinion on the treatment of people of Polish origin in the territory of Danzig (1932) the Court explicitly restricted the guarantees for the protection of minorities contained in international instruments to native citizens of the State (or — in the case of Danzig — of the territory) bound by the respective Instruments. Special attention is given to the question of German minority schools in Upper Silesia. The prohibitive measures of Poland restricting the applicants' access to such schools were the topic of a judgment in 1928 and of an advisory opinion in 1932. They shed some light on the problem of how to determine whether a person belongs to a minority. (The Court's decisions on German property and on interests of German settlers in Upper Silesia are dealt with in a separate section.) The advisory opinion on Greek minority schools in Albania (1935) is of special interest as it stresses the collective aspects of minority rights.
Michael Silagi (born 1948): 1967–1974 study of Jurisprudence, English Language and Literature, Classical Philology and American Studies at the University of Munich; receiving his PhD in 1973, his doctorate in Jurisprudence in 1977; since 1979 Senior Research Fellow and since 1996 Senior Lecturer at the Faculty of Law of Goettingen University.
Fields of Research: History of International Law and Status of Germany since 1945; German and Foreign Nationality Laws; Legal Status of Ethnic Germans expelled to Germany during and after World War II (Vertriebenenrecht).

Falk Lange

Minderheiten und die OSZE
Die Rolle des OSZE-Hochkommissars
für Fragen der nationalen Minderheiten*

Die folgenden Ausführungen sind einem konkreten Politikfeld gewidmet. Dabei wird zunächst der OSZE-Hochkommissar für Fragen der nationalen Minderheiten – kurz der Hohe Kommissar – bzw. dessen Mandat und seine Arbeitsmethoden vorgestellt und daran anschließend einige allgemeine Betrachtungen zur Situation von Minderheiten in Europa präsentiert.

Wie das 1992 verabschiedete Mandat ausführt, ist der Hohe Kommissar „ein Instrument zur Konfliktverhütung zum frühestmöglichen Zeitpunkt". Er „sorgt [...] für ‚Frühwarnung' und gegebenenfalls für ‚Frühmaßnahmen' im Hinblick auf Spannungen bezüglich Fragen nationaler Minderheiten, die sich noch nicht über ein Frühwarnstadium hinaus entwickelt haben. Diese müssen, nach Einschätzung des Hohen Kommissars, das Potential in sich bergen, sich im OSZE-Gebiet zu einem den Frieden, die Stabilität und die Beziehungen zwischen Teilnehmerstaaten beeinträchtigenden Konflikt zu entwickeln, der die Aufmerksamkeit oder das Eingreifen des Rates oder des Ministerrates erfordert."[1]

Der Hohe Kommissar hat also einen zweifachen Auftrag: Erstens soll er versuchen, zur Lösung besonderer Probleme interethnischer Natur und damit zur Eindämmung und Deeskalation von Spannungen, in denen es um Angelegenheiten nationaler Minderheiten geht, beizutragen. Zweitens soll er die OSZE-Teilnehmerstaaten alarmieren, indem er eine „Frühwarnerklärung" abgibt, sobald derartige Spannungen in ein Stadium überzugehen drohen, in dem er mit den ihm zur Verfügung stehenden Mitteln nichts mehr zu ihrer Eindämmung beitragen kann.

Unter Berücksichtigung dieses Mandats versteht sich der Hohe Kommissar für nationale Minderheiten als eine in politischen Kategorien formulierte Institution und betrachtet die ihm in die Hand gegebenen Werkzeuge als im wesentlichen auf politische Angelegenheiten zugeschnitten. Seine „Blaupausen" sind die OSZE-Prinzipien und -Verpflichtungen sowie internationale Rechtsnormen und -standards. Die politischen und die rechtlichen Elemente seiner Arbeit sind insofern miteinander verknüpft, als sein politischer Einsatz (in Form von Besuchen und Empfehlungen) kurzfristig erfolgt, während die Durchführung der Empfehlungen (normalerweise durch Gesetzgebungsakte) durch den betroffenen Staat die langfristigen Rahmenbedingungen für das interethnische Miteinander schaffen kann.

Seine Aufgabe besteht daher weitgehend darin, den Parteien bei der Suche nach Kompromißlösungen für interethnische Probleme Hilfestellung zu leisten.

---

* Die in diesem Beitrag vertretenen Meinungen und Auffassungen sind ausschließlich die des Autors und stellen keine offizielle Stellungnahme der OSZE oder des OSZE-Hochkommissars dar.

[1] Helsinki-Dokument der OSZE 1992 „Herausforderung des Wandels", Entscheidungen, Kapitel II.

Mit der Einrichtung des Amtes des Hohen Kommissars wurde ein Ansatz verfolgt, der mit drei Schlagworten zu charakterisieren ist: Unparteilichkeit, Vertraulichkeit und Zusammenarbeit.

Es gilt als unabdingbar für seine Wirksamkeit, daß zu jeder Zeit sein Ruf als unparteiischer Dritter gewahrt bleibt. Angesichts der heiklen Fragen, mit denen der Hohe Kommissar sich zu befassen hat, kann er es sich nicht leisten, mit der einen oder der anderen Seite identifiziert zu werden. In diesem Zusammenhang ist der Hinweis wichtig, daß das Mandat des Hohen Kommissars ihn in der englischen Fassung als *High Commissioner „on" National Minorities* bezeichnet und nicht als *High Commissioner „for" National Minorities*. Aus der damit getroffenen Unterscheidung resultiert, daß er weder die Funktion eines Ombudsmannes wahrnehmen, noch „Verletzungen" von Minderheitenrechten im Einzelfall untersuchen soll.

Ganz wichtig für seine Effektivität ist Vertraulichkeit. Das bedeutet: Er arbeitet unauffällig. Unmittelbar beteiligte Parteien glauben häufig, sich kooperativer und entgegenkommender verhalten zu können, wenn sie wissen, daß die Inhalte ihrer Diskussionen nicht an die Außenwelt weitergegeben werden. Da der Einsatz des Hohen Kommissars in einem bestimmten Land ein schrittweiser Prozeß ist, der normalerweise auch Folgemaßnahmen erfordert, ist es wichtig, das Vertrauen der Gesprächspartner über einen langen Zeitraum hinweg aufrechtzuerhalten.

In ähnlicher Weise ist die kooperative und nicht auf Zwang beruhende Art des Engagements des Hohen Kommissars ein Kennzeichen erfolgreicher präventiver Diplomatie. Dauerhafte Lösungen sind nur möglich, wenn auf seiten der direkt betroffenen Parteien ein ausreichendes Maß an gutem Willen und Übereinstimmung vorhanden ist. Bei seinen Aktivitäten versucht er stets, entsprechende Lösungen zu finden und die Parteien an eine solche Übereinstimmung heranzuführen.

Das Mandat des Hohen Kommissars enthält eine Reihe innovativer Elemente, die für die Konfliktprävention von Belang sind. Erstens kann der Hohe Kommissar als außenstehende Partei zum frühestmöglichen Zeitpunkt einem drohenden Konflikt entgegenwirken. Zweitens liegt ein solches Eingreifen in seinem Ermessen: Es bedarf weder der Zustimmung des Ständigen Rates der OSZE noch derjenigen des betroffenen Staates. Drittens hat er weitreichende Befugnisse, wenn er in einer bestimmten Situation hinzugezogen wird. Dazu gehört auch das Recht zur Einreise in einen Teilnehmerstaat ohne dessen formale Einwilligung oder die ausdrückliche Unterstützung weiterer Teilnehmerstaaten. Viertens kann er als nichtstaatlicher Akteur (wenn er auch der Organisation und insbesondere dem Amtierenden Vorsitzenden gegenüber rechenschaftspflichtig ist) unabhängig arbeiten. Und schließlich hat die OSZE mit der Einsetzung des Hohen Kommissars für nationale Minderheiten ein Frühwarninstrument entwickelt, das gezielt auf den extrem sensiblen Bereich der nationalen Minderheiten ausgerichtet ist. Ich bin davon überzeugt, daß alle diese Elemente zusammengenommen das Amt des Hohen Kommissars für nationale Minderheiten zu einer wertvollen Einrichtung für die OSZE, zu einem einzigartigen Instrument der internationalen Vermittlung und zu einem unerläßlichen Ansprechpartner machen, an den sich sowohl Regierungen als auch die Angehörigen von Minderheiten wenden können, wenn sie mit Angelegenheiten nationaler Minderheiten befaßt sind.

In den Jahren der Tätigkeit des bis Mitte 2001 amtierenden Hohen Kommissars Max van der Stoel wurde die Praxis regelmäßiger Reisen in die Länder, in denen er tätig ist, eingeführt. In den meisten Fällen gibt er mehrere aufeinander aufbauende Empfehlungen ab. Im allgemeinen stehen zwei große Bereiche im Mittelpunkt dieser Empfehlungen. Zum einen werden spezifische Veränderungen in der Minderheitenpolitik der jeweiligen Regierung vorgeschlagen, um einige der drängendsten Anliegen, Probleme und Spannungsursachen in Angriff zu nehmen. Solche Empfehlungen betreffen in zunehmender Zahl mögliche Veränderungen der bestehenden nationalen Gesetzgebung, die sich auf die Stellung von Angehörigen nationaler Minderheiten beziehen; Bildungsreformen sind ebenfalls ein immer wiederkehrendes Thema. Zum anderen regt der Hohe Kommissar verschiedene mögliche Maßnahmen zur Einrichtung oder Stärkung institutioneller Kapazitäten für den Dialog und die Kommunikation zwischen Regierung und Minderheit an. Die Empfehlungen werden gewöhnlich in Form eines Schreibens an den Außenminister des betreffenden Staates gerichtet. Sie werden der Öffentlichkeit erst zugänglich gemacht, nachdem die Regierung, an die sie gerichtet sind, Gelegenheit hatte, eine Antwort zu übermitteln.

Die Empfehlungen des Hohen Kommissars sind nicht bindend. Es gab zwar Vorschläge, ihnen einen rechtlichen Charakter zu verleihen, doch es scheint, daß dies viel eher genau das Gegenteil des Gewünschten bewirken würde. Sähen Staaten sich gezwungen, die Empfehlungen des Hohen Kommissars zu befolgen, könnten sie weniger Bereitschaft dazu aufbringen, bei der Suche nach Kompromißlösungen mit ihm zusammenzuarbeiten. Die OSZE ist eine Organisation kooperativer Sicherheit, und auch das Büro des Hohen Kommissars bemüht sich um einen kooperativen Ansatz in seinem Verhältnis zu Staaten und Minderheiten. Es ermutigt sie zu demselben Ansatz in ihren Beziehungen untereinander.

Die Reaktionen anderer OSZE-Staaten auf die Empfehlungen des Hohen Kommissars sind für seine Arbeit besonders wichtig. Obwohl das Mandat ihm gestattet, weitgehend unabhängig tätig zu sein, könnte er ohne die politische Unterstützung durch die Teilnehmerstaaten nicht zufriedenstellend arbeiten. Das wird jedesmal deutlich, wenn er seine Berichte und Empfehlungen dem betroffenen Staat und danach dem Ständigen Rat der OSZE vorlegt, in dem alle Teilnehmerstaaten vertreten sind. In diesem Stadium erweist sich, ob der Hohen Kommissar für seine Aktivitäten und Empfehlungen genügend Rückhalt hat und ob Staaten bereit sind, nötigenfalls eigene Folgemaßnahmen zu treffen. Um zu verhindern, daß er isoliert handelt, bleibt der Hohe Kommissar – in Übereinstimmung mit seinem Mandat – in engem Kontakt mit dem Amtierenden Vorsitzenden, dem er nach Rückkehr von seinen Reisen in OSZE-Teilnehmerstaaten streng vertraulich Bericht erstattet. Bislang haben seine Aktivitäten, Berichte und Empfehlungen bei den OSZE-Teilnehmerstaaten Anerkennung und Unterstützung gefunden. Das gibt ihm die notwendige politische Rückenstärkung durch die Organisation insgesamt.

Seit 1993 haben sich die Aktivitäten des Hohen Kommissars konstant ausgeweitet. Dies unterstreicht die entscheidende Bedeutung der Behandlung von nationale Minderheiten betreffenden Fragen bei der Aufrechterhaltung von Frieden und Stabilität im OSZE-Raum. So ist der Hohe Kommissar im Jahr 2000 mit Minderheitenfragen in verschiedenen Teilen Europas und Zentralasiens – konkret in Estland, Georgien, Kasachstan, Kirgisistan, Kroatien, Lettland, der ehemaligen jugoslawischen Republik Mazedonien, Moldawien, Rumänien, der Slowakei, der Ukraine und Ungarn – befaßt. Hierbei divergieren die besonderen Umstände in jedem Einzelfall. Trotzdem wiederholen sich bestimmte Themen und Probleme und können daher systematisch analysiert werden.

Widmet man sich dem Studium von Minderheitenfragen, ist das ausgeprägte Interesse, mit dem die sogenannten *kin-states* fast ausnahmslos das Schicksal der mit ihnen verwandten Minderheit jenseits der Grenze verfolgen, nicht zu übersehen. Ein derartiges Interesse ist legitim; allerdings ist es ebenso verständlich, daß die Regierung desjenigen Staates, in dem diese Minderheit lebt, häufig dazu neigt, Äußerungen der Besorgnis angesichts ihrer Politik oder Gesetzgebung in bezug auf die Minderheit als unangebrachte Einmischung in die inneren Angelegenheiten zu betrachten. In einer solchen Situation gibt es zwei einander ergänzende Wege, Reibungen zu vermeiden.

Der eine besteht darin, die OSZE — oder, präziser, ihren Hohen Kommissar für nationale Minderheiten — zu bitten, die Angelegenheit zu prüfen. Die andere Möglichkeit ist die, daß der *kin-state* und der Staat, in dem die Minderheit lebt, einen Dialog sowohl über die Pflicht eines Staates, die Identität einer Minderheit zu achten und zu fördern, als auch über die Pflicht der Angehörigen einer nationalen Minderheit, dem Staat gegenüber loyal zu sein, aufnehmen. Ein solcher Dialog ist zwar nicht immer frei von Spannungen, kann aber dennoch zu positiven Ergebnissen führen. Ja, der Prozeß selbst kann häufig schon eine Übung in Vertrauensbildung sein. Daraus resultieren mitunter bilaterale Verträge über gute Nachbarschaft und freundschaftliche Beziehungen, die etwa Mechanismen für regelmäßige Konsultationen enthalten oder Gelegenheiten für einen Meinungsaustausch über Minderheitenfragen schaffen.

Derartige Verträge können jedoch keine spezifischen Lösungen für spezifische Minderheitenprobleme gewährleisten. Diese Minderheitenprobleme müssen vielmehr innerhalb von Staaten auf der Grundlage ihrer Verpflichtung zur Einhaltung internationaler Normen und Prinzipien gelöst werden. Reicht das nicht aus, kann der Hohe Kommissar als wichtige Drittpartei fungieren. Während die betroffene Bevölkerungsminderheit Zweifel an der Objektivität des Staates und der Staat wiederum an den Motiven des *kin-state* hegen können, wird der Hohe Kommissar als außenstehender ehrlicher Makler angesehen. Durch sein Eingreifen kann er nicht nur bestimmte Fragen innerhalb des betroffenen Landes lösen, sondern auch dazu beitragen, die Eskalation von Spannungen zwischen den Staaten zu verhindern. Wenn man so will, ist dies die regionale Dimension der konfliktverhütenden Rolle des Hohen Kommissars.

In Fällen, in denen es keinen *kin-state* gibt — so bei den Krim-Tataren, den meschetischen Türken sowie bei den Sinti und Roma —, könnte man sogar sagen, daß hier die Rolle als ehrlicher Makler noch wichtiger ist.

Die Tätigkeit des Büros des Hohen Kommissars beweist, daß angemessene Kanäle und Einrichtungen für den Dialog zwischen Regierung und Minderheit wichtig sind. Streitigkeiten entstehen häufig infolge unzulänglicher Dialogmöglichkeiten auf innerstaatlicher Ebene. Auch wenn der Dialog nicht zu völliger Übereinstimmung in den entsprechenden Fragen führt, so kann doch der Meinungsaustausch an sich schon zu einem besseren Verständnis für die Probleme und Sorgen der anderen Seite und zu einem Abbau der Mauern aus gegenseitigem Mißtrauen beitragen. Es ist vor allem wichtig, daß die betroffenen Parteien Gesetzentwürfe, die für Minderheiten relevant sind, angemessen mitgestalten können, bevor sie dem Parlament vorgelegt werden. Dasselbe gilt für Regierungspläne, Veränderungen in Politikbereichen vorzunehmen, die für Minderheiten von besonderer Bedeutung sind. Werden Minderheiten am Prozeß beteiligt, fühlen sie sich auch für das Ergebnis mitverantwortlich.

Der Hohe Kommissar fördert deshalb die Erschließung von Dialogstrukturen und die Einrichtung anderer Instrumente demokratischer Diskussion und Entscheidungsfindung. Ergebnisse, die in solchen Gesprächsforen erzielt werden, können den Behörden in Form von Empfehlungen vorgelegt und so mit der Zeit zu einem integralen Bestandteil des politischen Entscheidungsprozesses in diesen Ländern werden. Die Fortentwicklung dieser Einrichtungen und Prozesse wird einerseits die Bereitschaft der Behörden demonstrieren, den Anliegen von Minderheiten Gehör zu schenken, und andererseits zeigen, daß die Minderheiten bereit sind, am politischen Leben des Landes teilzunehmen.

Der Dialog sollte jedoch nicht nur auf nationaler Ebene stattfinden. Zahlreiche Minderheitenprobleme sind lokale Angelegenheiten und sollten daher auch auf lokaler Ebene behandelt werden. Dort, wo Entscheidungsprozesse in hohem Maße zentralisiert sind, sind die Anliegen von Minderheiten oftmals unterrepräsentiert. Eine gute und effektive demokratische Staatsführung schließt die — zumindest beratende — Beteiligung der Betroffenen am Entscheidungsprozeß ein. Diese Form der Mitsprache kann den Grad der Identifikation der Angehörigen von Minderheiten mit dem jeweiligen Staat signifikant erhöhen. Dadurch wird sie zu einem wichtigen Element sowohl der Konfliktverhütung als auch des Demokratieaufbaus.

Eine andere Beobachtung, die sich aus den Erfahrungen des Büros des Hohen Kommissars ergibt, betrifft die ausgeprägte Vorliebe vieler Minderheiten für den Status der Territorialautonomie. Sie sehen darin den besten Weg zum Schutz ihrer Interessen und ihrer Identität. Umgekehrt läßt sich der große Widerwille auf seiten der Regierungen feststellen, eine solche Form der Autonomie zu gewähren. Sind die Beziehungen zwischen der Regierung und einer Minderheit belastet und liegt die Region, die die Minderheit als territorialen Ausdruck ihrer nationalen Identität betrachtet, an der Grenze zum *kin-state*, hegt die betroffene Regierung oftmals den Verdacht, daß das Drängen der Minderheit auf territoriale Autonomie Teil einer heimlichen Agenda ist, die letztendlich auf Sezession und bzw. oder Vereinigung mit dem *kin-state* abzielt. Zwar erklären Minderheiten diesen Verdacht häufig für unbegründet; aber wie so oft in der Politik spielen Wahrnehmungen eine Schlüsselrolle, auch wenn sie unzutreffend sind.

Zu diesem heiklen Thema gibt es zwei wichtige Überlegungen: Erstens sollte man sich ins Gedächtnis rufen, daß Territorialautonomie als eine Option im Juni 1990 verabschiedeten Kopenhagener Dokument der OSZE Erwähnung findet. Das Dokument verpflichtet jedoch keine Regierung dazu, solche autonomen Gebiete einzurichten. Zweitens: Auch wenn territoriale Autonomie als Option im Kopenhagener Dokument erwähnt wird, müssen Minderheiten berücksichtigen, daß entsprechende Forderungen wahrscheinlich auf schärfsten Widerstand stoßen werden. Vielleicht könnten sie ihre Ziele wirksamer verfolgen, wenn sie sich auf die Gestaltung der Gesetze konzentrierten, die ihnen größere Mitspracherechte in Bereichen einräumen, die für sie von besonderem Interesse sind (beispielsweise Bildung und Kultur), oder wenn sie versuchen würden, sich auf Angelegenheiten zu konzentrieren, die nicht ausschließlich von ihnen selbst angestrebt werden, sondern auch in der Mehrheit Sympathien genießen (etwa die Ausweitung der Befugnisse lokaler Selbstverwaltung).

Die Erfahrungen während der neunziger Jahre zeigen, daß sich interethnische Beziehungen zum Positiven verändern, wenn ein Staat offener und stärker dezentralisiert wird und dem einzelnen größere Entscheidungsfreiheit einräumt. Dynamische Minderheiten können Staaten stärken — nicht-integrierte Minderheiten können Staaten desintegrieren.

Zur Diskussion dieser Punkte und zum Erfahrungsaustausch verschiedener OSZE-Staaten in diesem Bereich fand vom 18. bis 20. Oktober 1998 in Locarno die internationale Konferenz „Staatsführung und Mitsprache: Integrierte Vielfalt" statt. Gastgeber der Konferenz, die vom Büro des Hohen Kommissars mit Unterstützung des Büros für demokratische Institutionen und Menschenrechte vorbereitet worden war, waren die Schweizer Regierung und der Kanton Tessin. Die Konferenz hob insbesondere die Notwendigkeit einer positiven Wechselwirkung zwischen den Prinzipien der Selbstbestimmung auf der einen und der Achtung der Souveränität, der territorialen Integrität und der Unverletzlichkeit international anerkannter Grenzen auf der anderen hervor. Diese Prinzipien sind keineswegs unvereinbar.

Selbstbestimmung „von außen" durch Sezession birgt ein Konfliktpotential. Als Alternative dazu steht Staaten heute — wie auf der Konferenz festgestellt wurde — eine große Bandbreite an Lösungsmöglichkeiten zur Verfügung, den lebenswichtigen Interessen und Bestrebungen von Minderheiten durch Selbstbestimmung „von innen" entgegenzukommen. Dazu gehören die effektive Einbindung von Minderheiten in die öffentliche Entscheidungsfindung sowohl in Form von Wahlen als auch durch besondere Mechanismen für Dialog, Konsultation und Beratung, verschiedene Formen kultureller oder funktionaler Autonomie, Gelegenheiten zum Gebrauch der Muttersprache, Möglichkeiten für Minderheiten, ihre eigene Kultur zu leben, sowie Schulsysteme, die den wirklichen Bedürfnissen und Wünschen von Minderheiten zur Entwicklung und Bewahrung ihrer Identität entsprechen. Derartige Integrationsformen bieten realistische Alternativen zur nachteiligen Politik der Zwangsassimilierung einerseits und zur Selbstisolierung von Minderheiten andererseits. Es hat sich in der Tat gezeigt, daß die Behandlung der Anliegen von Minderheiten durch Integrationsmaßnahmen Angehörige dieser Minderheiten dazu veranlassen kann, sich nicht bloß um die eigenen Belange zu kümmern, sondern auch um diejenigen des gesamten Staates. Solch eine friedliche Integration verhindert, daß extreme Formen von Nationalismus zu einer direkten Bedrohung der Stabilität und der Sicherheit des Staates wird. Sowohl nationale als auch internationale Bemühungen um eine solche Integration sind fundamentale Voraussetzungen für erfolgreiche Konfliktprävention im Innern eines Staates, in einer Region und im gesamten OSZE-Raum. Als eine Folgeaktivität der Locarno-Konferenz beschäftigte sich eine Gruppe internationaler Experten mit dieser Thematik, um allgemeine Empfehlungen zu formulieren. Diese „Lund-Empfehlungen", die der Debatte mehr Substanz verleihen sollen, wurden der OSZE 1999 vorgelegt.

Offenkundig ist Bildung ein äußerst wichtiges Element der Bewahrung und Entwicklung der Identität von Angehörigen nationaler Minderheiten. Daher hielt es der Hohe Kommissar für sinnvoll, mehrere international anerkannte Experten einzuladen, die Empfehlungen zur angemessenen und kohärenten Anwendung von Minderheitenrechten im Bereich Bildung und Erziehung im OSZE-Raum aussprechen sollten. Dementsprechend hat die *Foundation on Inter-Ethnic Relations*, die eng mit dem Büro des Hohen Kommissars zusammenarbeitet, eine solche Expertengruppe aufgestellt, die sich auf die „Haager Empfehlungen über die Bildungsrechte nationaler Minderheiten" verständigte. Die Stiftung organisierte kurze Zeit später im November 1996 in Wien ein Seminar zu Minderheitenfragen im Bildungsbereich, das sich der Teilnahme von Bildungsministern und Vertretern von Minderheiten aus einer Reihe von Staaten, in denen diese Probleme besonders hervorspringen, erfreute. Die „Haager Empfehlungen" wurden von relevanter Seite als praktische und ausgewogene Leitlinien zur Lösung vieler Fragen, die Minderheitenrechte im

Bereich Bildung und Erziehung betreffen, positiv aufgenommen. In dem Maße, in dem die Empfehlungen den Regierungen eine brauchbare Hilfe bei der Ausarbeitung einer geeigneteren und akzeptableren Gesetzgebung und Politik im Hinblick auf Bildung und Erziehung von Minderheiten sind, werden sie auch dazu dienen, eine bedeutende Ursache interethnischer Spannungen zu beseitigen oder zumindest zu verringern. Mehrere Staaten haben bereits im Rahmen aktueller nationaler Debatten auf die „Haager Empfehlungen" Bezug genommen.

Um an einem Beispiel zu illustrieren, wie wichtig die Lösung von Minderheitenproblemen im Bildungs- und Erziehungsbereich für eine wirksame Konfliktprävention sein kann, soll ein Blick auf die Frage der albanischsprachigen höheren Bildung in der ehemaligen jugoslawischen Republik Mazedonien geworfen werden. Die albanische Gemeinschaft sieht dieses Thema, mit dem sie von ihren Führern leicht politisch zu mobilisieren ist, als fundamental für ihre Stellung im Land an. In den vergangenen Jahren wurden mehrere positive Schritte zur Lösung dieses Problems unternommen. Die Regierung führte ein Quotensystem ein, das zu einem Anstieg der Zahl albanischer Studenten an den Hochschulen geführt hat. Einer Initiative des Hohen Kommissars folgend startete die *Foundation on Inter-Ethnic Relations* ein Programm, das Schülern höherer Schulen, an denen der Unterricht in albanischer Sprache erteilt wird, helfen soll, sich auf die Aufnahmeprüfungen an den Universitäten vorzubereiten.

Das grundlegende Problem der albanischsprachigen höheren Bildung ist jedoch noch nicht gelöst. Im November 1998 hatte der Hohe Kommissar eine Reihe von Empfehlungen für eine mögliche Kompromißlösung vorgelegt. So schlug er vor, eine an eine Universität angeschlossene albanischsprachige Akademie zur Ausbildung von Lehrern für Grundschulen und weiterführenden Schulen zu gründen sowie eine private dreisprachige (Englisch, Mazedonisch, Albanisch) Universität für Wirtschaft und öffentliche Verwaltung einzurichten. In Skopje werden Überlegungen angestellt, um tertiäre Bildung in der albanischen Sprache im Rahmen einer privaten Hochschule zu ermöglichen. Allerdings – dies ist hinzuzufügen – müßte die Finanzierung dieser privaten höheren Bildungseinrichtungen durch die internationale Gemeinschaft getragen werden. Bereits in den letzten vier Jahren war versucht worden, internationale finanzielle Unterstützung für dieses Projekt zu finden. Die Aussicht auf die Errichtung einer derartigen Bildungsanstalt würde die komplizierten zwischenethnischen Beziehungen, die durch den Flüchtlingsstrom während der Kosovo-Krise noch verschärft wurden, wesentlich verbessern.

Zum Gebrauch von Minderheitensprachen wurde 1996 ein Fragebogen an alle OSZE-Teilnehmerstaaten verschickt. Dies geschah auf ausdrücklichen Wunsch einer Reihe von Ländern nach vergleichenden Studien über die Situation von Minderheiten in den OSZE-Staaten. Die Analyse der Antworten der Regierungen und der Einschätzungen der Gesamtsituation ließen Rückschlüsse auf allgemein übliche Praktiken und die Vielfalt bestehender Vorgehensweisen zu, von denen sich einzelne Staaten Vorbildcharakter versprachen oder aus denen sie Schlußfolgerungen für bestimmte Situationen ziehen wollten. Die Ergebnisse dieser Studie sind in einen Bericht eingegangen, der im März 1999 an alle Teilnehmerstaaten versandt wurde.

Zu diesem Prozeß gehörte auch die Befragung einer Gruppe international anerkannter Experten, von der Empfehlungen für eine angemessene und kohärente Anwendung der Rechte von Angehörigen nationaler Minderheiten auf ihre Sprache im OSZE-Gebiet erwartet wurden. Diese Konsultationen, die wiederum von der *Foundation on Inter-Ethnic*

Relations ausgerichtet wurden, mündeten in die „Osloer Empfehlungen über die Rechte nationaler Minderheiten auf ihre Sprache". Die Empfehlungen wurden Vertretern von Institutionen, die sich in einer Reihe von OSZE-Staaten mit den Rechten von Minderheiten auf ihre Sprache befassen, auf einer Konferenz, die im Februar 1998 in Wien stattfand, vorgestellt. Sie beziehen sich auf spezifische Bereiche im Zusammenhang mit dem Gebrauch von Minderheitensprachen: Personen- und Ortsnamen, die Ausübung der Religion, das Leben in der Gemeinschaft, Medien, das Wirtschaftsleben, Verwaltungsbehörden und öffentliche Dienste sowie die Justizverwaltung.

In der Slowakei etwa ist der Gebrauch von Minderheitensprachen ein umstrittenes Thema, seit das Land sich 1993 aus der Tschechoslowakei gelöst hat. In den folgenden Jahren wurde die Frage der Minderheitensprachen in unterschiedlichen Zusammenhängen diskutiert, insbesondere aber mit Blick auf die Erosion von Minderheitenrechten, die noch aus der Zeit der Tschechoslowakei stammten. Zu den umstrittensten Fragen gehörten zur Zeit der Meciar-Regierungen etwa die Stellung ungarischsprachiger Schulen, der amtliche Gebrauch von Minderheitensprachen, die Registrierung ungarischer Namen in Ungarisch sowie das Recht auf Schulzeugnisse sowohl in der Amts- als auch in der Minderheitensprache. Die Situation spitzte sich im November 1995 insbesondere nach der Verabschiedung eines neuen Staatssprachengesetzes zu. Dieses Gesetz schuf in bezug auf den amtlichen Gebrauch von Minderheitensprachen ein rechtliches Vakuum und war von internationalen Normen und Standards weit entfernt. Eine vom Hohen Kommissar eingeleitete Initiative zur Hinzuziehung von Experten beim Entwurf eines ergänzenden Minderheitensprachengesetzes blieb unter der letzten Meciar-Regierung fruchtlos.

Im Oktober 1998 begann die neue slowakische Regierung, der auch Vertreter der ungarischen Minderheit angehören, unverzüglich mit der Umsetzung einer Reihe von Empfehlungen des Hohen Kommissars, darunter die Aufhebung des Gesetzes über Kommunalwahlen (das von ihm bereits zu einem früheren Zeitpunkt als unvereinbar mit auch von der Slowakei akzeptierten internationalen Standards kritisiert wurde) und die Wiedereinführung von Schulzeugnissen sowohl in der Staats- als auch in der Minderheitensprache. Besonders wichtig ist, daß sich die Regierung dazu verpflichtet hatte, ein neues Minderheitensprachengesetz einzuführen, in dem einige allgemeine Grundsätze im Hinblick auf den Gebrauch dieser Sprachen, eine detaillierte Bezugnahme auf die bestehende slowakische Gesetzgebung zum Schutz von Minderheitensprachen sowie eine Lösung für das Problem des amtlichen Gebrauchs von Minderheitensprachen niedergelegt werden sollten. Das im Juli 1999 angenommene Gesetz stellt — obwohl es nicht perfekt ist — einen wichtigen Schritt auf dem Weg zur Integration der ungarischen Minderheit in die slowakische Gesellschaft und zur Verbesserung der Beziehungen zwischen der Slowakei und ihren Nachbarn dar.

Große Aufmerksamkeit hat der Hohe Kommissar stets der Frage der Integration von Minderheiten in die Gesamtgesellschaft gewidmet. Mitunter fällt Angehörigen nationaler Minderheiten oder verschiedener ethnischer Gruppen die Integration in die Gesellschaft schwer, selbst wenn sie bester Absicht sind. Beispielsweise sind in manchen Staaten, in denen staatenlose Einwohner Sprachtests oder andere Prüfungen absolvieren müssen, um die Staatsbürgerschaft zu erlangen, die Kosten für entsprechende Kurse ein Hindernis, oder die Möglichkeiten, an Kursen teilzunehmen, sind unzureichend. Dies scheint ein untergeordnetes Problem zu sein; die Anhäufung einer ganzen Reihe von Einzelproblemen kann sich aber rasch zu einem größeren Problem auftürmen. Umgekehrt kann Hilfe, die sich auf Kleinigkeiten konzentriert, weitreichende und langfristige Erfolge zeitigen.

Ein konkretes Beispiel dafür ist die Arbeit, die in Lettland und Estland geleistet wurde. Seit 1993 befaßt sich das Büro des Hohen Kommissars — in Zusammenarbeit mit den Regierungen dieser beiden baltischen Staaten — mit der Frage der Integration von Minderheiten in diesen Ländern. Dabei wurde besonderes Augenmerk darauf gelegt, die historischen Erfahrungen der beiden Länder ebenso wie die Herausforderungen der postkommunistischen Transformation und die Anliegen der Minderheiten nicht unberücksichtigt zu lassen. Als besonders wichtig wurde die Integration der jungen Generation von Angehörigen einer Minderheit betrachtet, also derjenigen, die auf dem Territorium der 1991 wiedererrichteten Republiken Lettland und Estland geboren, aufgewachsen und zur Schule gegangen sind.

Im Laufe des Jahres 1998 verabschiedeten sowohl Lettland als auch Estland Novellierungen ihrer Staatsbürgerschaftsgesetze. In Lettland wurden diese Novellen, zu denen unter anderem die Aufhebung von Bestimmungen gehörte, die das Recht zur Beantragung der Staatsbürgerschaft für eine erhebliche Zahl von Nicht-Staatsbürgern um Jahre verschoben hätte, in einem Referendum angenommen. Der Hohe Kommissar kam daher zu dem Schluß, daß seine Empfehlungen an die Regierungen von Lettland und Estland zu Fragen der Staatsbürgerschaftsgesetzgebung umgesetzt worden waren. Gleichzeitig setzte er seine Tätigkeit in diesen Ländern in bezug auf eine Reihe anderer wichtiger Minderheitenfragen — wie etwa hinsichtlich der Gesetzgebung zur Staatssprache — fort.

Das lettische Staatssprachengesetz wurde über mehrere Jahre vom lettischen Parlament ausgearbeitet. Dieser Prozeß wurde durch das Büro des Hohen Kommissars und die OSZE-Mission in Lettland begleitet. Bereits zu einem frühen Zeitpunkt waren die lettischen Gesetzgeber gewarnt worden, daß insbesondere die zu starke Einflußnahme auf die Sprachnutzung im privaten Sektor das Gesetz in Widerspruch mit internationalen Normen und Standards bringen würde. Nach intensiven Konsultationen einer Gruppe von Experten des Büros des Hohen Kommissars und des Europarates mit lettischen Spezialisten, Parlamentariern und Politikern wurde im Dezember 1999 ein Gesetz angenommen, das ebendiese internationalen Standards weitgehend beachtet.

Wann immer sich das Büro des Hohen Kommissars mit Situationen befaßte, die in den Bereich seines Mandats fielen, wurde nie eine universell anwendbare Lösung angestrebt. Es existieren keine goldenen Regeln für den Umgang mit Minderheitenfragen. Jede Situation muß in ihrem spezifischen Kontext analysiert werden. Es gibt jedoch einige allgemeine Ziele und Perspektiven, die auch als Zielvorstellungen bei der Entwicklung harmonischer Gesellschaften und bei der Konfliktverhütung Berücksichtigung finden sollten und auf die im folgenden näher eingegangen werden wird.

Der Schutz von Angehörigen nationaler Minderheiten muß als wesentlich im Interesse des Staates und der Mehrheit angesehen werden. Es ist eine Wechselbeziehung. Frieden und Stabilität ist in der Regel am besten gedient, wenn sichergestellt ist, daß Angehörige nationaler Minderheiten ihre Rechte uneingeschränkt wahrnehmen können. Zeigt der Staat Loyalität gegenüber den Angehörigen nationaler Minderheiten, so kann er umgekehrt auch die Loyalität all derer erwarten, die ein Interesse an der Stabilität und dem Wohlergehen dieses Staates haben.

Lösungen für interethnische Probleme sollten so weit wie möglich im Rahmen des Staates selbst gesucht werden. Der wichtigste Beitrag zur Beseitigung von Minderheitenproblemen als Ursache von Instabilität in Europa ist die Förderung eines besseren und harmonischeren Verhältnisses zwischen der Mehrheit und der Minderheit im Staat selbst. Es gilt, den konstruktiven und substantiellen Dialog zwischen Mehrheit und Minderheit ebenso zu beleben wie Minderheiten zur wirksamen Beteiligung am öffentlichen Leben zu ermuntern. Durch Dialog und Mitsprache können Angehörige nationaler Minderheiten sinnvoll in politische Prozesse einbezogen werden und damit auch die Staatsführung insgesamt verbessern. Darüber hinaus können Angehörige nationaler Minderheiten ihre Bestrebungen in vollem Umfang im Rahmen des Staates entfalten. Diese Entfaltung muß nicht notwendigerweise territorialen Ausdruck finden; sie kann voll und ganz durch eine Politik und eine Gesetzgebung verwirklicht werden, die den Schutz und die Vertiefung der Identität der Minderheit auf verschiedenen Gebieten fördern (beispielsweise in den Bereichen Kultur und Bildung). Auf solchen Gebieten kann soziale Integration durch größere Annäherung ethnischer Unterschiede stattfinden.

Die Last, diese Annäherung zu ermöglichen, liegt nicht allein beim Staat. Nationale Minderheiten müssen ihrerseits eine konstruktive Rolle bei der Suche nach Lösungen für ihre eigenen Probleme übernehmen. Wenn sie sich weigern anzuerkennen, daß sie ein gemeinsames Schicksal mit der Mehrheit des Staates, in dem sie leben, verbindet, wenn sie beharrlich versuchen, sich vom Rest der Gesellschaft zu isolieren und auf Institutionen und Strukturen bestehen, die diese Isolation fördern, dann wird die Reaktion auf der anderen Seite höchstwahrscheinlich wachsendes Mißtrauen und zunehmende Unnachgiebigkeit sein. Andererseits kann die Minderheit versuchen, eine Politik zu betreiben, die das Bemühen um die Wahrung ihrer Identität mit der Anerkennung der Tatsache verbindet, daß das Zusammenleben auf ein und demselben Territorium – und damit auch das Vorhandensein gemeinsamer Interessen – unvermeidlich einen gewissen Grad an Integration erfordert. Wenn sie sich nicht isoliert, wenn sie anerkennt, daß die Schicksale der Minderheit und der Mehrheit miteinander verknüpft sind, dann wird die Minderheit auch in der Lage sein, größeres Verständnis für den Schutz und die Förderung ihrer eigenen Identität zu wecken.

Bedenkt man diese Punkte, so können und sollten Strukturen zum Schutz der Interessen von Minderheiten innerhalb von Staaten errichtet werden. Zuweilen wird die Alternative genannt, nationale Eigenständigkeit mit Eigenstaatlichkeit gleichzusetzen und so einen Flickenteppich ethnisch homogener Kleinststaaten in Europa zu schaffen. Das ist jedoch keine echte Alternative. Da Minderheiten in Europa nicht in kompakten Gebieten leben, ist es unmöglich, ethnisch homogene Staaten zu schaffen, ohne das unmenschliche und völlig inakzeptable Instrument der „ethnischen Säuberung" anzuwenden. Durch die wirksame Integration nationaler Minderheiten werden die einzelnen Staaten und Europa als Ganzes stabilerer und friedlicherer. Allerdings liegt noch ein langer Weg vor uns, bis es kein weiteres „Kosovo" mehr geben wird.

Falk Lange M.A.
Organisation für Sicherheit und Zusammenarbeit in Europa
Hochkommissar für Fragen der nationalen Minderheiten
Prinsessegracht 22
NL-2514 AP Den Haag / Niederlande
Tel.: 0031-70-3125510
Fax: 0031-70-3635910
Email: falk.lange@hcnm.org
Internet: www.osce.org

Falk Lange (geb. 1969): 1988-1991 Studium der Geschichte und Volkswirtschaftslehre an der Universität Halle-Wittenberg; 1991-1992 Studium der Osteuropäischen Geschichte an der Universität Stockholm; 1992-1995 Studium der Osteuropäischen Geschichte und Politologie an der Philipps-Universität Marburg; 1994-1995 Studium an der School of Slavonic and East European Studies der Universität London und seit Herbst 1995 Mphil/PhD Student der internationalen Beziehungen an der London School of Economics and Politikal Science (LSE); 1995 Magister Artium in osteuropäischer Geschichte und Politikwissenschaft der Philipps-Universität Marburg; 1996-1997 Missionsmitglied der OSZE-Mission in Lettland und 1997-1998 stellvertretender Leiter; seit 1998 Berater des OSZE-Hochkommissars für Fragen der nationalen Minderheiten in Den Haag.

Arbeits-/Forschungsschwerpunkte: Neuere Geschichte und Politik der baltischen Staaten; Internationale Beziehungen im Ostseeraum; OSZE; nationale Minderheitenfragen in Ost-, Mittel- und Nordosteuropa.

Auswahlbibliographie: Die baltischen Staaten und die KSZE. In: Osteuropa 44 (1994) H. 3, S. 232-241 (erneut publ. u. d. T. The Baltic States and the CSCE. In: Journal of Baltic Studies 25 (1994) S. 233-248); Schweden und die Europäische Union. In: Neue Gesellschaft/Frankfurter Hefte 11 (1994) S. 969-975; Die Beziehungen Lettlands und Litauens zur OSZE. In: OSZE-Jahrbuch 1995. Hrsg. vom Institut für Friedensforschung und Sicherheitspolitik an der Universität Hamburg/IFSH (Baden-Baden 1995) S. 171-177; Die OSZE-Missionen im Baltikum. In: OSZE-Jahrbuch 1997 (Baden-Baden 1997) S. 111-118 (erneut publ. u. d. T. The OSCE Missions to the Baltic States. In: OSCE Yearbook 1997. Ed. by the Institut fuer Friedensforschung und Sicherheitspolitik an der Universitaet Hamburg/IFSH (Baden-Baden 1998) S. 115-121); (Hrsg. mit Wolfgang Zellner:) Peace and Stability through Human and Minority Rights. Speeches by the OSCE High Commissioner on National Minorities Max van der Stoel. Baden-Baden 2001; Staatsbürgerschaft und nationale Identität. Die Erfahrung der baltischen Staaten. In: Staatsbürgerschaft in Europa. Hrsg. von Christoph Conrad und Jürgen Kocka (Hamburg 2001) S. 279-289.

Abstract

Falk Lange: Minorities and the OSCE. The Role of the OSCE High Commissioner on National Minorities.

In: A Century of the Protection of Minorities and Ethnic Groups. Ed. by Dieter Blumenwitz, Gilbert H. Gornig, and Dietrich Murswiek (Cologne 2001) pp. 125-136.

The article by Falk Lange introduces to the reader the OSCE High Commissioner on National Minorities (HCNM), his mandate and approach. In addition, the article discusses some general observations on the situation of national minorities in Europe. The mandate of the HCNM, adopted 1992 by the Helsinki Summit of the CSCE, establishes him as "an instrument of conflict prevention at the earliest possible stage". He is supposed to act as a mechanism for early warning and early action with regard to tensions involving national minorities. These tensions must have, in the judgement of the HCNM, the potential to lead to conflicts between OSCE member states which may have an impact on peace and stability in the OSCE area. The HCNM is expected to pursue an impartial, confidential and cooperative approach in fulfilling his mandate. One of the key instruments of the HCNM have been recommendations to OSCE member states, both specific ones to countries he is involved in and general ones to the community of member states such as The Hague, Oslo and Lund recommendations. In 2000 the HCNM was engaged in Estonia, Latvia, Ukraine, Slovakia, Hungary, Romania, Croatia, FYROM, Moldova, Georgia, Kyrgyzstan and Kazakhstan. Emphasis is being put on conflict prevention at an early stage versus conflict management or conflict resolution since an ounce of prevention is worth a pound of cure.

Falk Lange (born 1969): 1988-1991 courses in History and Economics at Martin Luther University Halle-Wittenberg (Germany); 1991-1992 research and language studies (Latvian and Swedish) at the Centre for Baltic Studies of Stockholm University (Sweden); 1992-1995 courses in East European History and Political Science at Philipps University Marburg (Germany); 1994-1995 courses at the School of Slavonic and East European Studies of the University of London and since autumn 1995 Mphil/PhD-Student at the International Relations Department of the London School of Economics and Political Science; 1995 MA in East European History and Political Science graduated from Philipps University Marburg; 1996-1997 Member of the OSCE Mission to Latvia and 1997-1998 Deputy Head of the Mission; since 1998 Senior Advisor to the OSCE High Commissioner on National Minorities in The Hague.

Fields of Research: History and Politics of the Baltic States; International Relations in the Baltic Sea Area; OSCE; National Minority Issues in Eastern and Central Europe.

Boris Meissner

Die Kulturautonomie in Estland
Ein Modell?*

Anfang des 20. Jahrhunderts gab es zwei große Nationalitätenstaaten in Europa: Österreich-Ungarn und das Russische Reich. Sie wiesen infolge ihrer Nationalitätenstruktur fortlaufende Spannungen auf. Es war die österreichische Sozialdemokratie (die Austromarxisten), die – ausgehend vom Selbstbestimmungsrecht der Völker und unter Berücksichtigung der besonderen Verhältnisse des Habsburger Vielvölkerstaates – eine Lösung der „nationalen Frage", die die staatliche Einheit bedrohte, anstrebte. Besondere Bedeutung kam dabei den Schriften von Karl Renner[1] und Otto Bauer[2] zu, die für eine weitgehende nationale Selbstverwaltung der einzelnen Völker unter Anwendung des exterritorialen Personalitätsprinzips eintraten.

Eine umfassende Kulturautonomie bei verfassungsmäßig geordneten „Nationsrepräsentanzen" war das Ziel. Durch die Konstituierung der einzelnen Völker als Rechtspersönlichkeiten sollte eine föderative Ordnung auf der Grundlage des Nationalitätsprinzips ermöglicht werden, die über Österreich hinaus als Modell wirken konnte.[3]

Auch bei der Organisation der österreichischen Sozialdemokratie war ein föderativer Aufbau vorgesehen. Bereits auf dem Wiener Parteitag 1897 wurden sechs selbständige nationale Gruppen innerhalb der Gesamtpartei gebildet (je eine deutsche, tschechische, polnische, ruthenische, italienische und südslawische[4]). Sie waren durch einen gemeinsamen Parteitag und ein gemeinsames Zentralkomitee verbunden. Auf dem Brünner Gesamtparteitag 1899 wurde eine Resolution über die nationale Frage gefaßt[5], die im wesentlichen auf einem Kompromiß zwischen dem Personalitäts- und dem Territorialitätsprinzip beruhte.[6] Darin wurde eine Umgestaltung Österreichs in einen demokratischen Nationalitäten-Bundesstaat gefordert. Gleichzeitig wurde das Zentralkomitee auf föderativer Grundlage umgebildet.

---

* Zudem erschienen in: Kontinuität und Neubeginn. Staat und Recht in Europa zu Beginn des 21. Jahrhunderts. Festschrift zum 65. Geburtstag von Georg Brunner (Baden-Baden 2001).
[1] Vgl. Synopticus [Pseudonym für K. Renner]: Nation und Staat. Wien 1899; Rudolf Springer [Pseudonym für K. Renner]: Der Kampf der österreichischen Nationen um den Staat. 1. Aufl. Leipzig, Wien 1902 und 2. Aufl. u. d. T. Das Selbstbestimmungsrecht der Nationen in besonderer Anwendung auf Österreich. Leipzig, Wien 1918.
[2] Vgl. O. Bauer: Die Nationalitätenfrage und die Sozialdemokratie. 1. Aufl. Wien 1907 und 2. Aufl. Wien 1924.
[3] Vgl. H. Raschhofer: Das Selbstbestimmungsrecht (Bonn 1960) S. 11 f.; ders.: Nationale Selbstbestimmung. In: Die politische Meinung 5 (1960) S. 32 f.
[4] Vgl. W. von Harpe: Die Grundsätze der Nationalitätenpolitik Lenins (Berlin 1941) S. 39.
[5] Text s. Harpe: Die Grundsätze (Anm. 4) S. 152–153.
[6] Vgl. R. Pipes: The Formation of the Soviet Union (Cambridge/MA 1954) S. 24.

Das Nationalitätenprogramm der österreichischen Sozialdemokratie hat in Verbindung mit den Gedankengängen Renners und Bauers auf alle russischen demokratischen Parteien, insbesondere aber auf die sozialistischen, einen starken Einfluß ausgeübt. Das galt auch für die entstehenden Parteien der baltischen Völker im Rahmen des Russischen Reiches. Es war zuerst der „Bund", der 1897 gegründete jüdische sozialdemokratische Verband, der das Nationalitätenprogramm der österreichischen Sozialdemokratie übernahm und ihr eifrigster Befürworter wurde.[7]

Auf seinem IV. Kongreß sprach er sich für eine Umgestaltung Rußlands in eine Föderation von Nationalitäten aus, denen volle national-kulturelle Autonomie auf der Grundlage des Personalitätsprinzips zustehen sollte. Dem Beispiel des „Bundes" folgten die meisten nationalen sozialistischen Parteien, die teils den Sozialrevolutionären, teils den Menschewisten, das heißt dem gemäßigten Flügel der russischen Sozialdemokratie, nahestanden.

Die Sozialrevolutionäre, die sich nach der Februarrevolution von 1917 als die größte russische Partei erweisen sollten, bejahten eine föderative Ordnung auf der Grundlage des Territorialitätsprinzips, lehnten aber eine exterritoriale Form der national-kulturellen Autonomie ab.[8] Auch im Parteiprogramm der Konstitutionell-Demokratischen Partei der „Kadetten" vom Januar 1906 war bereits von einem „Recht auf freie kulturelle Selbstbestimmung" die Rede gewesen.[9] Auf dem Gründungskongreß der Sozialdemokratischen Arbeiterpartei Rußlands (SSDAPR) in Minsk 1898 war hingegen die nationale Frage in dem vom Parteitag angenommenen Manifest noch nicht erwähnt worden; während des II. Parteikongresses in London 1903, auf dem das erste Parteiprogramm der SDAPR angenommen wurde[10], spielte sie dagegen eine wesentliche Rolle.

Das zeitweilige Ausscheiden der Deputierten des „Bundes", der eine föderative Struktur der Partei anstrebte, gab dem radikalen Flügel unter Lenin die Mehrheit, die in der Namensnennung der bolschewistischen Partei, die sich 1912 formell organisatorisch verselbständigte, ihren Niederschlag finden sollte.

Die Menschewisten, die zunächst wie die Bolschewisten unter Lenin und Stalin nur für eine territoriale Autonomie eintraten, sprachen sich auf einer Konferenz im August 1912 in Wien auch für die Möglichkeit einer exterritorialen national-kulturellen Autonomie aus.[11] Diese Forderung wurde 1917 Bestandteil der offiziellen Plattform der menschewistischen Partei. Die bolschewistische Partei vertrat dagegen den Standpunkt Lenins, daß die national-kulturelle Autonomie mit dem im gemeinsamen ersten Parteiprogramm von 1903 verankerten Selbstbestimmungsrecht der Völker nicht vereinbar sei, da Lenin einen zentralistischen Aufbau der Partei anstrebte. Der dritte Parteikongreß der Sozialrevolutionäre im Mai 1917 sprach sich für eine „föderative" demokratische Republik mit territorial-nationaler Autonomie in den Grenzen des ethnographischen Siedlungsgebiets der Völkerschaften aus.[12]

Die Sozialrevolutionäre waren nun — ebenso wie die Menschewisten — in stärkerem Maße bereit, auch die Möglichkeit einer Kulturautonomie auf der Grundlage des exterritorialen

---

[7] Vgl. Pipes: The Formation (Anm. 6) S. 27 f. sowie Harpe: Die Grundsätze (Anm. 4) S. 40.
[8] Vgl. Pipes: The Formation (Anm. 6) S. 31.
[9] Vgl. ebenda, S. 29.
[10] Vgl. B. Meissner: Das Parteiprogramm der KPdSU 1903 bis 1961 (Köln 1962) S. 10 ff.
[11] Vgl. Pipes: The Formation (Anm. 6) S. 34.
[12] Vgl. Revoljucija i nacionallnyj vopros [Die Revolution und die nationale Frage]. Hrsg. von S. M. Dimanštejn. Bd. 3 (Moskau 1930) S. 46–47; Text s. Harpe: Die Grundsätze (Anm. 4) S. 154 f.

Personalitätsprinzips anzuerkennen. Auch im Parteiprogramm der Konstitutionell-Demokratischen Partei, der „Kadetten" vom Januar 1906 war von einem „Recht auf freie kulturelle Selbstbestimmung" die Rede. Gemeint waren Einrichtungen einer begrenzten örtlichen Kulturautonomie.

Bei den Parteien der einzelnen nichtrussischen Nationen befürworteten die sozialistischen Parteien im Einklang mit der russischen Sozialrevolutionären Partei eine föderative Umgestaltung des Russischen Reiches, während ein Teil der neugebildeten bürgerlichen Parteien für eine nationalstaatliche Unabhängigkeit eintrat. Diese freiwillig zuzugestehen waren aber nur die Bolschewisten bereit.

Der Kongreß der Völker Rußlands, der vom 8. bis 15. September 1917 in Kiew stattfand, sprach sich für die Errichtung einer „Demokratischen Föderativen Republik Rußland" auf der Grundlage einer engen Verbindung des Personalitäts- und Territorialitätsprinzips aus.[13] Die auf dem Kongreß hauptsächlich vertretenen nationalen sozialistischen Parteien hatten sich am 29. Mai 1917 in Petersburg zu einem Rat zusammengeschlossen und dabei unter Kapitel IV die folgende Entschließung über das „Recht eines jeden Volkes auf nationale Selbstbestimmung" angenommen:[14]

Die sozialistischen-nationalen Parteien werden für das Recht eines jeden Volkes auf jede beliebige der nachstehenden Erscheinungsformen des politischen Selbstbestimmungsrechts eintreten:

a) national-territoriale Autonomie
b) national-personale (exterritoriale) Autonomie
c) Ausgestaltung der nationalen Gebiete auf föderativen Grundlagen innerhalb des Russischen Staates, soweit diese Forderung nach dieser oder jener Form des staatlichen Daseins den richtig und demokratisch zum Ausdruck gebrachten Willen der Bevölkerung des ganzen Gebiets und (bei exterritorialen Volksgemeinschaften) des ganzen Volkes und nicht nur den Willen einzelner Parteien darstellt. Der richtig und demokratisch zum Ausdruck gebrachte Wille des Volkes oder Gebiets wird entweder durch die (verfassunggebende oder gewöhnliche) Vertreterversammlung dieses Volkes oder Gebietes, die aufgrund des allgemeinen, direkten, gleichen und geheimen Wahlrechts nach dem proportionalen System gebildet wird oder durch eine allgemeine Volksabstimmung (Referendum) des betreffenden Volkes oder Gebietes bestimmt.

Ein föderativer Aufbau wurde von den „Kadetten" abgelehnt. Die „Februarrevolution", die eine demokratische Umgestaltung des Russischen Reiches anstrebte, bekannte sich zum Selbstbestimmungsrecht der Völker.[15]

Dem Streben nach weitgehender Autonomie auf der Grundlage des Nationalitätenprinzips entsprach die provisorische Regierung durch die Bildung eines „Gouvernements Estland", das durch Einbeziehung des nördlichen Teils Livlands nunmehr das gesamte

---

[13] Vgl. G. von Rauch: Rußland. Staatliche Einheit und nationale Vielfalt (München 1953) S. 192 ff. und 204 ff.
[14] Text s. Revoljucija i nacionallnyj vopros (Anm. 12) S. 443 ff.
[15] Text s. F. A. Golder: Documents of Russian History 1914-1917 (New York/NY, London 1923) S. 329 ff.

estnische Siedlungsgebiet umfaßte.

Dem estnischen Volk wurde aufgrund des Dekrets vom 12. April (30. März) 1917 ein eigener Landtag und eine eigene Landesverwaltung gewährt. Am 14. Juli (1. Juli) 1917 wurde der *Maapäev* (Landtag) auf der Grundlage einer demokratischen Wahlordnung gewählt.

Nach der Machtergreifung der bolschewistischen Partei in der „Oktoberrevolution" wurde von der Sowjetregierung die „Deklaration der Rechte der Völker Rußlands" am 15. (21.) November 1917 verkündet. Sie proklamierte in Punkt 2 das „Recht der Völker Rußlands auf freie Selbstbestimmung bis zur Lostrennung und Bildung eines unabhängigen Staates".[16]

Auf der Grundlage des Selbstbestimmungsrechts der Völker erklärte sich der estländische Landtag mit einer großen Mehrheit am 28. (15.) November 1917 zum Träger der Obersten Gewalt.[17]

Eine endgültige Trennung von Rußland erfolgte erst durch das Manifest „an alle Völker Estlands" des Ältestenrats des Landtages, das von dem „Komitee zur Rettung Estlands" unter Konstantin Päts am 24. Februar 1918 – kurz vor der deutschen Besetzung – verkündet wurde. In ihm wurde Estland zum „unabhängigen, demokratischen Freistaat" erklärt. Den nichtestnischen Volksgruppen wurde eine nationale Kulturautonomie zugesagt.

Die endgültige Verfassung Estlands sollte durch eine Konstituierende Versammlung festgelegt werden. Diese wurde aufgrund des Verhältniswahlsystems gewählt und trat am 24. April 1919 zusammen.

In ihrer Proklamation vom 19. Mai 1919 über die staatliche Selbständigkeit Estlands hieß es: „Die Zeit ist gekommen, da das estnische Volk, das in einem furchtbaren und blutigen Kampf um sein selbständiges Lebensrecht steht und die drohende Welle der Vernichtung aufzuhalten sich bemüht, in den Kreis der übrigen selbständigen Völker eintritt und einen ständigen Platz als souveräner Staat im Bund der Völker für sich beansprucht. Das estnische Volk tut diesen entscheidenden Schritt aufgrund des natürlichen Rechts auf Selbstbestimmung und Selbstverwaltung, das im Lebenswillen eines jeden Volkes verankert ist."[18]

Vom *Asutav Kogu* (Konstituierende Versammlung) wurde am 15. Juni 1920 die endgültige Verfassung Estlands verabschiedet.[19] Das *Põhiseadus* (Grundgesetz) trat als erste Verfassung Estlands am 21. Dezember 1920 in Kraft. In § 6 dieser Verfassung wurde festgestellt: „Alle Bürger Estlands sind vor dem Gesetz gleich. Es kann keine öffentlich-rechtlichen Vorrechte oder Benachteiligungen geben, die von der Geburt, der Konfession, dem Geschlecht, dem Stande oder der Nationalität abhängen." Und § 20, der die verfassungsrechtliche Grundlage für die Kulturautonomie bildete, lautete: „Die Angehörigen der innerhalb der Grenzen Estlands wohnenden Minderheiten können in ihrem nationalen

---

[16] Text s. Istorija Sovetskoi Konstitucii 1917-1957 [Geschichte der Sowjetischen Verfassung 1917-1957]. Hrsg. von D. A. Gaidukov, V. F. Kotok und S. L. Ronin (Moskau 1957) S. 9 ff.

[17] Vgl. B. Meissner: Die Erfahrungen mit der parlamentarischen Demokratie und einer autoritären Herrschaftsform (1918-1940) in Estland. In: Der Aufbau einer freiheitlich-demokratischen Ordnung in den baltischen Staaten. Staat, Wirtschaft, Gesellschaft. Hrsg. von B. Meissner, D. A. Loeber und C. Hasselblatt ([Tallinn] 1995) S. 33 ff (34).

[18] Zit. nach ebenda, S. 34.

[19] Vgl. ebenda, S. 35.

Kultur- und Fürsorgeinteresse entsprechende autonome Institutionen ins Leben rufen, soweit diese den Staatsinteressen nicht zuwiderlaufen."

Von der Konstituierenden Versammlung wurde gleichzeitig eine weitgehende Agrarreform durchgeführt. Sie erweiterte das estnische Besitzbauerntum und erschütterte zugleich die wirtschaftliche Basis der bis dahin herrschenden deutschbaltischen Oberschicht, insbesondere des Adels. Sie war in der Theorie radikaler als in Lettland, obgleich die Deutschbalten in Estland im Rahmen des „Baltenregiments" an der Seite der Esten am Freiheitskrieg teilgenommen hatten. Infolge späterer Bestimmungen ergab sich in der Praxis eine günstigere Entwicklung als in Lettland. Zu einem Ausgleich trug die Niederschlagung des kommunistischen Putsches vom 1. Dezember 1924 bei, der die drohende Gefahr für den gemeinsamen Staat aufgezeigt hatte. Sie erleichterte das Zustandekommen des Gesetzes über die Kulturselbstverwaltung vom 2. Februar 1925[20], das eine weitgehende Kulturautonomie für nationale Minderheiten auf der Grundlage des Personalitätsprinzips vorsah.

Diese Möglichkeit wurde von den Deutschbalten und den Juden wahrgenommen. Für die an der nordwestlichen Küste und auf den vorgelagerten Inseln wohnenden Schweden und den Russen im Osten, die hauptsächlich in den im Friedensvertrag von Dorpat (Tartu) vom 2. Februar 1920 hinzugewonnenen Gebieten siedelten, genügte die demokratische Gemeindeordnung.

Die Frage eines Gesetzes über die Kulturselbstverwaltung löste eine widersprüchliche Diskussion aus, bis der spätere Staatspräsident Päts auf den glücklichen Gedanken kam, ein vorläufiges Rahmengesetz vorzuschlagen und für die Organisation der kulturellen Selbstverwaltung die bestehenden Selbstverwaltungen der Landkreise zum Vorbild zu nehmen. So waren – gleich den Institutionen der Kreisselbstverwaltungen – die Institutionen der nationalen Kulturselbstverwaltungen öffentlich-rechtliche, staatliche Aufgaben erfüllende Einrichtungen. Ihren Kern bildete ein Nationalkataster auf der Grundlage des Persönlichkeitsprinzips; es lag also eine exterritoriale personenbezogene Autonomie vor.

Damit stellte sich die Frage, wie die Volkszugehörigkeit bestimmt werden sollte. Die Antwort konnte von zwei Möglichkeiten ausgehen: entweder dem freien Bekenntnis der Zugehörigkeit zu einer Nationalität oder dem Nachweis der nationalen Abstammung. Estland hat nacheinander beide Wege beschritten; so lautete § 20 der Verfassung von 1920: „Jeder Bürger Estlands ist frei in der Bestimmung seiner Nationalität. In den Fällen, in denen eine persönliche Bestimmung nicht möglich ist, geschieht diese in der gesetzlich vorgesehenen Ordnung."

In Übereinstimmung mit der Verfassung bestimmte § 9 des Gesetzes über die Kulturselbstverwaltung: „Die Zugehörigkeit zur Kulturselbstverwaltung einer nationalen Minderheit wird durch das Nationalregister festgestellt, in welches sich estnische Staatsbürger der in § 8 genannten Nationalitäten aufnehmen lassen können, die mindestens 18 Jahre alt

---

[20] Text s. RT 31/32 1925, Gesetz Nr. 9; dt. Übers. in: Jahrbuch des öffentlichen Rechts der Gegenwart 16 (1928). Zum Gesetz über die Kulturautonomie vgl. O. Angelus: Die Kulturautonomie in Estland. Detmold 1951; Text s. C. Hasselblatt: Minderheitenpolitik in Estland. Rechtsentwicklung und Rechtswirklichkeit 1918–1995 ([Tallinn] 1995) S. 47 ff. Vgl. ferner M. Garleff: Die kulturelle Selbstverwaltung der nationalen Minderheiten in den baltischen Staaten. In: Die baltischen Nationen Estland, Lettland, Litauen. Hrsg. von B. Meissner (2. veränd. und erw. Aufl. Köln 1991) S. 99 ff.

sind." Dieses Nationalregister war ein Kataster auf freiwilliger Grundlage, aber kein Zwangskataster. Die Organe der Kulturselbstverwaltung waren gemäß § 5 der Kulturrat und die Kulturverwaltung der entsprechenden Nationalität.

Die Regierung war hinsichtlich der Kulturselbstverwaltung in Gestalt des Innenministers die oberste Aufsichtsbehörde, sie war aber keine vorgesetzte Behörde, wenn sie auch das Recht hatte, den Kulturrat — das Parlament der Kulturselbstverwaltungen — aufzulösen. Von diesem Recht hat die estnische Regierung nur einmal Gebrauch gemacht (im Zuge der Auseinandersetzung mit der nationalsozialistischen Bewegung wurde Ende 1937 der Kulturrat der deutschen Kulturselbstverwaltung aufgelöst und Neuwahlen ausgeschrieben).

Die Hauptaufgabe der Kulturselbstverwaltung ging aus § 2 hervor. Sie lautete: „In den Wirkungskreis der Institutionen der Kulturselbstverwaltung gehören: die Organisation, Verwaltung und Überwachung der öffentlichen und privaten multisprachlichen Lehranstalten der entsprechenden nationalen Minderheit; die Fürsorge für die übrigen Kulturaufgaben der entsprechenden Minderheit und die Verwaltung der hierzu ins Leben gerufenen Anstalt und Unternehmung."

Da die Institutionen der Kulturselbstverwaltung auf derselben Grundlage wie die Kreisselbstverwaltungen organisiert wurden, erhielten sie die diesen gesetzlich zuerkannten Rechte, nämlich diejenigen einer juristischen Person, das Recht, ihre Organe zu bilden und Beamte zu berufen sowie weitere Vorrechte. Durch die Kulturautonomie wurden nicht Staaten im Staat gebildet. Es wurde lediglich nach dem Muster der Kreisselbstverwaltungen für einige Volksgruppen eine eigene Behörde zur Wahrung ihrer kulturellen Belange ins Leben gerufen, die im Rahmen der gesetzlichen Grenzen in ihrer Tätigkeit volle Unabhängigkeit besaß.

Die Wahlen in den Kulturrat fanden nach territorialen Wahlkreisen statt. Dadurch wurde der Kulturrat eine parlamentarische Versammlung der örtlichen Vertreter. Nach den ersten Wahlen in den Kulturrat der deutschen Minderheit wurde durch Beschluß der estnischen Regierung vom 4. November 1925 die deutsche Kulturselbstverwaltung für eröffnet erklärt.[21] Am 3. November 1925 fand die erste ordentliche Sitzung des deutschen Kulturrats statt. Auf ihr wurde die deutsche Kulturverwaltung aus sechs Personen gebildet: dem Präsidenten, dem Vizepräsidenten und vier Mitgliedern, die an der Spitze von folgenden Ämtern standen: dem Schulamt, dem Kulturamt, dem Katasteramt sowie dem Finanzamt; später kam noch das Amt für Jugendfragen hinzu.[22] Der Kulturrat wurde von vier ständigen Ausschüssen (für allgemeine Angelegenheiten, für Schul- und Bildungsfragen, für Finanz- und Steuerfragen sowie für Rechtsfragen) ergänzt. Zudem konnte der Kulturrat örtliche Kulturkuratorien errichten.

Bei Erfüllung ihrer Aufgaben stand der jeweiligen Kulturselbstverwaltung das Recht zu, gemäß § 3 verbindliche Verordnungen auf den in ihrem Kompetenzbereich liegenden Gebieten zu erlassen, die jedoch der Bestätigung durch den Innenminister bedurften. Außerdem konnten sie von ihren Mitgliedern zur Erfüllung ihrer Aufgaben Steuern erheben. Diese wurden aufgrund der staatlichen Einkommensteuer berechnet. Die Erhaltung der öffentlichen Schulen der jeweiligen nationalen Minderheit blieb nach wie vor eine

---

[21] Vgl. Angelus: Die Kulturautonomie (Anm. 20) S. 30 sowie Garleff: Die kulturelle Selbstverwaltung (Anm. 20) S. 99 ff.

[22] Zur Tätigkeit der Kulturverwaltung und ihrer Ämter vgl. Hasselblatt: Die Kulturautonomie (Anm. 20) S. 54 ff.

Aufgabe des Staates und der kommunalen Selbstverwaltung auf allgemeiner Grundlage. Die genannten Einnahmequellen genügten allerdings nicht zur Deckung aller Ausgaben. Die jeweilige Kulturselbstverwaltung war daher auf Zuschüsse angewiesen.

An den Vorarbeiten, aus denen das Gesetz über die Kulturselbstverwaltung von 1925 hervorging, war Werner Hasselblatt wesentlich beteiligt.[23] Beratend wurde der Hamburger Professor Rudolf Laun, der sich als Österreicher in der Frage einer Kulturautonomie besonders gut auskannte, herangezogen.

In seiner Eröffnungsrede anläßlich der Wahl des ersten Kulturrats stellte Hasselblatt fest: „Erstmalig in unserer Geschichte tritt heute die Vertretung aller Deutschen des Landes zusammen, um darüber zu entscheiden, ob wir uns als eine Nationale Körperschaft konstituieren wollen, ob wir unsere kulturellen Angelegenheiten in die eigene Hand nehmen werden und wie wir unser Werk gestalten sollen."[24] In seiner Antwortrede auf die Worte des Innenministers betonte er: „Wir wissen, dass [!] das Gesetz über die Kulturselbstverwaltung ein Instrument des Friedens ist; wir wissen, dass [!] die neue Selbstverwaltung auf der Grundlage eines Rahmengesetzes erst aufgebaut werden muß und dass [!] dazu reibungsloses Zusammenarbeiten und gegenseitiges Vertrauen nötig ist. Nicht nur zum Wohle der Deutschen Estlands, sondern zum Wohle auch des Staates treten wir an die Arbeit, deren Bedeutung mit der Verwirklichung des Gesetzes ein wichtiges Moment in der inneren Entwicklung unseres Staates werden soll." Dem Außenminister antwortete Hasselblatt unter anderem, daß der erste Estländische Kulturrat sich dessen bewußt sein wird, an eine Arbeit heranzugehen, welche Pionierarbeit ist: „Der Gehalt des Problems reicht über die Grenzen unseres Staates hinaus; die ersten staatsrechtlichen positiven Rechtsnormen auf diesem Gebiet sollen in ihrer Verwirklichung und Auswirkung zu ihrem Teil mit beitragen zum Problem der Befriedung Europas." Der soeben zusammengetretene Kulturrat hoffe zudem aufrichtig, daß der von Estland eingeschlagene Weg ein richtiger, ein segensvoller sei und daß ihm bald auch andere Staaten zu ihrem eigenen Gedeihe folgen mögen. Dem Vertreter des Unterrichtsministeriums schließlich sagte Hasselblatt: „Es ist eine wertvolle und große Erkenntnis, dass [!] die positiv gerichtete Leistungsfähigkeit der Menschen am festesten in ihrer nationalen Eigenart verankert ist. So nur gewinnen die Gruppen verschiedener Nationalitäten erst wirklichen Wert auch füreinander."

Gemäß § 8 des Gesetzes über die Kulturselbstverwaltung galten als nationale Minderheiten im Sinne dieses Gesetzes „das deutsche, russische und schwedische Volk sowie diejenigen innerhalb der estnischen Grenzen lebenden nationalen Minderheiten, deren Gesamtzahl nicht kleiner als dreitausend ist". Das war bei der jüdischen Volksgruppe der Fall. Am 19. Oktober 1925 wurde von jüdischer Seite eine Kulturselbstverwaltung beantragt. Am 25. November 1925 wurde die Verordnung über die Zusammenstellung der Wählerlisten für die Wahlen zum ersten jüdischen Kulturrat erlassen. Am 16. Juni 1926 erklärte die estnische Regierung die jüdische Kulturselbstverwaltung für eröffnet.[25] Die erste Sitzung des Kulturrats fand am 20. Juni 1926 statt. Die jüdische Kulturselbstverwaltung bestand aus vier Abteilungen: der Kulturabteilung, der Schulabteilung, der Wirtschaftsabteilung und der Katasterabteilung. Als Unterrichtssprache wurde Hebräisch und Jiddisch, in

---

[23] Vgl. E. Thomson: Werner Hasselblatt. Lüneburg 1990.
[24] Ebenda, S. 7; dort auch die folgenden Zitate.
[25] Vgl. Angelus: Die Kulturautonomie (Anm. 20) S. 30.

einem Ausnahmefall Russisch vorgesehen.

Die Auseinandersetzungen mit den rechtsradikalen estnischen Freiheitskämpfern, den Vapsen, in den dreißiger Jahren führte zu einem Parteienverbot und wurde vom Staatspräsidenten Päts teilweise mit diktatorischen Mitteln geführt.[26] Mit der neuen Verfassung von 1937, die bestimmte autoritäre Züge aufwies, erfolgte die Rückkehr zur Demokratie, ohne allerdings Parteien zuzulassen. Dadurch fand eine gewisse Politisierung der Kulturselbstverwaltungen statt, die ihre Tätigkeit auf gesetzlicher Grundlage weiter fortgesetzt hatten.

Im alten Parlament war die deutschbaltische Partei aufgrund des Verhältniswahlrechts mit mehreren Abgeordneten vertreten. Daneben gab es die deutsche Kulturselbstverwaltung. Die neue Verfassung beruhte auf dem Mehrheitswahlrecht und hätte diese Möglichkeit nicht geboten. Dagegen gehörte dem Staatsrat als dem nunmehrigen Oberhaus ein Vertreter der Kulturselbstverwaltung an, wobei der Vorsitzende der deutschen Kulturselbstverwaltung auch die jüdische vertrat.

Gewisse Veränderungen waren in den dreißiger Jahren durchaus spürbar, doch blieb der Kern der rechtlichen Bestimmungen der Minderheiten unangetastet. Wichtig war, daß nach dem Wegfall der deutschbaltischen Partei die deutsche Kulturselbstverwaltung nunmehr die alleinige Vertretung der deutschen Volksgruppe – auch in politischer Hinsicht – bildete.

Die Kulturautonomie hat bis zur völkerrechtswidrigen sowjetischen Besetzung Estlands im Juni 1940 die in sie gesetzten Erwartungen erfüllt. Das gilt sowohl für die jeweilige Minderheit als auch für das estnische Mehrheitsvolk. Sie hat ein Eigenleben der jeweiligen Minderheit unter Wahrung ihrer nationalen Identität und Eigenart ermöglicht. Aufgrund der überwiegend reibungslosen Zusammenarbeit mit den Behörden bildete sie ein Bindeglied zum estnischen Mehrheitsvolk. Nach der Umsiedlung der Deutschbalten wurde am 21. Dezember 1939 die deutsche Kulturselbstverwaltung aufgelöst.

Die Lösung der „nationalen Frage" auf diesem Wege der Kulturselbstverwaltung ist auch für die Esten als Mehrheitsvolk von Nutzen gewesen. Sie hat unnütze innere Reibungen ausgeschlossen und den Beitritt Estlands zum Völkerbund ermöglicht.[27] Der Name Estlands erhielt durch die Kulturautonomie einen guten Klang in der Welt, was sich nicht nur außenpolitisch, sondern auch außenwirtschaftlich vorteilhaft auswirkte.

Abschließend stellt sich die Frage, ob die Kulturautonomie, die sich in Estland bewährt hatte, heute noch als Modell anzusehen ist? Sie ist meines Erachtens für eine zerstreut lebende Minderheit die einzig mögliche Form ihrer nationalen Selbstbestimmung. Sie ist jedoch an Bedingungen geknüpft, die in Estland bei den Deutschen und Juden gegeben waren: Erstens müssen die in Frage kommenden Nationalitäten intellektuell und kulturell ein hohes Niveau besitzen. Zweitens müssen sie einen bestimmten Wohlstand aufweisen. Und drittens müssen sie aufgrund ihres öffentlich-rechtlichen Charakters mit einer laufenden finanziellen Unterstützung durch den jeweiligen Staat rechnen können. Da die ersten beiden Punkte bei der russischen Bevölkerung nicht gegeben waren, gelang ihr – trotz mehrerer Anläufe – keine Errichtung einer eigenen Kulturselbstverwaltung – obwohl sie rein zahlenmäßig größer war als die deutsche und die jüdische Minderheit.

---

[26] Vgl. Meissner: Die Erfahrungen (Anm. 17).
[27] Vgl. K. Aun: Der Völkerrechtliche Schutz nationaler Minderheiten in Estland von 1917 bis 1940. Hamburg 1951.

em. Prof. Dr. jur. Dr. h. c. Boris Meissner
Kleine Budengasse 1
D-50667 Köln / Deutschland
Tel.: 0221-2580935
Fax: 0221-2570516
Email: borismeissner@aol.com

Boris Meissner (geb. 1915): 1932-1940 Studium der Wirtschaftswissenschaften und Rechtswissenschaft in Tartu (Dorpat); 1940-1953 Assistent in Posen, Breslau und Hamburg; 1953-59 Auswärtiger Dienst, davon 1956-1958 an der Deutschen Botschaft in Moskau als Legationsrat I. Klasse; 1955 Promotion an der Universität Hamburg; 1959-1964 Ordinarius an der Universität Kiel; 1959-1982 Mitglied des Direktoriums des Ostkollegs der Bundeszentrale für Politische Bildung; 1961-1971 Mitglied des Direktoriums (Gründungsvorsitzender) des Bundesinstituts für ostwissenschaftliche und internationale Studien in Köln; 1964-1983 Ordinarius und Direktor des Instituts für Ostrecht an der Universität zu Köln; zahlreiche Ehrungen und Ehrenmitgliedschaften.

Forschungsschwerpunkte: Politik, Recht und Gesellschaft der osteuropäischen Staaten.

Auswahlbibliographie: Russland, die Westmächte und Deutschland. Hamburg 1954; Die Sowjetunion, die baltischen Staaten und das Völkerrecht. Köln 1956; Außenpolitik und Völkerrecht der Sowjetunion. Berlin 1986; Die Sowjetunion im Umbruch. 2. Aufl. Stuttgart 1990; (Hrsg.:) Die baltischen Nationen. Estland, Lettland, Litauen. 2. veränd. Aufl. Köln 1991; Die Sowjetunion und Deutschland von Jalta bis zur Wiedervereinigung. Köln 1995; Auf dem Wege zur Wiedervereinigung Deutschlands und zur Normalisierung der deutsch-russischen Beziehungen. Berlin 2001 (Übers. ins Russische).

Abstract
Boris Meissner: Cultural Autonomy in Estonia. A Role Model?
In: A Century of the Protection of Minorities and Ethnic Groups. Ed. by Dieter Blumenwitz, Gilbert H. Gornig, and Dietrich Murswiek (Cologne 2001) pp. 137-146.
The cultural autonomy in Estonia existed since the 1920's. Until the unlawful soviet occupation in June 1940, the expectations regarding cultural autonomy were satisfied. The autonomy facilitated a separate existence of each of the national minorities, and enabled them to preserve their national identities. Because of the good co-operation between the minorities and the authorities, cultural autonomy functioned as a link between the minorities and the Estonian majority. After the resettlement of German Balts, German cultural autonomy disappeared on 21.12.1939. The use of cultural autonomy in solving the "national question" was also beneficial to the Estonian majority. It prevented futile conflicts within the state, and enabled Estonia's membership in the League of Nations. Due to cultural autonomy, Estonia's reputation grew in the world. For a minority without a strong regional representation, cultural autonomy represents the only possibility to gain their self determination. A high intellectual and cultural standard is, however, a precondition. Additionally, a certain level of prosperity, as well as permanent financial support by the state, is required.

Boris Meissner (born 1915): 1932-1940 Studies in Macro-Economics and Law in Tartu (Dorpat); 1940-1953 Assistant in Posen, Breslau and Hamburg; 1953-1959 Foreign

Service, 1956-1958 at the German Embassy as a "Legationsrat" first class; 1955 Doctorade at Hamburg University; 1959-1964 "Ordinarius" at Kiel University; 1959-1982 Director of the "East College" of the Federal Centre for Political Education; 1961-1971 Member of the Executive Committee of the Federal Institute for Eastern and International Studies in Cologne; 1964-1983 Director of the Institute of Eastern Law at Cologne University; Honorary President of the "Goettinger Arbeitskreis e. V.".
Fields of Research: Politics, Law, and Society of the East European Countries.

Henn-Jüri Uibopuu

Die Rolle der Menschenrechts- und Minderheitenpolitik in den baltisch-russischen Beziehungen

Die baltisch-russischen Beziehungen können nicht gemeinsam betrachtet werden, weil jedes Land ganz eigene Konfliktfeldern aufweist. Dies ist zu einem wesentlichen Teil in den unterschiedlichen Bevölkerungsfaktoren und — vielleicht daraus resultierend — in einem divergierenden Umgang zwischen Titularnation einerseits und nationalen Minderheiten andererseits gerade hinsichtlich der Gewährung der Staatsangehörigkeit begründet. Es ist nicht Aufgabe dieses Aufsatzes, detailliert den Wandel der Bevölkerungsentwicklung in den letzten 80 Jahren sichtbar zu machen, zumal alle drei baltischen Staaten in ihrem jeweiligen *de facto*-Territorium zum Teil erhebliche Gebietsveränderungen aufzuweisen haben und man die zur Verfügung stehenden Zahlen nur bedingt miteinander in Relation setzen kann.

Die Beziehung zwischen der Rußländischen Föderation und der Republik Litauen weist die wenigsten Problemfelder auf. Das resultiert einmal aus der relativ geringen Zahl der dort ansässigen Russen, die 1989 nur 345.000 Personen oder 9,4% der Gesamtbevölkerung ausmachten.[1] Hinzu kommt, daß Litauen mit seinem sehr liberalen Staatsangehörigkeitsrecht sämtlichen Personen, die am Tage des Inkrafttretens des Gesetzes ihren ständigen Wohnsitz in Litauen hatten, innerhalb von zwei Jahren ein Optionsrecht auf die litauische Staatsangehörigkeit einräumte.[2] Nach Angaben der Litauischen Botschaft in Wien lebten am 11. Dezember 1997 3.773.259 litauische Staatsbürger in Litauen.[3] Am 12. November 1998 wurden 27.213 Ausländer (davon 10.806 Staatenlose) gezählt.

Während vor den kriegsbedingten Umwälzungen Mitte des Jahrhunderts 1935 in Lettland 10,6% Russen wohnten[4], waren es 1934 in Estland 8,2% (wobei zu berücksichtigen ist, daß in Estland viele loyale russische Altgläubige schon seit Jahrhunderten am Peipussee siedelten und in Lettland die städtische russische Gemeinde samt den neuangekommenen Russen der eponymen Bevölkerung gegenüber wohlwollend eingestellt war).

Der besseren Übersichtlichkeit halber wird die zum Teil dramatische Bevölkerungsentwicklung in Lettland in den beiden folgenden Tabellen dargestellt.

---

[1] Vgl. Hoškova: Die rechtliche Stellung der Minderheiten in Litauen. In: Das Minderheitenrecht europäischer Staaten. Hrsg. von Frowein/Hoffmann/Oeter. Bd. 2 (Berlin, Heidelberg, New York/NY 1994) S. 175.

[2] Gesetz vom 3. Nov. 1989, geändert mit Gesetz vom 5. Dez. 1991, VVSiP Litovskoj Respubliki 1991/36/977.

[3] Mitteilung des Litauischen Departements für Informatik und Fernmeldewesen vom 3. Juni 1999, Nr. 03-25-348-99.

[4] Vgl. Lentz/Müller: Die rechtliche Stellung der Minderheiten in Lettland. In: Das Minderheitenrecht europäischer Staaten (Anm. 1) Bd. 2, S. 143.

Tab. 1: Bevölkerung Lettlands nach den Volkszählungen von 1920 und 1935

Bevölkerungsgruppe	1920	Anteil	1935	Anteil
Letten	1.161.404	72,8%	1.472.612	75,5%
Großrussen (Russen)	124.746	7,8%	206.499	10,6%
Kleinrussen (Weißrussen)	75.630	4,7%	26.867	1,4%
Ukrainer	keine Angaben		1.844	0,1%
Juden	79.644	5,0%	93.479	4,8%
Deutsche	58.113	3,6%	62.144	3,2%
Polen	54.567	3,4%	48.949	2,5%
Andere	42.027	2,7%	38.108	1,9%
Gesamt	1.596.131	100,0%	1.950.502	100,0%

Quelle: Ceturā tautas skaitīšana Latvijā 1935. gadā [Die vierte Volkszählung in Lettland im Jahre 1935]. [Hrsg.:] Valsts Statistikā Pārvalde. Bd. 1 (Rīga 1936) S. 286–287.

Tab. 2: Entwicklung der Gesamtbevölkerung in der SSR Lettland

Nationalität	1959	Anteil	1979	Anteil	1989	Anteil
Letten	1.297.881	62,0%	1.344.105	53,7%	1.387.646	52,0%
Russen	556.448	26,6%	821.464	32,8%	905.515	34,0%
Weißrussen	61.587	2,9%	111.505	4,5%	119.702	4,5%
Ukrainer	29.440	1,4%	66.703	2,7%	92.101	3,5%
Polen	59.774	2,9%	62.690	2,5%	60.388	2,3%
Litauer	32.383	1,5%	37.818	1,5%	34.630	1,3%
Juden	36.592	1,7%	28.331	1,1%	22.897	0,9%
Esten	4.610	0,2%	3.681	0,1%	3.312	0,1%
Andere	14.743	0,8%	26.519	1,1%	40.376	1,4%
Gesamt	2.093.485	100,0%	2.502.816	100,0%	2.666.567	100,0%

Quelle: Schlau: Der Wandel in der sozialen Struktur der baltischen Länder. In: Die baltischen Nationen. Estland, Lettland, Litauen. Hrsg. von Meissner (2. veränd. Aufl. Köln 1991) S. 357–381 (376).

In den neunziger Jahren ist eine deutliche Abnahme des Anteils der Russen, Weißrussen und Ukrainer zu verzeichnen. Lebten in Lettland Anfang 1999 zum Beispiel noch 796.023 Russen (32,4%), so waren es Anfang 2000 nurmehr 690.733 (29,25%).[5] Die Zahl der Letten verringerte sich in diesem Zeitraum zwar auch, aber in geringerem Maße, wodurch sich ihr Anteil an der Gesamtbevölkerung erhöhte und Anfang 2000 56,2% betrug.

Dabei ist allerdings zu berücksichtigen, daß zwei Fünftel der Gesamtbevölkerung über keine Staatsangehörigkeit verfügten (vgl. Tab. 3), doch sinkt diese Zahl kontinuierlich: handelte es sich Anfang 1999 noch um 619.886 Personen, so waren es Anfang 2000 nurmehr 587.725 Personen. Darüber hinaus gab es Anfang 2000 noch 14.642 Einwohner, die weder als Staatsbürger noch als Nichtstaatsbürger registriert waren.

---

[5] Angaben für 1999 laut einer Mitteilung der Botschaft Lettlands in Wien vom 4. Juni 1999 und für 2000 vom Amt für Staatsangehörigkeit und Migration in Riga vom 28. Febr. 2000.

Tab. 3: Staatsbürger/Nichtstaatsbürger der Republik Lettland am 1. Januar 2000

Nationalität	Staatsbürger	Anteil	Nichtstaatsbürger	Anteil
Letten	1.369.042	77,2%	6.300	1,1%
Russen	297.792	16,8%	392.941	66,9%
Weißrussen	22.580	1,3%	74.091	12,6%
Ukrainer	6.382	0,0%	54.679	9,3%
Polen	39.600	2,2%	20.106	3,4%
Litauer	15.496	0,9%	17.081	2,9%
Andere (zumeist aus der UdSSR)	22.160	1,2%	24.178	4,1%
Gesamt	1.773.052	100,0%	587.725	100,0%

Quelle: Mitteilung des Amtes für Staatsangehörigkeit und Migration in Riga vom 28. Febr. 2000.

Eine ähnliche, wenn auch nicht ganz so dramatische Entwicklung wie in Lettland ist in Estland zu verzeichnen, wie die beiden folgenden Tabellen zeigen:

Tab. 4: Bevölkerung Estlands nach den Volkszählungen von 1922 und 1934

Nationalität	1922	Anteil	1934	Anteil
Esten	969.976	87,7%	992.520	88,1%
Russen	91.109	8,2%	92.656	8,2%
Deutsche	18.319	1,7%	16.346	1,5%
Schweden	7.850	0,7%	7.641	0,7%
Letten	keine Angaben		5.435	0,5%
Juden	4.566	0,4%	4.434	0,4%
Andere	15.239	1,3%	7.381	0,6%
Gesamt	1.107.059	100,0%	1.126.413	100,0%

Quelle: Hasselblatt: Minderheitenpolitik in Estland. Rechtsentwicklung und Rechtswirklichkeit 1918–1995 ([Tallinn] 1996) S. 24.

Tab. 5: Entwicklung der Gesamtbevölkerung in der SSR Estland

Nationalität	1959	Anteil	1979	Anteil	1989	Anteil
Esten	892.653	74,6%	947.812	64,7%	963.269	61,5%
Russen	240.227	20,1%	408.778	27,9%	474.815	30,3%
Ukrainer	15.769	1,3%	36.044	2,5%	48.273	3,1%
Weißrussen	10.930	0,9%	23.461	1,6%	27.711	1,8%
Finnen (Ingrier)	16.699	1,4%	17.753	1,2%	16.622	1,1%
Juden	5.436	0,4%	4.966	0,3%	4.613	0,3%
Letten	2.888	0,2%	3.963	0,2%	3.135	0,2%
Litauer	1.616	0,1%	2.379	0,1%	2.565	0,2%
Andere	10.573	0,8%	19.320	1,5%	24.656	1,5%
Gesamt	1.196.791	100,0%	1.464.476	100,0%	1.565.662	100,0%

Quelle: Schlau: Der Wandel (Tab. 2) S. 376.

Diese Zusammensetzung hat sich inzwischen wesentlich verändert. Der Grund dafür liegt in der Nomination, denn in der Sowjetzeit wurde die nationale Zugehörigkeit (natsional'nost') gezählt, weil die Staatsangehörigkeit der Unionsrepubliken nur theoretisch bestand. Lediglich für die SSR Estland und die SSR Georgien wurde anläßlich individueller Einbürgerungen die Staatsangehörigkeit der Unionsrepublik im Republiksgesetzblatt angeführt.[6]
Nach den Angaben des estnischen *Kodakonsus- ja migratsiooniamet* (Staatsangehörigkeits- und Migrationsamt) lebten Anfang 1999 in der Republik Estland insgesamt 1.100.713 Esten — oder besser gesagt: Estländer (im Sinne von Staatsangehörigen) — und 285.602 Nichtstaatsangehörige, die sich wie folgt gliedern lassen:

Tab. 6: Nichtstaatsbürger der Republik Estland am 1. Januar 1999

Nationalität	Nichtstaatsbürger	Anteil
Esten	0	0,0%
Russen	90.388	31,6%
Ukrainer	2.058	0,8%
Letten	1.135	0,4%
Litauer	1.104	0,4%
Finnen	1.043	0,4%
Staatsangehörigkeit unbestimmt[7]	189.874	66,4%
Gesamt	285.602	100,0%

Quelle: Mitteilung des Kodakonsus- ja migratsiooniamet vom 29. März 2000.

Zu diesen offiziellen kommen noch Angaben des *Kodakonsus- ja migratsiooniamet*. So wurde dem Verfasser im Februar 1999 mitgeteilt, daß über 140.000 Personen die russische Staatsangehörigkeit hätten. Dies wurde auch vom Leiter des Menschenrechtsdokumentationszentrums Tallinn Alexej Semenov bestätigt. Zudem soll es etwa 25.000 „Illegale" geben, die nicht gemeldet sind und auch nicht die Absicht hätten, sich polizeilich zu melden. Hierunter sind sicherlich auch Doppelstaatsangehörige zu zählen (zumeist mit russischer und estnischer Staatsangehörigkeit), was nach dem estnischen Staatsangehörigkeitsrecht verboten ist. Die Rußländische Botschaft in Tallinn weigert sich jedoch, den estnischen Behörden eine Namensliste der in Estland wohnhaften russischen Staatsangehörigen zu übermitteln. Das *Kodakonsus- ja migratsiooniamet* gab für den 1. Mai 1999 die Zahl der mittels einer Aufenthaltsbewilligung angemeldeten Russen mit 90.076 Personen an und bezifferte die Zahl derjenigen, die die estnische Staatsangehörigkeit erworben haben, mit 107.200.

---

[6] Vgl. dazu ausführlich mit Quellenangaben Uibopuu: Die Völkerrechtssubjektivität der Unionsrepubliken der UdSSR. Wien, New York/NY 1975.

[7] Der Ausdruck „Staatsangehörigkeit unbestimmt" klingt sicherlich besser als „staatenlos" und wurde etwa bei den sogenannten Nansenpässen 1949 verwendet.
Nach einer Mitteilung des Kodakonsus- ja migratsiooniamet vom 29. März 2000 (BA-29-41A-00/2395) für den 31. Dez. 1999 haben mittlerweile 110.567 Personen die estnische Staatsangehörigkeit bekommen, bei 165.611 ist die Staatsangehörigkeit noch immer unbestimmt, 89.678 sind russische Staatsangehörige geworden, 2.369 Ukrainer, 1.349 Finnen, 1.233 Letten, 1.198 Weißrussen, 1.169 Litauer, 212 Bürger der USA, 205 Deutsche, 184 Schweden sowie 23.864 andere.

Es ist darauf hinzuweisen, daß das *Kodakonsus- ja migratsiooniamet* schon in der Umbruchphase am Ende der Sowjetherrschaft gegründet worden war, nämlich am 16. Januar 1990[8]; es sollte die unkontrollierte Einreise von Russen nach Estland stoppen. Die Einrichtung eines derartigen Amtes in der UdSSR war ein Novum und erregte seinerzeit große Aufmerksamkeit. Im ersten Jahr der Datenerhebung war die Auswanderungsquote (vornehmlich von Russen) größer als die Einwanderungsquote, und die Ausgabe von Aufenthaltserlaubnissen wurde als großer Sieg gefeiert (lediglich 30.000 Personen ließen sich nicht registrieren). 1992 wurde dann ein „Migrationsfonds" geschaffen, der die Rückwanderung von Russen mittels einer finanziellen Zuwendung erleichtern sollte (diese wurde von etwa 25.000 Personen in Anspruch genommen).

Die auf dem Territorium der Republik Estland lebenden Personen lassen sich zunächst in fünf Kategorien gliedern: Da sind zum einen rund 1.000.000 Personen mit einer Staatsangehörigkeit von Geburt an (sie genießen unbeschränkt alle bürgerlichen Rechte), etwa 100.000 Personen sind naturalisierte Bürger (ihnen ist lediglich verwehrt, Präsident der Republik zu werden), dann folgen die sogenannten Neubürger (uus kodanik), die „schwarzen Schafe" und schließlich etwa 200.000 Personen mit einer Doppelstaatsangehörigkeit. Hinzu kommen die Personen ohne estnische Staatsangehörigkeit: Es handelt sich dabei um etwa 100.000 russische Staatsangehörige (alaline elamisluba; sie besitzen eine ständige Aufenthaltserlaubnis, dürfen allerdings nicht Parteimitglieder werden, nicht mit Waffen handeln und Grund und Boden in der Nähe von Grenzen besitzen), dann folgen etwa 200.000 Personen mit unbestimmter Staatsangehörigkeit (sie benötigen keine Arbeitserlaubnis, dürfen an örtlichen Wahlen partizipieren, Zusammenkünfte organisieren und Waffen besitzen), die etwa 20.000 Nichtstaatsbürger mit zeitlich begrenzter Aufenthaltsgenehmigung (dazu benötigen sie eine Arbeitsgenehmigung, dürfen jedoch weder an örtlichen Wahlen teilnehmen noch haben sie ein Recht auf Immobilienbesitz), des weiteren die 30.000 sogenannten Ur-Illegale (põlisillegaalne), einige wenige Flüchtlinge (Estland ratifizierte 1998 die UN-Flüchtlingskonvention von 1951), Ausländer zu Besuch (Geschäftsleute, Dienstnehmer, Diplomaten, Touristen und Transitreisende, deren Zahl pro Tag im Winter auf 15.000 Personen und im Sommer aufgrund der vielen Touristen auf 100.000 Personen geschätzt wird), schließlich die neuen Illegalen, die „Visa-Illegalen" sowie illegale Grenzgänger, wobei man aber von geringfügigen Zahlen ausgeht.

Das politische Hauptproblem mit der russischsprachigen Bevölkerung in den baltischen Republiken liegt darin begründet, daß Rußland sein Staatsangehörigkeitsgesetz[9] im November 1991 änderte und das bereits für das zaristische Rußland geltende *ius soli-* durch das *ius sanguinis*-Prinzip ersetzte. Problematisch daran war die Festlegung, daß nur Personen, die am 1. September 1991 innerhalb der UdSSR gewohnt hatten, unter dieses Gesetz fallen sollten, Rußland jedoch die wiedererrichtete Unabhängigkeit der baltischen Staaten bereits am 24. August 1991 anerkannt hatte[10], wodurch im Baltikum annähernd 2,7 Millionen Personen eben nicht unter das neue Gesetz fielen und zu Staatenlosen wurden.

---

[8] Vgl. zum gesamten Themenkomplex das Interview mit dem ehemaligen Leiter dieses Amtes Andreas Kollist in Luup vom 15. Febr. 2000, der dort bereits im Mai 1990 zu arbeiten begonnen hatte.
[9] VVS RSFSR 1992/6/243.
[10] Vgl. Vedomosti RSFSR 1991/25/1115.

Ein gewisses Problem für Estland und Lettland ist die Frage der Loyalität der auf ihrem Territorium ständig wohnenden Nichtesten bzw. -letten. Man befürchtet bei politischen Spannungen mit Rußland insbesondere bei den Doppelstaatsangehörigen und bei den russischen Militärpensionären die Bildung einer „fünften Kolonne". Und wenn Moskau noch immer von einem „Nahen Ausland" spricht, in dem man ein besonderes Eingriffs- oder wenigstens Mitbestimmungsrecht hätte, so ist dies alles andere als eine Souveränitäts- anerkennung seiner westlichen Nachbarstaaten.

Eine von vielen, insbesondere in westlichen Kreisen geforderte sofortige *en bloc*-Ein- bürgerung aller Staatenlosen bietet sich nicht an. Es ist gängige Einbürgerungspraxis (gerade auch im Westen), daß diese jeweils individuell beantragt, bearbeitet, begründet und ausgesprochen wird. Wie schon im Nottebohm-Fall vom Internationalen Gerichtshof entschieden wurde, ist ein *genuine link* zu dem Staat, der die Staatsangehörigkeit verlei- hen soll, eine wesentliche Voraussetzung.[11] Dies ist aber nicht möglich, wenn eine Person auf dem Territorium eines Staates geboren wurde, der zum Zeitpunkt der Geburt seiner Völkerrechtssubjektivität (wenn auch nur vorübergehend) beraubt war (so wie dies bei al- len drei baltischen Republiken von 1940 bis 1991 der Fall war.

Jeder Staat besitzt das Recht, seine Staatsangehörigkeit nach dem *ius sanguinis*- oder nach dem *ius soli*-Prinzip einzurichten; Estland und Lettland wählten das *ius sanguinis*- Prinzip, und dies gilt es zu respektieren. Die *Europäische Konvention über Staatsangehö- rigkeit*, die allerdings bislang weder von Estland noch von Lettland ratifiziert wurde, be- stimmt in Art. 6: „(2) Each State Party shall provide in its internal law for its nationality to be acquired by children born *on its territory who co not acquire at birth another nationality*. Such nationality shall be granted: at birth ex lege; or subsequently, to children who remain stateless upon an application being lodged with the appropriate authority, by or on behalf of the child concerned, in the manner prescribed by the internal law of the State Party. Such an application may be made subject to the lawful and habitual residence on its territory for a period not exceeding five years immediately preceding the lodging of the application."[12]

Immerhin werden auch hier vom innerstaatlichen Recht einige Voraussetzungen ver- langt, die Estland mit seiner Novelle zum Staatsangehörigkeitsrecht aber auch erfüllt:

„(4) A minor under 15 years of age, who was born in Estonia after February 22, 1992 obtains Estonian citizenship by naturalization if:
this is applied by his/her parents who have, at the time of the application legally lived in Estonia at least for five years, and who are not citizens of another State under its law.
this is applied by one of his/her parents who is raising him/her, or by his/her adoptive parents, who, at the time of the application legally lived in Estonia at least for five years, and who is not a citizen of another State under its law.

(5) The minor under 15 years of age, for whom Estonian citizenship is applied in accor- dance with Para 4, must be permanent resident of Estonia and no State considers him/her as citizen under its law.

(6) The determination of persons in Para 4, who are not regarded as citizens by any State, comprises also persons, who, before August 20, 1991 were citizens of the USSR and who are not citizens of any other State under its law."[13]

---

[11] ICJ Rep. 1955, 23.
[12] ETS 167; Hervorhebung durch d. Verf.
[13] RT I 1995/12 pos. 122; 1995/83 pos. 1442.

Damit kommen wir aber schon zur rechtlichen Beurteilung der Frage der Beziehungen zwischen der Rußländischen Föderation einerseits und den baltischen Republiken andererseits. Am Beispiel Estlands soll gezeigt werden, daß die estnische Verfassung dieser Bevölkerungsgruppe sehr viele Rechte einräumt, die vergleichbaren Minoritäten in anderen Staaten (wie etwa den Türken in Deutschland) bislang nicht eingeräumt wurden.

Zunächst haben die nationalen Minderheiten eben als Minoritäten Sonderrechte, die in den §§ 50-52 der estnischen Verfassung niedergelegt sind: § 50 gibt ihnen das Recht, im Interesse ihrer nationalen Kultur in Übereinstimmung mit dem Gesetz über die Kulturautonomie nationaler Minderheiten Einrichtungen der Selbstverwaltung zu schaffen.[14] Hinzu kommt nach § 51 das Recht der Bewohner von Ortschaften, in denen wenigstens die Hälfte der Einwohner zur Minderheit gehört, von staatlichen und örtlichen Einrichtungen Antworten in ihrer Minderheitensprache zu erhalten. § 52 legt des weiteren fest, daß örtliche Selbstverwaltungskörperschaften dort als Arbeitssprache auch diejenige der Minderheit gebrauchen dürfen.

Zudem gibt es Rechte, die die estnische Verfassung jeder Person garantiert, die sich rechtmäßig auf estnischem Territorium befindet.[15] Diese sind die klassischen Menschenrechte, wie sie etwa in der *Europäischen Menschenrechtskonvention* (EMRK) niedergelegt sind. Im Gegensatz zu Estland gewähren einige Staaten diese Rechte wie das Recht auf friedliche Versammlung oder das Recht, Vereinigungen bilden zu dürfen, ausschließlich ihren Staatsbürgern; hierzu zählen Belgien[16], Dänemark[17], Deutschland[18], Irland[19], Luxemburg[20] sowie Portugal[21].

Es gibt eine Reihe von Rechten, die zwar grundsätzlich estnischen Staatsbürgern zustehen; wenn es jedoch gesetzlich nicht anders bestimmt ist, gelten sie auch für Ausländer und Staatenlose. Hierzu gehört etwa das Recht, Tätigkeitsfeld, Beruf und Arbeitsplatz frei zu wählen[22] – wobei darauf hinzuweisen ist, daß auch dieses Recht in manchen Staaten den eigenen Staatsbürgern vorbehalten bleibt.[23] Zu dieser Kategorie gehört auch das Recht, Informationen über die Tätigkeit von Staatsorganen zu erhalten sowie Daten über die eigene Person zu erfahren.

Auf der Ebene internationaler Verpflichtungen gibt es eine Vielzahl multinationaler Verträge, die für in Estland und Lettland ansässige Russen von Interesse sein können. Der einzige allgemeine Menschenrechtspakt, der explizit Minderheitenrechte anspricht, ist der *Internationale Pakt über bürgerliche und politische Rechte* (IPBPR) der Vereinten Nationen von 1966 samt Zusatzprotokoll;[24] hier ist der Artikel 27 bedeutsam. Neben der EMRK, die samt Zusatzprotokollen keine minderheitenspezifischen Rechte enthält, ist

---

[14] RT 1994/71 pos. 1001.
[15] §§ 8-28, 32-33, 35, 37-41, 43-44 (1), 45-48 (1), 49, 51 (1), 53 und 55.
[16] Art. 27-28 der belgischen Verfassung von 14. Febr. 1994.
[17] Art. 78-79 der Verfassung vom 3. Juni 1953.
[18] Art. 8-9 des Grundgesetzes 1949.
[19] Art. 40 (6) 1 a-c der Verfassung 1937 i. d. F. vom 26. Nov. 1992.
[20] Art. 25-26 der Verfassung 1968 i. d. F. vom 12. Juli 1996.
[21] Art. 45-46 der Verfassung 1976 i. d. F. vom 25. Nov. 1992.
[22] § 29 (1) der estnischen Verfassung.
[23] Etwa in Italien nach Art. 4 der Verfassung 1947, in Luxemburg nach Art. 11 (3) der Verfassung 1968 und in den Niederlanden nach Art. 19 (3) der Verfassung 1983 i. d. F. vom 10. Juli 1995.
[24] Von Estland am 26. September 1991 ratifiziert; RT 1993/10-11 pos. 428.

noch die *UN-Konvention über die Rechte des Kindes*[25] sowie die *Europäische Konvention für den Schutz von Minderheiten*[26] relevant. Unter den Europaratsdokumenten ist die *Europäische Charta der regionalen- und Minderheitensprachen*[27] sowie die *Europäische Konvention über Staatsangehörigkeit*[28] wichtig.

Bezüglich des Verhältnisses von Völkerrecht zu Landesrecht ist für Estland zu konstatieren, daß nach Art. 3 der Verfassung die allgmein anerkannten Prinzipien und Normen des Völkerrechts als integrale Bestandteile der estnischen Rechtsordnung anzusehen sind und daß aufgrund von § 123 völkerrechtliche Verträge Vorrang vor Landesgesetzen haben. Zu diesen Verträgen muß man zum Beispiel die Abkommen über den Abzug russischer Truppen vom estnischen Territorium vom 26. Juli 1994 zählen, die (zumeist russischen) Militärpensionären den Aufenthalt auf estnischem Territorium erlauben.[29]

Zudem gibt es eine immer größere Zahl von Landesgesetzen, die einen Bezug zur Minderheitenfrage aufweisen. Hier ist das Sprachgesetz noch aus der Sowjetzeit anzuführen, mit dem Estland versuchte, dem Estnischen den wichtigsten Platz im öffentlichen Leben einzuräumen.[30] Dann wäre das Gesetz über die sprachlichen Voraussetzungen für die estnische Staatsangehörigkeit bei den Antragstellern anzuführen[31], das Gesetz über die Wahlen zu den örtlichen Selbstverwaltungskörperschaften[32], das Fremdengesetz[33], das Minderheitenkulturautonomiegesetz[34] und viele andere mehr[35]. Als besonders bemerkenswert erscheint die Tatsache, daß der Menschenrechtskatalog der estnischen Verfassung sehr stark an der EMRK ausgerichtet ist. Zudem wurden die einzelnen hier interessierenden Gesetze möglichst EMRK-konform ausgestaltet.

Die oftmals propagandistisch vorgetragenen Beschwerden seitens einiger Vertreter der Rußländischen Föderation und die dabei nicht selten behauptete Diskriminierung der in

---

[25] Von Estland ebenfalls am 26. September 1991 ratifiziert; RT 1993/10-11 pos 428.

[26] Von Estland am 27 November 1996 ratifiziert; RT II 1996/16 pos. 154.

[27] ETS 148.

[28] ETS 166.

[29] RT II 1995/46 pos. 203

[30] ENSV Teataja 1989/4 pos. 60, geändert am 21. Febr. 1995, RT I 1995/23 pos. 334 mit vielen RVOs wie etwa über den Gebrauch der estnischen Sprache durch Amtsträger von Regierung und örtlicher Selbstverwaltung, die Kontakte mit der Öffentlichkeit haben, vom 29. Jan. 1996, RT I 1996/8 pos. 168 oder über die Kontrolle der Verwirklichung des Sprachgesetzes No. 161 vom 11. Juni 1996, RT I 1996/45 pos. 859.

[31] RT 1993/11 pos. 171, geändert und ergänzt durch RVO No. 250 vom 20. Juni 1995, RT I 1995/56 pos. 973.

[32] Vom 19. Mai 1993, RT 1993/29 pos. 505, abgeän. am 16. Mai 1996, RT I 1996/37 pos. 739.

[33] Vom 8. Juli 1993, RT 1993/44 pos. 637, geändert RT I 1994/41 pos. 658, RT I 1995/57 pos. 981, RT I 1997/53 pos. 837 und zuletzt am 24. Sept. 1997, RT I 1997/73 pos. 1202.

[34] Vom 236. Okt. 1993, RT 1993/71 pos. 1001.

[35] Etwa RVO über die Fremdenpässe No. 289 vom 21. Sept. 1993, RT 1993/64 pos. 898; RVO über die Ausstellung von Aufenthaltsbewilligungen an pensionierte ausländische Militärangehörige und ihre Familien No. 379 vom 1. Dez. 1993, RT I 1993/79 pos. 1142, zuletzt geändert mit No. 167 vom 11. Okt. 1996, RT I 1996/74 pos. 1314; RVO über die Ausstellung von Fremdenpässen No. 225 vom 17. Juni 1994, RT I 1994/46 pos. 778, geändert und ergänzt durch No. 16 vom 16. Jan. 1996, RT I 1996/5 pos. 100 und ergänzt durch No. 43-k vom 16. Jan. 1996 RT I 1996/5 pos. 119.

den baltischen Staaten lebenden Russen und anderer nicht-eponymer Nationalitäten ist so alt wie die Wiederherstellung der Unabhängigkeit der baltischen Staaten (und das vor dem Hintergrund der umfangreichen und zumeist durch Zwangsmittel verursachten Bevölkerungsdezimierungen und -umsiedlungen während der rund 50 Jahre dauernden sowjetischen Okkupations). Diese Rhetorik wird zwar gelegentlich abgemildert – etwa anläßlich des Abkommens über den Abzug der russischen Besatzungstruppen oder in Zusammenhang mit der Unterzeichnung bzw. Paraphierung des estnisch-russischen Grenzabkommens am 5. Februar 1999 –, aber eben nur kurzzeitig. Die Beschwerden sind alle nach demselben Muster gestrickt. Als Beispiel mag eine Aussage von Außenminister Andrej Kozyrev vom 18. Januar 1994 gelten, in der er die „vitalen Interessen Rußlands auf dem Gebiet der ehemaligen UdSSR" betonte[36]; sollte Rußland dort seine Truppen abziehen, würde ein ernstzunehmendes Sicherheitsvakuum entstehen; fernerhin würden in den baltischen Staaten ständig die Menschenrechte verletzt. Derartige Behauptungen werden – mal mehr oder mal weniger scharf formuliert – fortwährend aufgestellt und allzu oft in westlichen Medien wiedergegeben, ohne kritisch hinterfragt zu werden. Daß die faktische Lage eine ganz andere ist und in mancher Hinsicht geradezu als vorbildlich zu bewerten ist, zeigen die hier dargelegten Informationen.

Prof. Dr. Henn-Jüri Uibopuu
W.-Hauthaler-Str. 17
A-5020 Salzburg / Österreich
Tel.: 0043-662-8484962
Fax: 0043-662-8484964
Henn-Jüri Uibopuu (geb. 1929): Seit 1964 Studium im Bereich der Staatswissenschaft und Russische Dolmetscherausbildung sowie weiteres Studium in der Zeit von 1965 bis 1968 und 1971 an der Akademie für Völkerrecht in Den Haag; 1968 Promotion und 1969 Studium an der Academy for American and International Law an der SMU in Dallas/USA; seit September 1968 Universitätsassistent am Institut für Völkerrecht der Universität Graz; 1974 Habilitation an der juridischen Fakultät der Universität Salzburg für Völkerrecht und Sowjetisches Staatsrecht; seit 1977 außerordentlicher Professor für Völkerrecht und Ostrecht an der Universität Salzburg und seit 1978 Leiter der Abteilung für Ostrecht am Institut für Völkerrecht und ausländisches öffentliches Recht an der Universität Salzburg; Gastprofessuren 1981, 1983, 1990, 1994 und 1998 an der McGeorge School of Law, Sacramento/CA, 1985 an der Universität Stellenbosch/RSA, 1986 an der Université Paris XII, Val de Marne sowie 1988/89 und 1990/91 an der Universität Tartu; seit 1989 Rechtsberater des Präsidenten und des Außenministers der Republik Estland und seit März 1992 Honorar-Generalkonsul der Republik Estland in Österreich; seit der Emeritierung 1995 Honorar-Professor für Völkerrecht und Ostrecht an der Rechtswissenschaftlichen Fakultät der Universität Salzburg.
Forschungsschwerpunkte: Sowjetrecht; Recht Estlands; Flüchtlingsrecht; Menschenrechte.
Auswahlbibliographie: Die Kompetenzen des estnischen Staatspräsidenten nach der Verfassung 1992. Sonderdruck. Salzburg 1993; Die Kompetenzen der estnischen Staatsversammlung nach der Verfassung 1992. Sonderdruck. Salzburg 1994; Die Kompetenzen

---

[36] Vgl. den Bericht Nr. 49 der KSZE-Mission in Tallinn vom 21. Jan. 1994.

der estnischen Regierung nach der Verfassung 1992. Sonderdruck. Salzburg 1996; Minorities in Estonia, their Legal Status under Estonian Law and Estonia's International Commitments. Salzburg 1998; Fundamental Rights in Estonia. Salzburg 1998; Die Kompetenzen der estnischen Selbstverwaltungskörperschaften nach der Verfassung 1992. Sonderdruck. Salzburg 2000.

Sławomir Tecław

Nationale Minderheiten und zwischennationale Beziehungen in Weißrußland

Rechtliche Rahmenbedingungen

Zu den wichtigsten Bestandteilen der nationalen Politik in Weißrußland gehört eine gesetzliche Vertretung der Rechte der Bürger, die sich als eine nationale Minderheit verstehen. In Weißrußland besteht eine Reihe von rechtlichen Leitsätzen, die diese Frage behandeln.

In den Art. 5, 12, 14, 15, 22, 50, 52 und 53 Verf Weißrußland sind die Grundlagen der Nationalpolitik Weißrußlands auf diesem Gebiet verankert: Der Staat regelt die Beziehungen zwischen den nationalen Gemeinschaften aufgrund der Gleichheit vor dem Gesetz und der Berücksichtigung ihrer Rechte und Interessen. Der Staat ist verantwortlich für die Aufrechterhaltung des historischen, kulturellen und geistigen Erbes sowie für eine freie Entwicklung der Kulturen aller nationalen Gemeinschaften, die das Territorium der Republik bevölkern. Alle Staatsbürger sind vor dem Gesetz gleich und haben das Recht auf eine uneingeschränkte Vertretung eigener legitimer Interessen. Jeder ist berechtigt, seine nationale Angehörigkeit zu bewahren, wie auch niemand dazu gezwungen werden kann, seine nationale Angehörigkeit zu definieren und anzugeben. Die Verletzung der nationalen Würde ist rechtlich zu verfolgen. Jeder darf von seiner Muttersprache Gebrauch machen sowie die Sprache der eigenen Kommunikation wählen. Im Einklang mit den geltenden Gesetzen gewährleistet der Staat die freie Wahl der Sprache, der Erziehung und der Ausbildung. Es ist verboten, politische Parteien wie andere öffentliche Vereine ins Leben zu rufen, die nationalen, religiösen oder rassenbezogenen Haß propagieren. Jeder, der sich auf dem Hoheitsgebiet der Republik Weißrußland aufhält, muß neben der geltenden Gesetzgebung die nationalen Traditionen der weißrussischen Völker beachten.

Das Gesetz der Republik Weißrußland „Über die Staatsbürgerschaft der Republik Weißrußland" enthält die Grundlagen der nationalen Eintracht unter neuen historischen Bedingungen. Dieses Gesetz gewährt jedem, der zum Zeitpunkt seiner Verabschiedung 1991 einen festen Wohnsitz in Weißrußland hatte, das uneingeschränkte Recht auf die Beantragung der Staatsbürgerschaft.

Zu der Wahrnehmung der Rechte der Personen, die einer nationalen Minderheit angehören, hat die Verabschiedung des Gesetzes der Republik Weißrußland „Über nationale Minderheiten in der Republik Weißrußland" vom 11. November 1992, dessen Grundsätze den völkerrechtlichen Normen genügen, entscheidend beigetragen. Art. 5 dieses Gesetzes gewährleistet jedem Bürger der Republik Weißrußland, der sich einer nationalen, kulturellen, sprachlichen oder religiösen Minderheit zugehörig betrachtet, das Recht auf die Inanspruchnahme staatlicher Hilfe bei der Entfaltung der nationalen Kultur und Bildung: das Recht auf das Erlernen und den Gebrauch der Muttersprache, das Recht auf die

Herausgabe von Informationen in der Muttersprache, das Recht auf die Aufrechterhaltung seiner nationalen Traditionen und die Entwicklung nationaler Künste, das Recht auf die Gründung eigener nationaler Kulturgesellschaften und -vereine, das Recht, durch allgemeine, gleiche und direkte Wahlen in die staatlichen Machtgremien der Republik Weißrußland gewählt zu werden, sowie das Recht darauf, jeglichen Posten in den öffentlichen Verwaltungsorganen bekleiden zu dürfen.

Außer dem sozial ausgerichteten Gesetzgebungsakt, der die nationalen Minderheiten behandelt, wurden in der Republik Weißrußland über 20 weitere Rechtsakte verabschiedet, deren einzelne Bestimmungen die Rechte und Freiheiten der nationalen Minderheiten verankern:

So heißt es in Art. 10 des Gesetzes „Über die Kultur" der Republik Weißrußland: „Den Personen jeder Nationalität und nationalen Minderheit, die auf dem Hoheitsgebiet der Republik Weißrußland einen festen Wohnsitz haben, wird das Recht auf die Entfaltung eigener Kultur und Muttersprache, Gründung von nationalen Schulen, Unternehmen und Kultureinrichtungen (Theater, Museen, Verlage usw.) gewährt. Die Bürger [...] jeder Nationalität und ethnischen Minderheit haben das Recht auf die Gründung von Kulturvereinen, Assoziationen, kulturellen Aufklärungsgesellschaften und nationalen Kulturzentren."

Art. 6 des Gesetzes der Republik Weißrußland „Über die Bildung in der Republik Weißrußland" verankert das Recht der nationalen Minderheiten auf die Gestaltung des nationalen Bildungswesens: „In den kompakten Aufenthaltsorten der Bürger einer bestimmten Nationalität wird zu Studiums- und Erziehungszwecken das Erlernen der Sprache der betreffenden Nationalität organisiert; es können Schulen, Gruppen oder Klassen gegründet werden, in denen die Erziehung wie Ausbildung in der relevanten Muttersprache durchgeführt werden."

Das Gesetz der Republik Weißrußland „Über die Glaubens- und Konfessionsfreiheit" gewährleistet die Bekenntnisfreiheit der Bürger. Art. 4 dieses Gesetzes lautet: „Die Bürger der Republik Weißrußland genießen die Rechtsgleichheit auf allen Gebieten des öffentlichen, politischen, sozialen und kulturellen Lebens unabhängig von ihrer Glaubenserklärung [...]. Jede direkte oder indirekte Beeinträchtigung der Rechte und Bevormundung der Bürger je nach deren Glaubenserklärung ebenso wie die Anheizung des damit im Zusammenhang stehenden Hasses und der Feindschaft oder die Beleidigung der Bürger aufgrund ihrer Glaubensbekenntnisse werden rechtlich verfolgt."

Im Strafgesetzbuch der Republik Weißrußland heißt es im Kapitel „Straftaten gegen den Staat" in Art. 71: „Die Propaganda oder Aufstachelung zum Rassenhaß oder Völkerhetze ebenso wie eine direkte oder indirekte Beeinträchtigung der Rechte und Bevormundung der Bürger je nach deren nationaler oder Rassenangehörigkeit wird mit einem Freiheitsentzug von sechs bis 36 Monaten oder einer Verbannung für zwei bis fünf Jahre bestraft."

Art. 5 des Gesetzes der Republik Weißrußland „Über die Presse und andere Massenmedien" enthält die Bestimmung über die Nichtzulassung der Massenmedien zu der Aufstachelung zum Völker-, Rassen- und Konfessionshaß. Liegt ein Verstoß gegen diese Bestimmung vor, kann die Tätigkeit des jeweiligen Massenmediums eingestellt werden."

Das Gesetz „Über politische Parteien" der Republik Weißrußland weist darauf hin, daß es verboten ist, „politische Parteien zu gründen, die zum Ziel haben, die bestehende Verfassungsordnung gewaltsam zu verändern sowie den Krieg und den Völker-, Konfessions- und

Rassenhaß zu propagieren". Dieselben restriktiven Bestimmungen sind auch im Gesetz „Über öffentliche Vereinigungen" enthalten.

Zudem werden jede Diskriminierung nach nationalem, sprachlichem, rassen- oder konfessionsbedingtem Merkmal wird gemäß Arbeitsgesetzbuch der Republik Weißrußland nicht zugelassen und rechtlich verfolgt.

Über die oben genannten Rechtsakte hinaus gibt es eine Reihe von weiteren behördlichen Richtsätzen, die die gesetzgebenden Bestimmungen der Republik Weißrußland auf dem Gebiet der Wahrung der Rechte der nationalen Minderheiten konkretisieren. Am 1. März 1996 wurde zum Beispiel im Kollegium des Ministeriums für Bildung und Wissenschaft die Frage über die Befriedigung der Bildungsansprüche der nationalen Minderheiten in der Republik Weißrußland erörtert und eine entsprechende Verordnung erlassen. Die *Utschitelskaja gaseta* publiziert jährlich die Durchführungsbestimmungen des Bildungsministeriums, die diesen Themenkreis näher erläutern. Im März 1998 hat das Bildungsministerium gemeinsam mit dem Staatskommitee für Konfessions- und Völkerminderheitsangelegenheiten Richtlinien für örtliche Verwaltungsorgane zur „Gestaltung des Schulwesens für Kinder, die den Völkergemeinschaften angehören", entworfen, die die Fragen der Gründung und Gestaltung des Schulwesens für nationale Minderheiten konkretisieren.

Im Juli 1997 wurde die Durchführungsverordnung über die Definition der nationalen Angehörigkeit der Staatsbürger der Republik Weißrußland erlassen. Gemäß der Verfassung und Gesetzgebung der Republik gilt die Bestimmung der eigenen nationalen Angehörigkeit als persönliche und freie Entscheidung. Daher versteht sich die nationale Angehörigkeit als Selbstbestimmungsakt eines jeden Staatsbürgers Weißrußlands aufgrund seiner Herkunft. Die Verabschiedung dieser Verordnung wurde durch Anfragen einiger Vertreter der nationalen Minderheiten initiiert, die die Angabe der eigenen nationalen Angehörigkeit in den neuen Personalausweisen wünschten.

Um zur zwischennationalen und zwischenkulturellen Verständigung, zu Toleranz und Freundschaft beizutragen, hat das Kulturministerium 1995 und 1996 zahlreiche Abkommen über die Zusammenarbeit im kulturellen Bereich mit den Kulturministerien der Republik Polen (25. März 1995), der Rußländischen Föderation (24. April 1995), der Ukraine (26. Febr. 1995), der Republik Moldova (11. Sept. 1995), der Volksrepublik China (14. Dez. 1995), der Aserbaidschanischen Republik (6. März 1996) sowie das Tagungsprotokoll des weißrussisch-deutschen Kulturausschusses (10. Nov. 1995) unterzeichnet.

Alle Abkommen enthalten Artikel, in denen sich die vertragschließenden Seiten verpflichten, günstige Bedingungen für die kulturelle Zusammenarbeit zu schaffen, ihre Bemühungen zum Ausbau des kulturellen Austausches zu bündeln sowie für die Eigenart ihrer Völker und Völkerschaften Sorge zu tragen.

Desweiteren wurde ein ganze Reihe von Regierungsabkommen entworfen und unterzeichnet:
- mit der Regierung der Rußländischen Föderation über die Zusammenarbeit in den Bereichen Kultur, Wissenschaft und Bildungswesen (21. Febr. 1995);
- mit der Regierung Rumäniens über die Zusammenarbeit in den Bereichen Kultur, Wissenschaft, Bildungswesen, Informationswesen, Gesundheitsschutz, Sport und Tourismus (7. Mai 1995);
- mit der Regierung der Türkischen Republik über die Zusammenarbeit in den Bereichen Kultur, Wissenschaft, Bildungswesen und Sport (8. Aug. 1995);

- mit der Regierung der Republik Polen über die Zusammenarbeit in den Bereichen Kultur, Wissenschaft und Bildungswesen (21. Nov. 1995);
- mit der Regierung der Republik Kasachstan über die Zusammenarbeit in den Bereichen Kultur, Wissenschaft und Bildungswesen (17. Jan. 1996);
- mit der Regierung der Republik Moldova über die Zusammenarbeit auf dem Gebiet der Wahrung der Rechte der nationalen Minderheiten (9. Sept. 1997) sowie das
- Memorandum über die gegenseitige Verständigung und Zusammenarbeit in den Bereichen Kultur, Wissenschaft, Bildungswesen, Sport und Tourismus mit der Regierung der Islamischen Republik Iran (14. Juli 1995).

In diesen Dokumenten spiegeln sich die Verpflichtungen der vertragschließenden Seiten im Bereich der Entwicklung der Kulturen der auf ihren Territorien seßhaften nationalen Minderheiten und der Gewährleistung ihrer Rechte an der Beteiligung am kulturellen und sonstigen Geschehen der Gesellschaft wider.

Seit 1994 existiert in Minsk das Zentrum der Völkerkulturen, das einen staatlichen Status zugesprochen bekommen hat. Gemeinsam mit nationalen Gesellschaften veranstaltet es wissenschaftliche Konferenzen über Probleme der nationalen Minderheiten, Seminare für Funktionäre zu Fragen des kulturellen Zusammenwirkens zwischen nationalen Gesellschaften und staatlichen Institutionen sowie ethnographische Expeditionen.

Die Aktivitäten der staatlichen Institutionen bei der Schaffung der Bedingungen für die Hilfeleistung für nationale Vereinigungen werden regelmäßig auf den Tagungen des Koordinationsrates der Völkergemeinschaften Weißrußlands erörtert, der unter der Schirmherrschaft des Staatskommitees für Konfessionen und Nationalitäten steht. Die Beschlüsse des Rates, in dem alle öffentlichen Vereinigungen und 19 staatliche Institutionen vertreten sind, tragen dazu bei, die Interessen des Staates und der Völkerminderheiten optimal zu verbinden, sie bei der Gestaltung der Nationalpolitik zu erfassen sowie die soziale Stabilität aufrechtzuerhalten.

Die Erforschung der nationalen und zwischenethnischen Beziehungen in der modernen weißrussischen Gesellschaft ist sehr aktuell und führt in einigen Fällen darüber hinaus, das heißt, die Interessen der benachbarten Staaten und Völker werden mit einbezogen. Das ist vor allen Dingen durch die besondere geopolitische Lage Weißrußlands „zwischen Osten und Westen", durch die deutlich ausgeprägten außenpolitischen Präferenzen der wichtigsten Sozialeliten, Bewegungen und Parteien sowie durch historische und ethnisch-genetische Besonderheiten der Bevölkerung verschiedener Regionen des Landes bedingt.

Die nationalen Minderheiten Weißrußlands

Bevölkerungsdaten (Überblick)

Weißrußland ist ein polyethnischer Staat. Nach den Angaben der Zählung aus dem Jahre 1999 beträgt die Bevölkerung der Republik 10.045.237 Einwohner. Diese lassen sich 141 Nationalitäten zuordnen (1989 waren es 10.152.000 Einwohner und 123 Nationalitäten). Im einzelnen gehören dazu 1.141.731 Russen (1989: 1.342.000), 392.712 Polen (1989: 417.720), 237.015 Ukrainer (1989: 291.008), 27.798 Juden (1989: 111.833), 10.089 Tataren (1989: 12.552) sowie 9.927 Zigeuner (1989: 10.762), um nur die größten Gruppen zu nennen. Zwölf Minderheiten (Aserbaidschaner, Armenier, Georgier, Kasachen, Baschkiren, Letten, Litauer, Moldauer, Mordwa, Deutsche, Usbeken und Tschuwaschen) umfassen 1.000 bis 10.000 Personen. Die übrigen 123 Minderheiten zählen weniger als tausend, die meisten davon nur mehr wenige Dutzend Personen.

Polen, Russen, Litauer, Juden und Zigeuner besiedeln Weißrußland schon seit vielen Jahrhunderten und gelten neben den Weißrussen, deren Zahl in der Republik bei 8.159.074 gegenüber 7.904.623 im Jahre 1989 liegt, als Stammbevölkerung. Die meisten Vertreter der anderen nationalen Minderheiten sind im 20. Jahrhundert — hauptsächlich nach dem Zweiten Weltkrieg — nach Weißrußland übergesiedelt. Ende der neunziger Jahre erhöhte sich die Zahl der Aussiedler aus dem Kaukasus; so stieg die Anzahl der Armenier von 4.933 im Jahre 1989 bis auf 10.191 im Jahre 1999, sie hat sich also mehr als verdoppelt. Zur Zeit haben sich bei den Migrationsbehörden über 35.000 Personen als Flüchtlinge angemeldet.

Die Volkszählung 1999 weist eine Reduzierung der Bevölkerung von 10.152.000 auf 10.045.237 Personen wie auch die Verringerung der Zahl der stärksten ethnischen Gruppen aus.

Die russische Minderheit

Die quantitativ größte ethnische Gruppe sind die Russen, deren Zahl 1.141.731 beträgt. Die wohl intensivsten Zuwachsraten der russischen Bevölkerung entfallen auf die Nachkriegszeiten, was vor allem in der Übersiedlung von Arbeitskräften, Fachleuten, Wissenschaftlern und Kulturschaffenden seine Ursache hat. In Weißrußland leben auch die viel früher ansässig gewordenen Gruppen der russischen Zuwanderer wie etwa die sogenannten Altgläubigen (etwa 100.000 Personen) oder die Nachkommen der russischen Intellektuellen und Beamtenschaft, die sich hier seit Ende des 18. Jahrhunderts ansiedelten. Die Russen leben in Weißrußland hauptsächlich zerstreut, die mehr oder weniger großen Enklaven fallen kaum auf, obwohl sie in den östlichen Gebieten, in der Haupstadt und in den Ballungszentren bis zu 20 Prozent der Bevölkerung ausmachen.

Die Mehrheit der russischen Bevölkerung (abgesehen von den Altgläubigen) ist mit der weißrussischen ethnischen Umgebung nachhaltig zusammengewachsen, jedoch bewahrt sie ihr nationales Bewußtsein einschließlich der Selbstbezeichnung und der Muttersprache. Die Selbstidentifizierung ist hauptsächlich durch Herkunft, Sprache und Konfessionszugehörigkeit (orthodoxe Kirche) bedingt. Die Abwanderung nach Rußland ist in den letzten Jahren recht geringfügig und hat vor allem wirtschaftliche Hintergründe.

Die verwandte ethnische Abstammung und die gemeinsame Geschichte seit Ende des 18. Jahrhunderts haben den ethnischen Charakter der Beziehungen zur Stammbevölkerung geprägt, der sich als gutnachbarlich bezeichnen läßt. Die sprachliche und konfessionelle Verwandschaft, gegenseitige ethnische Anpassung sowie die Sowjetisierung der beiden Völker im 20. Jahrhundert haben dazu entscheidend beigetragen. Der vorherrschende Charakter der russischen Sprache und Kultur galt jahrzehntelang als wichtige assimilierende Einflußgröße für den wesentlichen Teil der hauptsächlich städtischen Stammbevölkerung, die ihre ethnische Selbstbestimmung oft wechselte oder sich entweder als Russe oder als Weißrusse identifizieren mußte. Der Wechsel des ethnischen Selbstbewußtseins erschien den Weißrussen besonders in der Nachkriegszeit als opportun; als diese Tendenz mehr und mehr um sich griff, beendeten die Behörden diese Entwicklung durch die Eintragung der jeweiligen Nationalität in den Personalausweis aufgrund der elterlichen nationalen Zugehörigkeit. Die offiziellen Statistiken sollten vorschriftsmäßig nur den Zuwachs der „quantitativen Zusammensetzung der sowjetischen sozialistischen Bevölkerung" fixieren. Seit dieser Zeit nahm die russische Bevölkerung durch Geburtenzahlen, zwischenethnische Ehen und neue Zuwanderer zu.

Heutzutage zeigen die assimilierten Gruppen und Haushalte der weißrussischen Bevölkerung wie auch die Russen selbst keine separatistischen Bestrebungen. In deren Milieu sind eher internationalistische Trends wie etwa die angestrebte enge staatliche Kooperation zwischen Weißrußland und der Rußländischen Föderation sichtbar. Sozial- und nationalpolitisch gesehen bieten sich für die russische Bevölkerung große Möglichkeiten und Perspektiven der Umsetzung eigener ethnischer und kultursprachlicher Bedürfnisse. In der Republik verkaufen sich russische Zeitungen, es werden russische Bücher und Periodika herausgegeben, Radio- und Fernsehsendungen gibt es ebenfalls in russischer Sprache; zudem wird in Schulen und Universitäten auf Russisch unterrichtet. Weit und breit werden gemeinsame Aktionen vom weißrussischen Exarchat der russischen orthodoxen Kirche und vom Moskauer Patriarchat propagiert, die für die Konsolidierung der rusischen und weißrussischen Glaubensgenossen eintreten. Zur Stärkung der Union zwischen Weißrußland und Rußland sowie der gegenseitigen Hilfe und Freundschaft rufen auch die führenden Regierungspolitiker der Republik auf.

Das Hauptproblem der zwischenethnischen Beziehungen zwischen Russen und Weißrussen ist der sogenannte Bilingualismus. Weißrussisch ist in allen Sparten der Gesellschaft verbreitet (Schriftführung, Massenmedien, Wissenschaft, Kultur, Literatur, Schulen, Universitäten, katholische und orthodoxe Predigten), jedoch kommt es recht oft vor, daß man sich stattdessen der in der Gesellschaft populäreren russischen Sprache bedient. Das Verhalten des überwiegenden Bevölkerungsteils gegenüber dem Sprachproblem läßt sich als neutral oder wohlwollend bezeichnen. Daneben muß man darauf hinweisen, daß nach Angaben der letzten Volkszählung mehr als die Hälfte der Weißrussen die weißrussische Sprache als Muttersprache angegeben hat. Verglichen mit dem Weißrussischen ist aber das Russische weiter verbreitet. Letzteres wird sowohl im öffentlichen Verkehr als auch im Alltag — besonders in Großstädten — gesprochen. Auf dem Lande ist die sogenannte *Setschka* — ein Gemisch aus Russisch und Weißrussisch — üblich.

Die ethnischen Beziehungen zwischen Russen und Weißrussen wurden früher von der konfliktträchtigen Konfrontation der radikal und nationalistisch orientierten Gesellschaftsschichten — zum Beispiel in Fragen der Bewertung der Rolle des russischen Staates und seiner politischen Vertreter in der Geschichte Weißrußlands, bezüglich der Formen und Aussichten einer staatlichen Union zwischen Rußland und Weißrußland sowie der Rate der „Weißrussifizierung" und der Perspektiven der „nationalen Wiedergeburt" — beeinträchtigt. Im ganzen jedoch sind die zwischenmenschlichen Beziehungen traditionell freundschaftlich oder neutral und in öffentlich-rechtlicher Hinsicht gleichberechtigt. Mehr noch: Die meisten städtischen Einwohner weißrussischer Nationalität sind dermaßen russifiziert, daß im Alltagsleben zwischen ihnen und der eigentlichen russischen Bevölkerung überhaupt keine Unterschiede auffallen.

Die polnische Minderheit

Die Polen sind die zweitgrößte ethnische Gruppe Weißrußlands. Die überwiegende Mehrheit der Polen gehört der katholischen Konfession an und siedelt überwiegend zerstreut. Ihre größte Konzentration besteht in den westlichen Gebieten um Grodno, Brest, Witebsk und Minsk. Der Anteil der Polen an der städtischen Bevölkerung beträgt fünf Prozent, aber in einigen Städten wie Grodno, Lida, Postawy, Oschmjanz, Mostz und Woronowo ist er wesentlich höher. Die meisten Polen Weißrußlands wohnen auf dem Lande, manche Dörfer in westlichen Gebieten werden fast nur von Polen bewohnt. Diese lassen sich in Nachkommen der Leibeigenen, Freigelassenen und Diener (noch aus der Zarenzeit) gliedern.

Ende des 19. Jahrhunderts zählten sie etwa 130.000 Einwohner, 1939 waren es bereits 1,2 Mio. (hauptsächlich im damaligen westlichen Weißrußland). Von 1959 bis 1979 reduzierte sich die Anzahl der polnischen Bevölkerung von 6,7% auf 4,2% der Gesamtbevölkerung, was auf die Konsolidierung der weißrussischen Nation zurückzuführen war. Solche schwankenden Zahlen lassen sich auch durch instabile Selbstidentifizierung sowie durch die Zwangsassimilierung der Weißrussen von 1921 bis 1939 in Polen erklären.

Die Polen Weißrußlands sprachen 1999 hauptsächlich entweder Polnisch (65.000), Russisch (65.000) oder Weißrussisch (265.000). 1990 schlossen sich alle polnischen Gemeinschaften zur Polnischen Union Weißrußlands zusammen. Diese Organisation zählt über 22.000 Mitglieder und hat Niederlassungen in allen Großstädten und Gebietszentren. Das Hauptanliegen der Union besteht in der „Wiedergeburt" der polnischen Sprache und Kultur in der polnischen Bevölkerung Weißrußlands sowie in der Unterstützung der Ausbreitung der weißrussischen Sprache als Staatssprache und der weißrussischen Kultur. Zur Zeit gibt es zwei polnische Schulen mit 710 Schülern. Polnisch als Unterrichtsfach studieren 4.504 Schüler in 51 Schulen. Es werden polnische Periodika importiert; polnische Radio- und Fernsehsendungen können empfangen werden. Nicht zu unterschätzen ist dabei die relativ durchlässige weißrussisch-polnische Grenze. Zudem spielen die regelmäßigen Kontakte zu Verwandten im Ausland eine bedeutende Rolle.

Der Prozeß der „Polonisierung" betrifft auch die Interessen der weißrussischen Katholiken, die sich von den benachbarten Polen kaum noch unterscheiden und eine Doppelidentität aufweisen. Daß an diesem Prozeß sowohl die katholische Kirche als auch die Polen beteiligt sind, sehen die weißrussichen Fundamentalisten, die jeden in Weißrußland wohnhaften Polen für einen „polonisierten" Weißrussen halten, mit Unbehagen. Das Gegenteil wird von zahlreichen polnischen Aktivisten und dem katholische Klerus behauptet, die nachweisen wollen, daß jeder Katholik in Weißrußland ein Pole sei. Charakteristisch ist die negative Reaktion einiger katholischer Priester auf die Bestrebungen der paraphialen Gemeinschaften, Gottesdienste in weißrussischer Sprache auszuüben. Heute ist dies nur in wenigen katholischen Kirchen Weißrußlands der Fall. In einigen Kirchen bedient man sich beider Sprachen, entweder abwechselnd nach Tagen oder innerhalb eines Gottesdienstes gemischt (zum Beispiel wird die Liturgie in Polnisch und die Predigt in Weißrussisch gehalten). In den katholischen Pfarreien Weißrußlands gibt es 185 Priester, davon sind 120 polnische Staatsangehörige.

Bis zum Zweiten Weltkrieg und zum teil sogar noch danach wurde häufig die These „orthodox heißt russisch oder weißrussisch, katholisch hingegen polnisch" vertreten. Im alltäglichen Bewußtwein ist sie es auch heute noch. Dabei kann die Bezeichnung „Weißrusse" als Selbstdefinierung für einige Bevölkerungsgruppen katholischen Glaubens gelten, was als Integrationsfaktor anzusehen ist, während die konfessionellen Merkmale in den Hintergrund rücken und für die Titularnationalität nicht mehr dominierend sind.

Im großen und ganzen sind die konfessionsübergreifenden Beziehungen von Toleranz geprägt. Eine tatsächliche Gleichberechtigung konnte erst in den letzten zehn Jahren erzielt werden, was einige Probleme zwischen den benachbarten orthodoxen und katholischen Gemeinden hervorrief. So verlangten sowohl die Orthodoxen als auch die Katholiken diejenigen Kirchen zurück, die deren Eigentümer sie früher gewesen sind. Die Beziehungen zwischen den Polen und Weißrussen sind insgesamt friedlich und gutnachbarlich. Ähnlich beschaffen sind die Beziehungen der Polen zu den ethnischen Russen, zu den russifizierten Weißrussen und zu den Vertretern anderer Nationalitäten Weißrußlands. Heutzutage sind radikale Stimmungen unter den meisten Polen nicht zu verzeichnen und werden auf politischer Ebene nicht vertreten. Da aber Teile der russischen wie auch der weißrussischen Bevölkerung zur Einigung mit Rußland neigen, sind ähnliche Reaktionen auch polnischerseits zu erwarten und bergen somit ein Konfliktpotential. Dasselbe kann auch ein übermäßiger russischer oder weißrussischer Ethnozentrismus verursachen.

Die ukrainische Minderheit

Die Ukrainer sind die drittgrößte ethnische Gruppe in Weißrußland und machen nach Angaben der letzen Volkszählung 237.015 Einwohner aus. Die größte Ansiedlung der Ukrainer mit einem deutlich geprägten ethnischen Selbstbewußtsein entfällt auf den Zeitraum vom 18. bis zum 20. Jahrhundert. Anfang des 20. Jahrhunderts besiedelten die Ukrainer hauptsächlich die Gebiete um Pinsk, Kobrin, Berestejsk, Gomel, Retschizk, Bobrujsk und Bychowsk. In der zweiten Hälfte des 20. Jahrhunderts gab es praktisch keine dörflichen Umsiedler aus der Ukraine mehr. In den Nachkriegsjahren zogen vornehmlich städtische Einwohner – Industriefachkräfte, Beamte, Intellektuelle und Kulturschaffende – nach Weißrußland.

Etwas abseits davon stehen die Umsiedler aus der westlichen Ukraine zwischen den sechziger und achtziger Jahren des 20. Jahrhunderts, besonders aus den am weißrussischen Polessje grenzenden Wolyn-Gebieten, was auf die sozialwirtschaftlichen Unterschiede in den Anrainergebieten zurückzuführen war. Gerade diese Migrationen sorgten in jener Zeitspanne maßgeblich für Zuwachsraten der ukrainischen Bevölkerung im Süden des Brest-Gebietes.

Die Ukrainer sind im großen und ganzen zerstreut angesiedelt, jedoch fallen mehr oder weniger kompakt ansässige Gruppen in den Gebieten um Pinsk, Kobrin, Brest, Stolin, Gomel sowie in anderen südlich gelegenen Ortschaften in Polessje auf, die Kontakte zu den wichtigsten ethnischen Gebieten der Ukrainer pflegen. Von der Konfession her sind die meisten Einwohner, die sich zu den Ukrainern zählen, orthodox. Allerdings gibt es auch Katholiken und Neoprotestanten wie die Baptisten.

Die Spezifik einiger benachbarter weißrussischer und ukrainischer Regionen kommt in der ethnosprachlichen Eigenart der Bevölkerung im Polessje-Gebiet zum Ausdruck, das als Übergangsregion zwischen Weißrussen und Ukrainern definiert werden kann. Daher fehlen hier deutliche ethnische Grenzen. Die bestehenden Mundarten sind meistens gemischt, was in Weißrußland und in der Ukraine für die Entstehung des Begriffes „Polessje-Mundart" sorgte. Man könnte sich als Weißrusse oder Ukrainer eintragen lassen und sich gleichzeitig für „Litwinen" oder „Poleschuken" halten.

Die dort lebenden Einwohner waren und sind sich dieser Unterschiede bewußt und heben sich voneinander durch Exoethnonyme wie Poleschuken (ukrainischverwandte Mundarten) oder Litwinen (weißrussischnahe Dialekte) sowie durch andere sprachliche oder territoriale Merkmale ab. Später mußten sie sich mal als Weißrussen unter den Polen, mal als Ukrainer unter den Deutschen eintragen lassen.

Heutzutage kann man im weißrussischen Teil des Polessje-Gebietes auf Personen stoßen, deren Mundart nach einigen sprachlichen Merkmalen der ukrainischen Sprache näher stehen, die aber als Weißrussen angemeldet sind. Entsprechend gibt es aber auch weißrussischsprachige Bevölkerungsgruppen, die formell als Ukrainer gelten. Noch komplizierter wird die Situation durch gemischtnationale Familien.

In letzter Zeit wird unter Intellektuellen die Idee einer kultursprachlichen Integration des ganzen Polessje-Gebietes und der Gründung eines autonomen Verwaltungsbezirkes diskutiert. Es wurde die Kulturstiftung *Palissje* gegründet. Aufgrund eines Dialektes wurde eine neue Literatursprache erarbeitet, in der die Zeitung *Sbudinne* (Wiedergeburt) erschien und Bücher herausgegeben wurden. Man schlug vor, die Stammeinwohner als „Poleschuken-Jatwjagen" zu bezeichnen. Diese Idee fand keine positive Resonanz; dies galt auch für eine angestrebte Autonomie. Die Bewegung löste sich auf, jedoch werden die Ideen der Aufrechterhaltung der kultursprachlichen Eigenart dieser Region weiterhin — etwa im Rahmen des Polessje-Gesangsfestivals, der Heimatmuseen und von Folklorestudien — propagiert.

Nach wie vor besteht auch eine sprachenbezogene Problematik, die sich vor allen Dingen aus Bildungsfragen ableitet. Ungeachtet der von dem jeweiligen Einwohner angemeldeten nationalen Zugehörigkeit verzichten viele auf den Schulunterricht in der weißrussischen Sprache, zeigen aber auch keine Absichten, eine ukrainischsprachige Schule zu gründen und ziehen dabei das Russische jeder anderen Sprache vor. Deshalb sind die meisten polessjischen Ukrainer zweisprachig.

Etwas anders ist die Situation in denjenigen Ukrainer-Gruppen, die in den Nachkriegsjahren nach Weißrußland gezogen waren. Deren Selbstbewußtsein ist repräsentativ und deutlich von einer Reihe nationalspezifischer Merkmale geprägt. Das wichtigste ist die Sprache (manchmal auch der Herkunftsort oder die Verwandschaftsbeziehungen). Diese Gruppen haben vor einigen Jahren die Assoziation der Ukrainer Weißrußlands *Watra* gestiftet. Neben ihrer Aufklärungstätigkeit verfolgt *Watra* nationale Ideen wie die Verbreitung der Kenntnisse über die Geschichte und Kultur der Ukraine und die Popularisierung der ukrainischen Sprache im eigenen ethnischen Milieu. Als Dachorganisation unterstützt *Watra* mehrere lokale Vereinigungen wie *Proswita*, *Sapowit* und *Obrij*, die in den ukrainischsprachigen Ballungsgebieten um Brest, Gomel und Minsk agieren.

Die Beziehungen zwischen den Ukrainern und den Weißrussen sind friedlich und gutnachbarlich. Nationalitätsbedingte Konflikte auf Alltagsebene fehlen gänzlich. Ähnlich sind auch die zwischenstaatlichen Beziehungen beschaffen. Deshalb haben die Versuche mancher fundamentalistisch gesinnter Kräfte in der Ukraine, den *status quo* einiger südwestlicher Gebiete um Brest (West-Polessje) zu revidieren, weder auf Staatsebene noch im Umfeld der weißrussischen Ukrainer Widerhall gefunden.

Die jüdische Minderheit

Die Juden machen die viertgrößte ethnische und ethno-konfessionelle Gruppe in Weißrußland aus. Seit den achtziger Jahren verringert sich ihre Zahl aufgrund der Ausreise in westliche Staaten oder nach Israel. Zugleich aber gingen die Ausreisequoten der Juden gerade Anfang der neunziger Jahren erheblich zurück (von 24.000 im Jahr 1990 über 15.000 im Jahr 1991 und 3.400 im Jahr 1992 auf 2.500 im Jahr 1993). Die Volkszählung von 1999 weist eine Zahl von 27.798 Personen aus.

Die Juden siedeln schon seit Jahrhunderten in Weißrußland, aber die meisten jüdischen Gemeinschaften entstanden Ende des 17. und Anfang des 18. Jahrhunderts, als Juden aus der Ukraine, Preußen, Polen und einigen anderen europäischen Ländern immigrierten. Angesiedelt sind sie hauptsächlich verstreut, tendieren jedoch zur städtischen Lebensweise. Als Sprache wird überwiegend das Russische benutzt. Zweisprachigkeit kommt nur noch bei älteren Leuten vor, die auch Jiddisch können. Nach der Neueinführung von Jiddisch-Unterricht in und außerhalb der Schulen ist eine Zunahme der Zweisprachigkeit zu verzeichnen. Die weißrussischen Juden stellen eine ethnische Gruppe dar, die ein durchaus hohes Ausbildungsniveau aufweist. Ingenieure, Ärzte, Lehrkräfte, Wissenschaftler, Musikschaffende — diese Berufe sind bei ihnen recht zahlreich vertreten. Der Ausbildungsgrad sorgt auch dafür, daß Weißrussisch und zum Teil Polnisch verhältnismäßig fließend gesprochen werden können. Genauso wie die anderen ethnischen Minderheiten sind die Juden von der weißrussischen kulturellen Umgebung beeinflußt.

In den Jahren des Bestehens der UdSSR war eher von Assimilierung die Rede, so daß die Juden ihre traditionelle Eigenart kaum erhalten konnten. Die verstreute Siedlungsweise, fehlende jüdische Schulen, Zionismusbekämpfung sowie die Konfrontation mit Israel haben die Juden gezwungen, ihre nationale Zugehörigkeit zu wechseln. Diese Tendenz begann in den Jahren nach dem Zweiten Weltkrieg und setzte sich in den achtziger und neunziger Jahren fort. Dies betraf besonders die Kinder in den gemischten Ehen, für die es oft sinnvoller war, sich als Weißrusse, Russe oder Ukrainer anzumelden. Eine doppelte Selbstidentifizierung resultierte in diesem Fall aus den gegebenen Umständen und war eine Art Abwehrreaktion gegen die Umwelt. Es sei betont, daß der Antisemitismus in Weißrußland nie besonders ausgeprägt war. Davon zeugen zum Beispiel die Witzschöpfungen, bei denen lediglich der Wucherer zu den sonst häufigen jüdischen Antifiguren auftaucht, sowie die fehlenden Pogrome um das Jahr 1900. Die Beziehungen sind tolerant und gutnachbarlich, was dazu führte, die Selbstidentifizierung im jüdischen Milieu wiederherzustellen und das Interesse für die jüdische Geschichte, Kultur und Religion wachsen zu lassen.

1993 fand die Gründungskonferenz der Weißrussischen Union der jüdischen Organisationen und Gemeinschaften statt, die sich die Wiedergeburt der Juden als nationaler, konfessioneller und kultureller Gemeinschaft zum Ziel setzte. Diese Union umfaßt über 100 wissenschaftliche, kulturelle, religiöse, aufklärerische, schul- und sportfördernde Gesellschaften. Heutzutage gibt es in Weißrußland 20 jüdische Sonntagsschulen, die von über tausend Personen besucht werden. In Minsk und Mogiljow wurden jüdische Klassen im Rahmen der allgemeinbildenden Schule und der Schule mit erweitertem Kunstunterricht organisiert. Die Gesellschaft *Sochnut* gestaltet für die jüdische Jugend jährliche Freizeiten. In einigen Städten, darunter in Minsk, wurden Synagogen eröffnet.

Die litauische Minderheit

Vorbildlich im Zusammenhang mit der Minderheitenproblematik ist die Position des benachbarten Litauens. Nach Angaben der letzten Volkszählung 1999 leben in Weißrußland 6.387 Litauer. Litauen fördert die Schulbildung der ansässigen Litauer in deren Muttersprache (es gibt derzeit zwei litauische Regelschulen sowie vier Sonntagsschulen), entsendet eigene Lehrkräfte und unterstützt den kulturpolitischen Bereich, das heißt, in jeder Siedlung, in der die litauische oder genauer gesagt baltische Bevölkerung überwiegt, werden Trachtengruppen organisiert sowie Bücher und Zeitungen in der Muttersprache verbreitet.

Auch die Litauer siedeln schon seit Jahrhunderten in Weißrußland und zwar hauptsächlich verstreut, allerdings gibt es Gebiete, in denen die Balten überwiegen (Ostrowerzk und Woronow in der Nähe von Grodno, Braslowo im Witebsker Gebiet). Die Litauer sind wesentlich in die weißrussische oder weißrussisch-polnische ethnische Umgebung eingegliedert. Zweisprachigkeit trifft eher für ältere Leute zu, die seinerzeit Litauisch erlernt haben. Aber auch manche Jugendliche sind der eigenen Muttersprache mächtig. Die Komplikationen mit der Popularisierung der litauischen Sprache sind vor allem auf ihre ethnogenetische Herkunft zurückzuführen. Noch im Mittelalter waren in einigen Regionen Weißrußlands etliche westbaltische Gruppen ansässig, die mit den benachbarten litauischen Aukschteiten verwandt waren. Die Mehrheit davon wurde im vergangenen Jahrtausend „verpolonisiert" oder „verweißrussifiziert", aber die stärksten Gruppen dieser Minderheit konnten ihre Eigenart in der Kultur, im Alltag und sogar in der altertümlichen Selbstbenennung wie *Borti* oder *Dajnowa* aufrechterhalten (dabei sei bemerkt, daß sich die Litauer selbst als *Letuwai* bezeichnen). Dadurch läßt sich die mangelnde Motivation der ethnischen Selbstidentifizierung erklären, die sie als „Litauer" zu bezeichnen erlauben würde. Dabei beziehen sich die Nachkommen des westbaltischen Volkes auf ihre dem Litauischen ähnliche Sprache, auf Besonderheiten der eigenen ethnischen Geschichte sowie darauf, daß ihr Land früher „Litauen" hieß. Allerdings können sie heute vor dem Hintergrund der Vermischung der Bevölkerung ihre ethnischen Besonderheiten nur durch „Lituanisierung" beibehalten. Dies wird aber von der Bevölkerung nicht gewünscht, da sie sich selbst für die Assimilierung als eine bessere Alternative entschieden hat. Nichtsdestoweniger behalten sowohl die litauischen Übersiedler als auch die Nachkommen der älteren ethnischen Gruppen und die lituanisierte westbaltische Bevölkerung ihre ethnische Eigenart insbesondere in der geistlichen Sphäre und selbst bei Mischehen bei.

Die Beziehungen zwischen Litauern, Weißrussen und anderen ethnischen Gruppen in diesen Regionen sind gutnachbarlich und freundschaftlich. Das letzte fällt besonders bei den Litauern auf. In Litauen selbst ist eine zahlreiche weißrussische Diaspora vertreten. Irgendwelche ethnischen Konflikte zwischen Litauern und Weißrussen sowie anderen Nationalitäten sind nicht zu verzeichnen.

Die tatarische Minderheit

Eine weitere ethnische Gruppe, die die Beziehungen der Weißrussen zu den anderen nationalen Minderheiten beeinflußt, machen die Tataren aus. Heute zählen sie 10.089 Einwohner; ihre Zahl ist damit in den letzten 20 Jahren konstant geblieben. Die Nachkommen der kyptschakschen und nogaischen Völker aus den nördlichen Schwarzmeergebieten und der Krim leben seit dem 14. Jahrhundert in Weißrußland. Ethnisch gesehen sind sie mit den polnischen und litauischen Tataren verwandt, zu denen sie kulturelle und religiöse Beziehungen anstreben. Vom Glauben her gehören die hier ansässigen Tataren zu den Sunniten. Aus der Sicht der Alltagsgestaltung und der Ausübung der religiösen Riten weisen die weißrussischen Tataren Besonderheiten auf — sie sind monogam, seßhaft, treiben Gartenbau, Samenzüchtung und Gerbung. Unter den Tataren finden sich viele Lehrkräfte, Ärzte, Wissenschaftler und Kulturschaffende. Die Verteilung der weißrussischen Tataren ist hauptsächlich verstreut, jedoch gibt es auch einige kompakte Siedlungen um Iwja, Tscherwjen, Neswish, Grodno, Snowa, Kopzlja, Minsk, Novogrudok, Mogiljow und Stolbzy. In der Hauptstadt sind hauptsächlich die Intellektuellen vertreten. Manche weißrussischen Tataren haben sich zum Christentum bekannt und assimiliert, aber die meisten halten sich an alte konfessionelle Bräuche, was ihre Endogamie und die Erhaltung der ethnischen Eigenart absichert. Zwischenethnische Ehen mit Polen, Weißrussen, Russen und Litauern kommen zwar nicht selten vor, führen aber nicht zu einer vollständigen Assimilierung.

Die aus verschiedenen ethnischen Gruppen stammenden weißrussischen, polnischen und litauischen Tataren wechselten im Mittelalter ihre Muttersprache und benutzen seitdem Weißrussisch, Polnisch oder Russisch, allerdings werden die Gottesdienste nach wie vor auf Arabisch zelebriert, das die Geistlichen beherrschen. Die auf Arabisch verfaßten Heiligenmanuskripte werden hingegen auch auf Weißrussisch gelesen.

Ende der achtziger Jahre begann der Prozeß der ethnischen, kulturellen und konfessionellen Wiedergeburt unter den weißrussischen Tataren. 1991 vereinigten sich die hiesigen Gemeinschaften unter dem Dach der weißrussischen Tatarenunion *Al-Kitab*. 1993 wurde die *Moslemische Religiöse Vereinigung* gegründet, der über 20 islamische Gemeinschaften beitraten. Es werden Aktionen durchgeführt, die auf die kulturpolitische und religiöse Integration der Tataren Weißrußlands, Litauens und Polens gerichtet sind, aber das Hauptanliegen der weißrussischen Tataren besteht darin, die ethnische Eigenart aufrechzuerhalten sowie die islamische Religion und Kultur wiederzubeleben. 1997 feierte man im ganzen Land das 600-Jahr-Jubiläum der Ansiedlung der Tataren in Weißrußland. Heute ist eine Moschee in Iwja in Funktion, und hier wird das Islamische Kulturzentrum wieder aufgebaut. Die Restaurierungsarbeiten in den Moscheen von Dobrusch und Nowogrudok werden bald abgeschlossen sein. Die meisten weißrussischen Tataren, hauptsächlich die Jugendlichen, haben keine klaren Glaubensvorstellungen, daher sind sie konfessionell neutral und neigen zur religiösen Toleranz.

Die kulturpolitische Elite und die Geistlichen sympathisieren mit der Idee einer weißrussischen nationalen Wiedergeburt und wirken dabei mit. Die Beziehungen zu den anderen einheimischen Einwohnern in den Siedlungsgebieten sind gutnachbarlich und friedlich, was besonders im Alltagsleben zutage tritt. Die Anzahl der zwischenethnischen Ehen ist in letzter Zeit wesentlich angestiegen.

Andere Minderheiten

Die anderen ethnischen Gruppen in Weißrußland sind durch kleinere Gemeinschaften und Familien mit disperser Wohnortverteilung vertreten. Sie sind nicht in der Lage, die zwischenethnischen Beziehungen in der Republik Weißrußland entscheidend mitzugestalten, üben jedoch einen gewissen Einfluß darauf aus. Nach Angaben der letzten Volkszählung leben in Weißrußland Vertreter von 141 Nationalitäten. Die zahlenmäßig stärksten der kleineren Gruppen bilden die Aserbaidschaner, Armenier, Letten, Koreaner, Deutschen, Georgier, Osseten, Zigeuner und die Moldauer. Manche davon haben eigene kulturelle, religiöse und aufklärende Gesellschaften gegründet. Das weißrussische Zentrum der deutschen Kultur hat die Internationale Vereinigung der GUS-Deutschen mitinitiiert und mitgegründet. In Witebsk wurde der zigeunerische Heimat- und Trachtenklub *Roma* ins Leben gerufen.

Die Migrationsabläufe, die in der letzten Zeit aufgrund der Ereignisse in Berg-Karabach, Tadschikistan, Abchasien, Tschetschenien oder in Lettland besonders auffällig geworden sind, prägen das Gesamtbild der ethnischen Minderheiten in Weißrußland mit. Sie haben zum Beispiel dazu geführt, daß sich einige Gruppen wie die Letten, Deutschen und Esten zahlenmäßig verringerten, während die anderen durch Konflikte in den Heimatländern zunahmen.

Um die Lage der nationalen Minderheiten in Weißrußland im großen und ganzen zu beurteilen, muß man vor allem darauf hinweisen, daß die religiösen und nationalen Gruppen gleichberechtigt sind und daß es keine ethnischen, rassenbedingten oder konfessionellen Konflikte gibt; die Republik Weißrußland gehört zu den wenigen Republiken, in denen nach Auflösung der Sowjetunion keine nationalen oder konfessionellen Konflikte entstanden — und das bei einem Minderheitenanteil an der Gesamtbevölkerung von rund 20 Prozent.

Nur 4,5 Prozent der Befragten erklärten, daß sie in einigen Situationen eine Diskriminierung empfänden, nur 1,5 Prozent davon haben das als „nationalitätsbeeinträchtigend" bezeichnet. Die nationale Eintracht gehört in Weißrußland zur nationalen Mentalität und ist auf die historischen Traditionen des ethnischen Zusammenwirkens und der dauerhaften Beziehungen zwischen den in Weißrußland seßhaften ethnischen Gruppen zurückzuführen.

Prof. Dr. Sławomir Tecław
Universität Łomża
ul. Wędkarska 8
PL-85435 Bydgoszcz / Polen
Sławomir Tecław (geb. 1961): 1981-1987 Studium an der höheren Pädagogischen Hochschule in Bromberg, dabei 1983-1984 Studium am Institut für die russische Sprache an der Puschkin-Universität in Moskau und 1985-1986 zwei Semester Studium an der soziologischen Fakultät der Jugend-Universität in Moskau; 1987-1991 ebenda Doktoranden-Studium im Bereich Soziologie und Philosophie; 1991-1994 Habilitationsstudium an der Staatlichen Universität für Sozialfragen in Moskau; 1997-1999 Studium an der Diplomatenakademie des Außenministeriums der Rußländischen Föderation in Moskau; seit 1997 außerordentlicher Professor an der Höheren Agrarmanagerschule in Łomża.

Podiumsdiskussion:
Minderheitenschutz versus Vertreibung, Deportation
und ethnische Säuberung

Panel Discussion:
Minority Protection versus Expulsion, Deportation and Ethnic Cleansing

Einführungsvortrag
Udo Fink, Mainz

Einleitung
Gegenstand der nachfolgenden Überlegungen sollen die Zusammenhänge zwischen dem Schutz von Minderheiten und den Tatbeständen der Vertreibung, der Deportation und der ethnischen Säuberung sein. Dieses Thema ist für die Geschichte des 20. Jahrhunderts von herausragender Bedeutung. Während man um die Jahrhundertwende auf den Haager Konferenzen, die erstmals zur Ausbildung eines humanitären Kriegsrechts führten, noch davon ausging, daß die Vertreibung eigener Staatsbürger über die Grenzen des Staates hinaus eine Barbarei darstelle, die unter zivilisierten Völkern nicht mehr vorkommen werde[1], hat uns die Geschichte gelehrt, daß gerade das 20. Jahrhundert zum Zeitalter der Vertreibungen geworden ist.[2] Die Haager Landkriegsordnung beschäftigt sich deshalb auch nur mit dem sehr speziellen Tatbestand der Deportation in internationalen Konflikten. Damit sind schon zwei der drei im Thema angesprochenen Tatbestände genannt, die ich im folgenden ein wenig näher beleuchten werde.

Bestimmung der Begriffe
Über Minderheitenschutz in seinen verschiedensten Ausprägungen sind an anderer Stelle bereits sehr eingehende Überlegungen angestellt worden. Ich will deshalb hier keinen weiteren Beitrag zur allgemeinen Dogmatik des Minderheitenschutzes liefern. Zur Begriffsbestimmung ist jedoch zumindest Folgendes festzuhalten: Die vornehmste Aufgabe des Minderheitenschutzes ist es, Menschen, die sich als Mitglied einer Gruppe verstehen, die im Verhältnis zur Gesamtbevölkerung des betreffenden Staates zahlenmäßig unterlegen ist und die aufgrund dieser numerischen Unterlegenheit strukturelle Nachteile gegenüber der Mehrheit erleidet, davor zu schützen, daß diese Nachteile zu einer rechtlichen Diskriminierung führen.[3] Dabei können die Gründe für das Zusammengehörigkeitsgefühl

---

[1] Vgl. dazu Blumenwitz: Das Recht auf Heimat. In: Ders.: Recht auf die Heimat im zusammenwachsenden Europa. Ein Grundrecht für nationale Minderheiten und Volksgruppen (1995) S. 41 ff. (46).
[2] Vgl. dazu Suhr: Menschenrechte und Bevölkerungstransfer. Die Antwort des Völkerrechts auf die zwangsweise Dislokation von Bevölkerungsgruppen. In: Deportation, Vertreibung, „Ethnische Säuberung". Hrsg. von Fiedler (1999) S. 29 ff. (32).
[3] Zur Definition von Minderheiten wird auf die Formulierung des ehemaligen Sonderberichterstatters der „UN Sub-Commission on the Prevention of Discrimination and the Protection of Minorities" Francesco Capotorti in: UN Doc. E/CN.4/Sub.2/384/Rev.1, paras. 30 ff., zurückgegriffen.

der Gruppe ganz unterschiedlich sein. Faktoren sind etwa die Religion, die historische Entwicklung, die Sprache und die Kultur, aber auch soziale und wirtschaftliche Belange können identitätsstiftend wirken. Entscheidend kommt es darauf an, daß diese Kriterien die Gruppenbildung maßgeblich beeinflussen und daß dadurch Interessen ausgelöst werden, die sich von denen der Bevölkerungsmehrheit unterscheiden und die sich auf politischen, sozialen oder wirtschaftlichen Feldern, wobei diese Bereiche im einzelnen schwer zu trennen sind, auswirken können.[4]

Minderheitenschutz ist auf die Gewährleistung von Individualrechten gerichtet.[5] Dadurch grenzt er sich vom Selbstbestimmungsrecht von Völkern und Volksgruppen als einem echten Kollektivrecht im Völkerrecht ab.[6] Es geht beim Minderheitenschutz darum, daß der einzelne seine Menschenrechte in einem Staat nicht deshalb verliert oder in ihrer Nutzung unverhältnismäßig beschränkt wird, weil er Mitglied einer Minderheit ist. Aufgrund des Zusammenhangs der Individualrechtsbeschränkung mit der Zugehörigkeit zu einer Gruppe hat der Minderheitenschutz jedoch zugleich auch einen kollektiven Bezug. Er steht damit gleichsam in der Mitte zwischen dem zweckfreien Freiheitsrecht des autonomen Individuums und dem auf politische Gestaltung gerichteten Selbstbestimmungsrecht der Völker.[7] Dieser Zusammenhang wird etwa in Art. 27 IPBPR deutlich, wonach die dort gewährten Minderheitenrechte zwar jedem einzelnen Angehörigen einer Minderheit zustehen, ihre Ausübung aber gemeinsam mit anderen Angehörigen der Gruppe erfolgen soll.

Als zweckgebundenes Individualrecht ist der Minderheitenschutz zwar anders als das Selbstbestimmungsrecht nicht auf die Gestaltung des politischen Status der Gruppe, wohl aber auf die Erhaltung aller Freiheits- und Gleichheitsrechte gerichtet, die notwendig sind, damit die Gruppe als solche erhalten bleiben kann. Auch dies kann am Beispiel des IPBPR deutlich gemacht werden, der in Art. 26 ein Diskriminierungsverbot statuiert, das die Wahrung der Rechtsgleichheit deshalb verlangt, damit die Zugehörigkeit zu der Gruppe, die Anlaß für die Diskriminierung ist, erhalten bleiben kann.[8]

Minderheitenschutz tritt neben der Diskriminierung aufgrund der Gruppenzugehörigkeit dort am deutlichsten zu Tage, wo es um die Gewährung von solchen Grundrechten wie etwa der Religionsfreiheit, dem Recht auf Pflege der eigenen Kultur und Sprache und dem Recht auf Bekenntnis zur eigenen Geschichte geht, die in besonderer Weise der Förderung und Erhaltung der Zusammengehörigkeit der Gruppe dienen.[9]

Der Minderheitenschutz wird jedoch auch dann, und man möchte sagen: erst recht dann aktuell, wenn durch Vertreibung, Deportation oder ethnische Säuberung der Bestand der Gruppe noch weit drastischer in Frage gestellt wird. Unter Deportation versteht man dabei im Völkerrecht die mit Zwangsgewalt durchgeführte Entfernung von Menschen aus ihrem angestammten Wohnsitz in ein anderes Gebiet, das zum Territorium des handelnden

---

[4] Vgl. dazu Niewerth: Der kollektive und der positive Schutz von Minderheiten und ihre Durchsetzung im Völkerrecht (1996) S. 30 ff.
[5] Vgl. ebenda S. 54 f.
[6] Vgl. zum Selbstbestimmungsrecht Thürer: Das Selbstbestimmungsrecht der Völker (1976) passim.
[7] Vgl. Niewerth: Der kollektive und der positive Schutz (Anm. 4) S. 55 ff.
[8] Vgl. ebenda S. 56 f.
[9] Vgl. ebenda S. 130 ff.

Staates gehört oder das von diesem Staat insbesondere im Zuge kriegerischer Auseinandersetzungen okkupiert worden ist. Dabei ist es unerheblich, ob der die Zwangsgewalt ausübende Staat der Heimatstaat des Betroffenen oder ein Drittstaat ist. Das Charakteristikum der Deportation ist alleine, daß die betroffenen Menschen auch nach der Deportation im Machtbereich des handelnden Staates bleiben.[10]

Dagegen ist Vertreibung die durch einen Staat erzwungene Umsiedelung von Menschen aus ihrem angestammten Wohnsitz in ein Gebiet, das nicht der Herrschaftsgewalt des handelnden Staates unterliegt. Durch die Vertreibung werden die davon Betroffenen also aus dem Machtbereich ihres Heimatstaates entfernt und, sofern sich ein anderer Staat findet, der sich dieser Menschen annimmt, in dessen Herrschaftsbereich überführt.[11] Diese begriffliche Differenzierung ist nicht allgemein anerkannt[12], teilweise wird für die grenzüberschreitende Vertreibung der Begriff der Aussiedelung oder der Austreibung verwendet[13], im Sinne einer deutlichen Konturierung der Tatbestände Deportation und Vertreibung soll hier jedoch von dieser Distinktion ausgegangen werden.

Für die individuelle Rechtsstellung der Betroffenen ist es häufig gleichgültig, ob sie vertrieben oder deportiert werden. Völkerrechtlich liegt darin jedoch ein grundsätzlicher Unterschied. Die Deportation ist, sofern sie sich auf dem Gebiet eines Staates abspielt und nicht in Besatzungssituationen geschieht, zunächst ein innerstaatlicher Vorgang. Die Vertreibung dagegen hat aufgrund ihres grenzüberschreitenden Charakters notwendig einen internationalen Bezug.[14]

Hinsichtlich des Begriffs „ethnische Säuberung" ist bis heute nicht eindeutig geklärt, ob sich dahinter eine eigenständige Kategorie verbirgt. Einige wollen die ethnische Säuberung mit der Deportation und der Vertreibung gleichsetzen, indem sie jede Form der zwangsweisen kollektiven Verbringung von Menschen aus ihrem angestammten Siedlungsgebiet als ethnische Säuberung verstehen.[15] Andere stellen darauf ab, ob die Mitglieder einer Gruppe durch eine gewaltsame und systematische Vertreibungspolitik in ihrer physischen Existenz bedroht oder gar vernichtet werden.[16] So verstanden ist die ethnische Säuberung eine Form des Völkermordes.

Will man der ethnischen Säuberung einen eigenständigen Begriffsinhalt geben, dann liegt dieser wohl darin, daß gleichgültig, ob durch physische Vernichtung oder durch Vertreibung bzw. Deportation mit der ethnischen Säuberung das Ziel verfolgt wird, eine Gruppe aus ihrem angestammten Siedlungsgebiet deshalb zu entfernen, damit eine andere Gruppe dort Herrschaftsgewalt ausüben kann.[17]

Besonders deutlich ist dieser Tatbestand im Konflikt um den Zerfall der sozialistischen

---

[10] Vgl. Blumenwitz: Das Recht auf Heimat (Anm. 1) S. 42 f.
[11] Vgl. ebenda S. 43 f.
[12] So verwendet etwa Lehmler: Die Strafbarkeit von Vertreibungen aus ethnischen Gründen im bewaffneten nicht-internationalen Konflikt (1999) S. 66 ff. den Begriff Vertreibung auch für nicht-internationale Konflikte.
[13] So Blumenwitz: Das Recht auf Heimat (Anm. 1) S. 43 f.
[14] Vgl. ebenda S. 43 f.
[15] So Seidl-Hohenveldern: Völkerrecht (8. Aufl. 1994) S. 349.
[16] So der Interimsreport der Commission of Experts established pursuant to Security Council Resolution 780 (1992) UN Doc. S/25274 (1993) Annex 1.
[17] So der Sonderberichterstatter der Menschenrechtskommission der Vereinten Nationen Mazowiecki, UN Doc. A/47/666 vom 17. Nov. 1992.

Bundesrepublik Jugoslawien zutage getreten, in dem dieser Begriff auch geprägt worden ist. Das Ziel insbesondere der Serben, Kroaten und Bosniaken in Bosnien-Herzegowina und in Kroatien sowie der Serben und der Albaner im Kosovo war und ist es, die Mitglieder der jeweils anderen Gruppen zu vernichten oder zu vertreiben, um deren Siedlungsgebiet ihrer eigenen Herrschaftsgewalt zu unterwerfen.[18] Ich habe diesen Tatbestand auch für Jugoslawien bewußt so allgemein beschrieben, weil es entgegen landläufiger Meinung nicht nur ethnische Säuberungen durch die Serben, sondern auch durch die Kroaten, die Bosniaken und durch die Kosovoalbaner gab.

Dabei darf der Begriff ethnisch nicht zu der Schlußfolgerung verleiten, es handele sich bei dieser Fallgruppe nur um solche Konflikte, die durch rassische Unterschiede der einzelnen Volksgruppen geprägt seien. Die Zugehörigkeit zu einem *Ethnos* kann nicht nur durch eine gemeinsame Abstammung, sondern sehr wohl auch durch historische, kulturelle oder wirtschaftliche Zusammenhänge vermittelt werden.[19] Deshalb war und ist der Konflikt in Jugoslawien ein ethnischer, obwohl er nicht rassisch, sondern vor allem historisch geprägt ist. Dieser Aspekt hat übrigens auch den wohl eklatantesten Fall ethnischer Säuberung in Ruanda in den Jahren 1993 und 1994 bestimmt. Auch die Massenmorde, die vornehmlich von der Gruppe der Hutus an den Tutsis verübt wurden, spielten sich nicht zwischen zwei Rassen ab, die Zugehörigkeit zu diesen Gruppen gründet sich vielmehr auf eine durch die Kolonialzeit geprägte soziale Schichtung, welche die Tutsis als die Land und Vieh besitzende Oberschicht auswies.[20]

Der Zusammenhang zwischen Minderheitenschutz und Vertreibung,
Deportation sowie ethnischer Säuberung
Wie die Tatbestände der Vertreibung, der Deportation und der ethnischen Säuberung mit dem Minderheitenschutz zusammenhängen, ist nach diesen einleitenden Worten wohl schon deutlich geworden. Wird eine Minderheit im Wege der ethnischen Säuberung in ihrer physischen Existenz bedroht oder gar vernichtet, steht der Fortbestand der Gruppe als dem Substrat des Minderheitenschutzes auf dem Spiel. Dabei kann die physische Existenz nicht nur durch körperliche Einwirkung auf die betroffenen Menschen bedroht sein. Auch subtilere Formen wie die Konfiskation des gesamten Eigentums verbunden mit der Verbringung in unfruchtbare oder klimatisch unwirtliche Gebiete können die Fortexistenz der Gruppe aufs Spiel setzen. Insbesondere in den armen Regionen Afrikas führt die räumliche Trennung von Land und Vieh häufig zur Verelendung der betroffenen Menschen, die dann schlicht an Hunger, Seuchen oder fehlender medizinischer Versorgung sterben. Ein besonders drastisches Beispiel ist wiederum der Konflikt in Ruanda, in dem der Exodus der Hutus nach Zaire zu einer akuten Existenzbedrohung der ganzen Gruppe geführt hat.[21]

Aber auch ohne diesen Aspekt der physischen Bedrohung oder Vernichtung besteht ein enger Zusammenhang zwischen dem Verlust der angestammten Heimat und dem Schutz von Minderheiten. Minderheiten sind nur dann in der Lage, ihre Identität als

---

[18] Vgl. dazu Fink: Kollektive Friedenssicherung (1999) S. 683 ff.
[19] Lehmler: Die Strafbarkeit von Vertreibungen (Anm. 12) S. 71 ff.
[20] Vgl. Molt: Zerfall von Staat und Gesellschaft in Ruanda. In: KAS-Auslandsinformationen (1994) H. 5, S. 3 ff.
[21] Vgl. Fink: Kollektive Friedenssicherung (Anm. 18) S. 781 f.

Gruppe gegenüber der Bevölkerungsmehrheit zu bewahren, wenn sie in ihrem angestammten Siedlungsgebiet verbleiben können.[22] Dafür gibt es mehrere Gründe.

Nur durch die Bewahrung der räumlichen Einheit ist eine Minderheit in der Regel in der Lage, sich als Gruppe zu verstehen. Werden die Mitglieder der Gruppe dagegen in alle Winde verstreut oder bewußt so angesiedelt, daß sie in dem jeweiligen Siedlungsgebiet von einer anderen Bevölkerungsgruppe dominiert werden, ist die Aufrechterhaltung der Gruppenidentität nur weit schwerer möglich. Es gibt zwar auch berühmte Ausnahmen, unter denen die der Juden, die zwei Jahrtausende Siedlungsgeschichte außerhalb Palästinas ohne Verlust der Gruppenidentität überstanden haben, sicherlich die eindrucksvollste ist. Aus diesem Sonderfall kann jedoch keine Regel abgeleitet werden. Er begründet sich durch die besondere religiöse Verbundenheit der Juden, die nicht nur in theologischer, sondern auch in sozio-kultureller Hinsicht so stark ist, daß sie die Identitätsstiftung auch unter so widrigen Bedingungen ermöglicht hat. Ist diese Verbundenheit nicht so stark, wird der durch die Umsiedlung ausgelöste Assimilierungsdruck häufig zum Verlust der Gruppenidentität führen.

Außerdem bietet in der Regel nur das angestammte Siedlungsgebiet die tatsächlichen Voraussetzungen für die Ausübung der Minderheitenrechte. Es ist die Landschaft, in der sich die kulturelle und historisch geprägte Verwurzelung der Gruppe gebildet hat. Dort finden sich die Kirchen und Schulen, in denen die Religion und die Sprache gepflegt werden können, und dort ist auch die Gruppe am ehesten in der Lage, ihre wirtschaftlichen Grundlagen zu erhalten, die sie vor der sozialen Verelendung schützen.

Die Bewahrung der angestammten Heimat für die Gruppe ist dabei nicht nur für die Ausübung der Minderheitenrechte, sondern auch für deren Selbstbestimmungsrecht von entscheidender Bedeutung. Bildet die Minderheit zugleich eine Volksgruppe im Sinne des Selbstbestimmungsrechts der Völker, so kann sie eine freie Entscheidung über ihr zukünftiges politisches Schicksal nur dann erfolgreich durchführen, wenn ihr Siedlungsraum weitgehend homogen ist. Zwar weist das Selbstbestimmungsrecht keinen eindeutigen territorialen Bezug auf, es kann jedoch nur dann zu klar abgrenzbaren Zonen autonomer Verwaltung oder gar von Eigenstaatlichkeit mit einem definierten Staatsgebiet führen, wenn ein homogener Siedlungsraum der Volksgruppe nachweisbar ist.[23] Dieser Zusammenhang ist in Bosnien-Herzegowina besonders schmerzlich zutage getreten, wo der Umstand, daß die drei großen Volksgruppen – die Serben, die Kroaten und die Bosniaken – über keine homogenen Siedlungsräume verfügen, dazu geführt hat, daß eine dauerhafte politisch tragfähige Staatsorganisation bis heute nicht ausgebildet werden konnte.

Außerdem zeigt die Geschichte, daß die Mehrheitsgruppen eines Staates, welche die Macht ausüben, dazu neigen, durch geplante Umsiedlungen und Vertreibungen den Träger des Selbstbestimmungsrechts in einem bestimmten Gebiet gleichsam auszutauschen. Dafür sind etwa die Praxis der Sowjetunion nach der Annexion der baltischen Staaten, die Vertreibung der Deutschen aus den einstigen deutschen Ostgebieten und dem Sudetenland nach 1945, die Vertreibungspraxis im ehemaligen Jugoslawien und die Siedlungspolitik Israels in den besetzten Gebieten beredte Beispiele. Wird nach solchen Umsiedlungsaktionen über das zukünftige Schicksal des Gebietes abgestimmt, so kann die neue Mehrheit für sich das Argument scheinbarer demokratischer Legitimität verbuchen.

---

[22] So auch Blumenwitz: Das Recht auf Heimat (Anm. 1) S. 50.
[23] Vgl. Blumenwitz: Das Recht auf Heimat (Anm. 1) S. 50 ff.

Dieser Aspekt berührt auch die schwierige Frage, ob der Minderheitenschutz nur den eigenen Staatsbürgern oder auch Ausländern zu gewähren ist. Das Beispiel der baltischen Staaten zeigt, daß man einer solchen gelenkten Umsiedlungspolitik nach Wiedererlangung der Unabhängigkeit durch eine selektive Verleihung der Staatsbürgerschaft begegnen kann.[24] Würde man den Minderheitenschutz auf die eigenen Staatsbürger begrenzen, so würde er für die durch Entzug der Staatsbürgerschaft ausgegrenzte Gruppe letztlich leerlaufen. Selbst in Europa, wo der Minderheitenschutz insbesondere durch die *Europäische Menschenrechtskonvention* (EMRK) am weitesten fortentwickelt worden ist, wird seine Anwendung auf Ausländer aber bis heute noch überwiegend verneint.[25] Aufgrund der beschriebenen Probleme sollte man jedoch ernsthaft darüber nachdenken, ob nicht zumindest solche Ausländer, die dauerhaft und berechtigterweise in einem anderen Staat leben, Minderheitenschutz genießen können. Die dahingehend sehr weite Formulierung des Art. 27 des *Internationalen Paktes über bürgerliche und politische Rechte* (IPBPR), der von „minorities" und nicht von „nationals" spricht, ließe diese Deutung auf jeden Fall zu.[26]

Dabei dient das Kriterium der Berechtigung als notwendiges Korrektiv zur Begrenzung des Minderheitenschutzes auf dessen wesentliche Grundlagen. Grundsätzlich bleibt es den Staaten unbenommen, Staatsangehörige aus Drittländern aus ihrem Hoheitsgebiet auszuweisen.[27] Allerdings ist es den Staaten verboten, Kollektivausweisungen ganzer Gruppen von Menschen, die sich dauerhaft in ihrem Staatsgebiet aufhalten, vorzunehmen. Dies gilt für die Mitglieder der EMRK gemäß Art. 4 des vierten Zusatzprotokolls zur EMRK, der ein Verbot der Kollektivausweisung statuiert. Diese Regel gilt darüber hinaus auch nach allgemeinem Völkerrecht.[28] Entzieht der Staat seinen eigenen Staatsbürgern die Staatsbürgerschaft und werden diese dadurch zu Staatenlosen, so stellt die Vertreibung jeder einzelnen Person eine Intervention in die Angelegenheit der davon betroffenen Nachbarstaaten dar. Gemäß Art. 9 der Konvention über die Verminderung der Staatenlosigkeit ist bereits der Entzug der Staatsangehörigkeit aus rassischen, ethnischen, religiösen oder politischen Gründen unzulässig.[29] Die Betroffenen haben in diesen Fällen also schon deshalb ein Bleiberecht, weil der Heimatstaat die Menschen nicht ohne Bruch des Völkerrechts ausweisen kann.

Das Recht auf einheitliche Siedlung als völkerrechtlich verbrieftes Recht
Vor dem Hintergrund der beschriebenen tatsächlichen und rechtlichen Zusammenhänge gibt es für eine Anknüpfung des Minderheitenschutzes an die Tatbestände der Vertreibung, der Deportation und der ethnischen Säuberung mehrere Rechtsgrundlagen im Völkerrecht.

---

[24] Vgl. Schmidt: Der Minderheitenschutz in der Republik Estland. In: Dies.: Der Minderheitenschutz in den baltischen Staaten. Dokumentation und Analysen. Estland, Lettland und Litauen (1993) S. 9 ff. (18 f.).
[25] Vgl. Niewerth: Der kollektive und der positive Schutz (Anm. 4) S. 46 ff.
[26] Vgl. ebenda S. 44 ff.
[27] Vgl. Hailbronner: Der Staat und der Einzelne als Völkerrechtssubjekt. In: Graf Vitzthum: Völkerrecht (1997) S. 255 ff. (259 f.).
[28] Vgl. Geiger: Grundgesetz und Völkerrecht (2. Aufl. 1994) S. 309.
[29] Vgl. Hailbronner: Der Staat und der Einzelne (Anm. 27) S. 211.

1. Vertreibung, Deportation und ethnische Säuberung als „international crimes"
Recht modern ist die Einstufung existenzbedrohender Vertreibungen oder von Akten unmittelbarer physischer Vernichtung als internationale Verbrechen. Dabei sind die Rechtsgrundlagen im Völkerrecht jedoch bisher noch nicht endgültig gesichert. Lediglich für die Konflikte im ehemaligen Jugoslawien und in Ruanda hat der Sicherheitsrat der Vereinten Nationen durch Resolutionen auf der Grundlage von Kapitel VII UN-Charta verbindliches Recht geschaffen.[30] Die Statuten der beiden Tribunale enthalten mehrere Tatbestände, die hier einschlägig sein können.

Bei einer Bedrohung der physischen Existenz der Gruppe liegt ein Fall des Völkermordes gemäß Art. II der Völkermordkonvention vor, der nach beiden Statuten ein internationales Verbrechen darstellt. In Betracht kommen dabei insbesondere die Fallvarianten der Tötung von Mitgliedern der Gruppe gemäß Art. II a) und die vorsätzliche Auferlegung von Lebensbedingungen für die Gruppe, die geeignet sind, ihre körperliche Zerstörung ganz oder teilweise herbeizuführen gemäß Art. II c) der Völkermordkonvention.[31]

Außerdem stellt die rechtswidrige Verschleppung oder Verschickung gemäß Art. 147 des vierten Genfer Abkommens eine schwere Verletzung dieser Konvention dar. Schwere Verletzungen der Genfer Konventionen sind nach beiden Statuten ebenfalls internationale Verbrechen. Damit ist auf jeden Fall die Deportation in einem zwischenstaatlichen Konflikt strafbar. Fraglich ist nur, ob auch die rein innerstaatliche Vertreibung ebenfalls diese Qualität hat. In innerstaatlichen Konflikten kommt nur Art. 3 der 4. Genfer Konvention zur Anwendung, der für Bürgerkriege einige wenige Mindestgarantien enthält. Zu diesem Mindeststandard gehören die Tatbestände der Vertreibung oder der Verschleppung zwar nicht ausdrücklich. Bei einer existenzbedrohenden Vertreibung ist jedoch der in Art. 3 a) enthaltene Tatbestand des Angriffs auf das Leben und die Person erfüllt. Darüber hinaus wird man sagen können, daß jede Vertreibung eine für die betroffenen Personen erniedrigende und entwürdigende Behandlung darstellt und damit den Tatbestand von Art. 3 b) der 4. Genfer Konvention erfüllt.[32]

Deportationen stellen, sofern sie von einer Besatzungsmacht in einem internationalen Konflikt durchgeführt werden, zudem eine Verletzung von Art. 43 der Haager Landkriegsordnung dar, was nach beiden Statuten ebenfalls ein internationales Verbrechen ist. Gemäß Art. 43 der Haager Landkriegsordnung ist die Besatzungsmacht verpflichtet, alle von ihr abhängenden Vorkehrungen zu treffen, um nach Möglichkeit die öffentliche Ordnung und das öffentliche Leben wiederherzustellen und aufrechtzuerhalten. Werden die Menschen aus dem besetzten Gebiet verschleppt, so tut die Besatzungsmacht gerade das Gegenteil, indem sie dadurch das öffentliche Leben in dem besetzten Gebiet nachhaltig beeinträchtigt. Dieser Zusammenhang ist von den Nürnberger Tribunalen in vielen Entscheidungen deutlich gemacht worden.[33] Außerdem ist in diesem Fall auch in aller Regel Art. 46 der Haager Landkriegsordnung betroffen, der die Besatzungsmacht zur Achtung von Ehe und Familie, des Lebens, des Privateigentums sowie der religiösen Überzeugung

---

[30] Vgl. dazu Fink: Kollektive Friedenssicherung (Anm. 18) S. 648 ff. und 776 ff.
[31] Vgl. Lehmler: Die Strafbarkeit von Vertreibungen (Anm. 19) S. 215 ff.
[32] Vgl. ebenda, S. 267 ff.
[33] Vgl. ebenda, S. 87 ff.

und gottesdienstlichen Handlungen verpflichtet.[34]

Die Haager Landkriegsordnung ist dagegen nicht auf Vertreibungen im hier verstandenen Sinne anwendbar, weil man Anfang des 20. Jahrhunderts von der Fehlvorstellung ausging, daß solche barbarischen Akte der Vergangenheit angehören. Die Haager Landkriegsordnung ist deshalb anders als die grundlegenden Regeln der Genfer Konvention grundsätzlich überhaupt nicht auf innerstaatliche Konflikte anwendbar.[35]

Schließlich kann durch Vertreibungen, Deportationen und ethnische Säuberungen der Tatbestand des Verbrechens gegen die Menschlichkeit erfüllt sein, den beide Statuten ebenfalls kennen. Seine inhaltliche Konturierung erfuhr er in den Kriegsverbrecherprozessen von Nürnberg und Tokio. Er wird danach als jeder in diskriminierender Absicht vorgenommene, großangelegte und systematische Angriff auf die elementaren Menschenrechte definiert.[36] Diese Qualität kann, wie gesehen, in extremen Fällen einmal durch die bei der Verbringung von Menschen angewendeten Mittel und zum anderen durch die dadurch ausgelösten Folgen erreicht werden.

Außerhalb der beiden Statute für das Jugoslawien- und für das Ruandatribunal hat sich der Tatbestand des internationalen Verbrechens im Völkerrecht jedoch noch nicht etabliert. Die beiden Statute können nicht als Grundlage für die Ausbildung entsprechenden Völkergewohnheitsrechts herangezogen werden, da sie auf der besonderen Rechtsgrundlage von Kapitel VII UN-Charta mit dem Ziel der Befriedung dieser beiden speziellen Konflikte geschaffen worden sind. Auch anderweitig, etwa auf der Grundlage der Kriegsverbrechertribunale von Nürnberg und Tokio, hat sich bisher kein entsprechender Satz des Völkergewohnheitsrechts gebildet.[37] Anders ist es auch nicht zu erklären, daß die Staatengemeinschaft sich veranlaßt sah, im Jahr 1998 in Rom eine Konvention über die Errichtung eines internationalen Strafgerichtshofs zu paraphieren, durch die sowohl Tatbestände des materiellen Völkerstrafrechts wie auch ein entsprechendes Verfahren zu seiner Ahndung geschaffen werden sollen. Solange diese Konvention aber noch nicht in Kraft getreten ist, können Taten außerhalb der durch die Tribunale der Vereinten Nationen erfaßten Konflikte nicht als internationales Verbrechen verfolgt werden.

2. Vertreibung, Deportation und ethnische Säuberung als Verletzung
   des völkerrechtlichen Minderheitenschutzes

Allerdings kann durch die gewaltsame Verbringung von Menschen aus ihrer angestammten Heimat das Völkerrecht unterhalb der Schwelle des internationalen Verbrechens verletzt sein. Diskutiert wird dieses Problem meist unter dem Stichwort eines völkerrechtlichen Anspruchs auf die eigene Heimat. Dieses Recht auf Heimat wird bisher nicht allgemein anerkannt. Insbesondere hat sich die Auffassung noch nicht durchgesetzt, daß jeder Mensch einen Anspruch darauf hat, dauerhaft an seinem frei gewählten Wohnsitz verbleiben zu können.[38]

Allerdings zeigen die von mir bereits beschriebenen Zusammenhänge zwischen den

---

[34] Vgl. ebenda, S. 284.
[35] Vgl. Lehmler: Die Strafbarkeit von Vertreibungen (Anm. 19) S. 284.
[36] Vgl. ebenda, S. 191 ff.
[37] Vgl. Grewe: Rückblick auf Nürnberg. In: Festschrift für Karl Doehring (1989) S. 229 ff.
[38] Vgl. Tomuschat: Das Recht auf Heimat. In: Festschrift für Karl Josef Partsch (1989) S. 183 ff. (186).

Tatbeständen der Vertreibung, der Deportation und der ethnischen Säuberung mit dem Minderheitenschutz und dem Selbstbestimmungsrecht der Völker, daß bestimmte Formen des Entzugs der Heimat, bezogen auf bestimmte Gruppen von Menschen, völkerrechtswidrig sind. Wenn Menschen, die zu einer anerkannten Minderheit in einem Staat gehören oder die das Merkmal Volk im Sinne des Selbstbestimmungsrechts der Völker erfüllen, aus ihrer angestammten Heimat vertrieben werden, dann werden dadurch in aller Regel deren Minderheitenrechte und deren Selbstbestimmungsrechte verletzt.[39]

Diese Schlußfolgerung läßt sich zum einen aus einer Fülle völkerrechtlicher Verträge ziehen, von denen ich einige schon genannt habe. Neben dem bereits erwähnten Art. 49 der vierten Genfer Konvention sowie den Art. 43 und 46 der Haager Landkriegsordnung ist insbesondere auf Art. 12 Abs. 4 IPBPR sowie auf Art. 3 des vierten Zusatzprotokolls zur EMRK hinzuweisen. Letzterer gewährt ein Recht auf Einreise in das Hoheitsgebiet des Heimatstaates sogar unabhängig von der Zugehörigkeit zu einer Minderheit oder einer Volksgruppe als Menschenrecht. Im Rahmen der EMRK kann zudem Art. 8, der das Privat- und Familienleben schützt, bei Vertreibungen Bedeutung gewinnen.[40] Außerdem ist auf eine reichhaltige Praxis von Organen internationaler Organisationen zu diesem Thema hinzuweisen, wobei der Praxis des Sicherheitsrats und der Generalversammlung der Vereinten Nationen ein besonderer rechtlicher Stellenwert beizumessen ist.[41]

Alle diese Rechtsinstrumente regeln als Gebots- oder Verbotstatbestände in negativer Weise bestimmte Verhaltensmuster von Staaten, die in Zusammenhang mit dem Verbleib oder der Rückkehr von Menschen in ihre Heimat stehen. Sie sagen zwar nichts darüber aus, daß dahinter auch positiv ein Recht auf Heimat stehen soll. Mit Christian Tomuschat wird man jedoch sagen können, daß diese negativen Tatbestände nur dann erklärbar sind, wenn man ein dahinter stehendes positives Recht auf Heimat zumindest dann annimmt, wenn es durch den Minderheitenschutz, das Selbstbestimmungsrecht der Völker und den menschenrechtlichen Mindeststandard geboten ist.[42]

Dabei darf die Verankerung des Rückreiserechts in den IPBPR sowie in die EMRK jedoch nicht zu dem Schluß verleiten, daß es für jeden Menschen unter allen Umständen ein Recht auf Heimat gibt. Die Rückreisefreiheit betrifft nur das Recht, in den eigenen Staat einzureisen, sagt aber noch nichts darüber aus, wo man in diesem Staat siedeln darf. Zwar gewährt Art. 12 Abs. 1 IPBPR auch das Recht, innerhalb des Heimatstaates frei seinen Wohnsitz wählen zu dürfen. Dieses Recht kann jedoch gemäß Art. 12 Abs. 3 aus vielerlei Gründen eingeschränkt werden. Wenn aber durch den Verlust der Heimat die physische Existenz des einzelnen gefährdet wird, dann greift der heute allgemein anerkannte menschenrechtliche Mindeststandard, der die Anwendung der Schranken des Art. 12 Abs. 3 ausschließt. In diesem Fall bilden dann die Menschenrechte neben dem Minderheitenschutz und dem Selbstbestimmungsrecht der Völker die dritte Säule, auf die

---

[39] Vgl. Kimminich: Das Recht auf die Heimat (1979) S. 97 ff.

[40] Vgl. dazu Hillgruber: Minderheitenschutz im Rahmen der Europäischen Menschenrechtskonvention. Stand und Entwicklung. In: Minderheiten- und Volksgruppenrechte in Theorie und Praxis. Hrsg. von Blumenwitz und Gornig (1993) S. 39 ff.

[41] Vgl. dazu Mohr: Die Vereinten Nationen und der Minderheitenschutz. Versuch einer Bestandsaufnahme. In: Ders.: Friedenssichernde Aspekte des Minderheitenschutzes in der Ära des Völkerbundes und der Vereinten Nationen in Europa (1996) S. 85 ff.

[42] Vgl. Tomuschat: Das Recht auf Heimat (Anm. 38) S. 188 f.

ein Recht jedes Menschen auf Verbleib oder auf Rückkehr in seine angestammte Heimat gestützt werden kann.

Fazit

Als Fazit kann damit festgehalten werden, daß es einen unmittelbaren Zusammenhang zwischen den Tatbeständen der Vertreibung, der Deportation und der ethnischen Säuberung mit dem Minderheitenschutz gibt. Dabei ist der Minderheitenschutz neben dem Selbstbestimmungsrecht der Völker und den Menschenrechten eine der rechtlichen Grundlagen dafür, daß Menschen, die aus ihrer angestammten Heimat – sei es innerhalb des Gebietes eines Staates, sei es über die Grenzen des Staates hinaus – ausgesiedelt werden, ein Recht auf Rückkehr in ihre angestammte Heimat haben.

Prof. Dr. Udo Fink
Johannes-Gutenberg-Universität Mainz
Fachbereich Rechts- und Wirtschaftswissenschaften
Lehrstuhl für Öffentliches Recht, Europarecht, Völkerrecht und Intern. Wirtschaftsrecht
Jakob-Welder-Weg 4
D-55099 Mainz / Deutschland
Tel.: 06131-392-2384
Fax: 06131-392-5439
Email: fink@mail.jura.uni-mainz.de
Internet: www.jura.uni-mainz.de/~fink
Udo Fink (geb. 1957): 1978-1984 Studium der Rechtswissenschaft an der Universität des Saarlandes; 1990-1996 wissenschaftlicher Mitarbeiter am Institut für Völkerrecht und ausländisches öffentliches Recht der Universität Köln; 1991 Promotion an der Universität des Saarlandes und 1996 Habilitation an der Universität Köln; Verleihung der venia legendi für die Fächer Staatsrecht, Verwaltungsrecht und Völkerrecht; 1996 Ernennung zum Universitätsprofessor und Direktor der Abteilung für Internationales Wirtschaftsrecht am Institut für Völkerrecht der Georg-August-Universität Göttingen; seit März 1997 Geschäftsführender Direktor des Instituts für Völkerrecht der Georg-August-Universität Göttingen; 2000 Berufung auf den Lehrstuhl für Öffentliches Recht, Europarecht, Völkerrecht und Internationales Wirtschaftsrecht der Johannes-Gutenberg-Universität Mainz.

Stefan Oeter, Hamburg

Minderheitenschutz erscheint in der Optik des Obertitels, den man für unsere Diskussionsveranstaltung gewählt hat, als Gegenpol zu Vertreibung, Deportation und „ethnischer Säuberung". Aus der Sicht der betroffenen Volksgruppen spricht sicherlich auch einiges dafür, die Einräumung eines institutionell verfaßten Minderheitenschutzes als Gegensatz zu den Extremstrategien der „nationalen Homogenisierung" zu begreifen, die man neuerdings mit dem so unschönen Sammelbegriff „ethnische Säuberung" belegt. Beide sind aus der Sicht der um „nation building" bemühten modernen Staaten gegensätzliche strategische Optionen im Umgang mit dem „Minderheitenproblem". Doch steckt hinter dem Begriff des „Minderheitenproblems" nicht eine folgenschwere perspektivische Verzerrung? Zu dieser Frage wurde im Verlauf der Tagung schon sehr viel Bedenkenswertes gesagt, dem ich mich im Kern nur anschließen kann. Staaten neigen dazu — so könnte man die bisherige Argumentation zusammenfassen — das „Minderheitenproblem" als einen Störfaktor der staatlichen Entwicklung zu betrachten. Sieht man genau hin, so spricht jedoch sehr viel dafür, eher von einem „Nationalstaatsproblem" als von einem „Minderheitenproblem" zu sprechen.

Warum? Das hier thematisierte Problem geht genetisch nicht von der Existenz der Minderheiten, sondern umgekehrt von der Nationalstaatsidee aus, die den Menschen (und erst recht den Politikern) den Gedanken in den Kopf gesetzt hat, jedes Volk brauche seinen eigenen Nationalstaat, in dem das eigene Volk (und nur dieses) seine historische Bestimmung und politische Entfaltung finden könne. Nun ist aber Europa siedlungs- und sprachgeschichtlich von unzähligen Wanderungsbewegungen, Bevölkerungsvermischungen, sprachlichen Anverwandlungs- und Integrations- wie Desintegrationsprozessen geprägt. Sieht man auf die Ausgangslage des späten 18. und frühen 19. Jahrhunderts, so ist nicht die sprachlich und kulturell homogene, kompakt in einem Raum siedelnde „Volksnation" der Regelfall, sondern die Vielfalt neben- und durcheinander siedelnder Volks-, Sprach- und Kulturgruppen. Die moderne „Staatsnation" ist insofern nicht ein bevölkerungs- und sprachgeschichtlich vorgegebenes Faktum, sondern ein politisches Konstrukt, das Ergebnis gezielt herbeigeführter politischer Prozesse. Man muß sich dies immer wieder vergegenwärtigen, um bewußt zu halten, daß die Idee der homogenen „Staatsnation" nicht eine natürliche Gegebenheit, sondern eine zum Telos staatlichen Handelns erklärte politische Utopie darstellt, von deren Verwirklichung alle größeren Staaten Europas weit entfernt sind. Wie bei jeder politischen Utopie, so ist auch hier deren konsequente Verwirklichung mit einem hohen Preis verbunden — Unterdrückung ganzer Völker, psychische Deformation einer Unzahl von Menschen, in letzter Konsequenz Massenmord, Vertreibung, Deportation, Genozid.

Einer meiner Lieblingsautoren, der berühmte altliberale britische Historiker Lord Acton, hat dies einmal in seiner unnachahmlich lakonischen britischen Diktion auf die Formel gebracht, der größte Feind der Rechte der Nationalitäten sei die Lehre von der Nation. Indem man den Staat und die Nation in der Theorie miteinander verschmilzt, reduziere man praktisch alle anderen Nationalitäten innerhalb der Grenzen des Staates zu bloßen Störfaktoren. Die Konsequenz, die Lord Acton aus dieser Einsicht zog, war für das vom Nationalstaatskonzept besessene 19. Jahrhundert radikal, bleibt aber meines Erachtens immer noch gültig: Ein „zivilisierter Staat", der — das ist ganz altliberal gedacht — gerade die Schaffung von Freiheit zur Verwirklichung moralischer Verantwortung für das eigentliche Ziel menschlicher Gesellschaft hält, muß darauf abzielen, alle von ihm vorgefundenen (oder sonstwie in seinen Herrschaftsbereich gelangten) verschiedenen Nationalitäten einzuschließen, ohne sie zu unterdrücken. Ein Staat — so postulierte er ausdrücklich —, der darauf hinarbeite, die von ihm beherrschten Völker zu neutralisieren, zu absorbieren oder gar zu vertreiben, zerstöre seine eigene Lebenskraft und beraube sich letztlich der Hauptgrundlage von Freiheit und Demokratie.

Die in diesem Gedankengang liegende Frontstellung gegen den modernen Nationalstaatsgedanken erscheint radikal — nicht nur für das späte 19. Jahrhundert, sondern auch noch heute. Die geforderte Selbstbeschränkung des „zivilisierten Staates" läuft auf eine Abkehr von allen Konzepten sprachlich und kulturell homogener „Nationen" hinaus — für die Linguisten heute eine Selbstverständlichkeit, aber leider nicht für Politiker und Publizisten und schon gar nicht für weite Teile der Bevölkerung. Sie läuft auf eine partielle Rückkehr zum anationalen Staatskonzept des vormodernen Vielvölkerstaates hinaus, man könnte auch sagen: auf eine „Denationalisierung" moderner Staatlichkeit. Dies ist schwieriger als man sich das zunächst vorstellen mag. Mit formaler Gleichbehandlung und einer Tabuisierung des „Ethnischen" alleine ist es nicht getan. Das verkennen vor allem die Verfechter von Integration und multikultureller Gesellschaft allzu häufig. Unsere Konstruktion von Staatlichkeit ist zutiefst vom Erbe des Nationalstaates durchtränkt, mit untergründigen Sprachenhierarchien und kultureller Dominanz einer „Nationalkultur", die sich weigert, anderen Sprachen und Kulturen irgendeinen Entfaltungsraum im Bereich des Staatlichen zuzugestehen. Wo aber bleibt die Gleichbehandlung, wenn es selbstverständlich ist, daß der Angehörige der Mehrheitsnation seine Muttersprache als „natürliche" Sprache der öffentlichen Kommunikation und des staatlichen Lebens benutzt, während es genauso selbstverständlich sein soll, daß die Angehörigen der „Minderheiten" sich im Bereich des Öffentlichen einer fremden Sprache, eben der Mehrheitssprache, zu bedienen haben?

Es sollte eigentlich selbstverständlich sein, daß sich jeder auch in der öffentlichen Kommunikation seiner eigenen Muttersprache bedienen darf. Nun ist dies evidentermaßen in modernen „Kommunikationsgesellschaften" nicht praktikabel – darauf hat auch „Minderheitenschutz" immer wieder Rücksicht zu nehmen. Doch man sollte sich stets bewußt sein: Rechtfertigungsbedürftig ist nicht der öffentliche Gebrauch der Minderheitensprache, sondern dessen Einschränkung. Notwendigkeiten der Einschränkung gibt es in vielerlei Hinsicht, und man wird auch aus naheliegenden Gründen nicht alle Minderheiten gleich behandeln können. Die kompakt siedelnde Volksgruppe mit territorialer Basis wird im Kontext mehrsprachlicher Amtssprachenregime und territorialer Autonomie weit mehr Entfaltungsraum für ihr „natürliches Recht" erwarten dürfen als verstreut siedelnde Kleinstminderheiten. Migrantenkolonien werden – bedarf es doch zunächst deren sozialer und wirtschaftlicher Integration – insoweit anders behandelt werden müssen als alteingesessene Minderheiten. Im Prinzip jedoch sind auch „Migrantenkolonien" sprachliche und kulturelle „Minderheiten", deren Verfestigung zu in der Generationenfolge stabilen Gruppen zwar eher die Ausnahme darstellt, aber gleichwohl immer wieder vorkommt. So wird man es etwa im Fall der türkischen Kolonie in Deutschland, die faktisch dabei ist, so etwas wie eine geschlossene soziale Gruppe mit eigenem Binnenleben und ihre gesonderte „Identität" auf Dauer verfestigenden Institutionen zu bilden, keineswegs für ausgeschlossen halten dürfen, daß sich diese in mittlerer Sicht zu einer „eingesessenen Minderheit" entwickelt. Dies ist letztlich eine Frage der sozialen Entwicklung, nicht der politischen Definition. Die Mehrheitsgesellschaft entscheidet im Rahmen der Gestaltung der sozialen Strukturen mit über diese Entwicklung, über die Angebote der „Inklusion", also Integrationschancen, die sie Angehörigen der Migrationsminderheit einräumt, wie über Prozesse der „Exklusion" und Ghettoisierung, die letztlich zur Stabilisierung der Minderheit als gesonderter Volksgruppe führen.

Aus diesen Einsichten die entsprechende Konsequenz zu ziehen, ist nun überaus schwierig. Es widerstrebt der Intuition des typischen Bewohners eines modernen europäischen Nationalstaates, nicht die Einheit und sprachliche Gleichförmigkeit des angestrebten homogenen „Nationalstaates", sondern Vielsprachigkeit und das Neben- und Gegeneinander unterschiedlicher Kulturen auf einem Raum als „Normalfall" anzusehen. Im zeitlichen Vergleich der europäischen Geschichte wie im räumlichen Vergleich der Staatenwelt außerhalb Europas ist zwar diese Vielfalt auf engem Raum der Regelfall. Doch dieser Regelfall ist aus dem Blickfeld verschwunden, wurde abgelöst durch das normative

Leitbild des einheitlichen Nationalstaates, das das europäische Staatsdenken seit beinahe zwei Jahrhunderten beherrscht. Hier ist eine Bewußtseinsveränderung nötig; allerdings hat man im Kampf um diese Bewußtseinsveränderung mitunter das Gefühl, an einem Unternehmen mit quijotesken Zügen teilzuhaben. Das 20. Jahrhundert hat uns ja nicht nur die Kosten des Nationalstaatsprojektes gelehrt, sondern uns – wenn auch zu einem immensen Preis – der Utopie des homogenen Nationalstaates so nahe wie nie zuvor gebracht. In Deutschland ist dies besonders deutlich, hat doch die tragische Geschichte der Deutschen im 20. Jahrhundert dazu geführt, daß deutscher Staat und deutsches Volk nahezu deckungsgleich wurden – mittels der Ausrottung der Minderheiten in Deutschland, aber auch durch die territorialen Amputationen und die Vertreibung der Deutschen im Osten. Nur wenn man sich den Preis dieser Annäherung an das Konzept des „homogenen Nationalstaates" bewußt hält, bleibt man dagegen gefeit, dieses Ergebnis als erfreulich oder gar als selbstverständlich anzusehen. Im Nachhinein dürften sich viele Menschen nur wünschen, Mitteleuropa wäre so weit vom homogenen Nationalstaat entfernt geblieben wie es dies im 19. Jahrhundert noch war. Nicht nur die als Gruppe nahezu ausgerotteten deutschen Juden, sondern auch die Vertriebenen, die ja ebenfalls einen Teil des Preises für dieses „Projekt" zu zahlen hatten, dürften sich dessen immer schmerzhaft bewußt bleiben.

Was trägt nun das Völkerrecht zum notwendigen Wandel des Bewußtseins bei? Eine negative Bewertung der Nationalstaatskonzeption ergibt sich nicht unmittelbar aus dem Völkerrecht. Doch es gibt gravierende Unterschiede zwischen dem Völkerrecht zu Beginn des 21. Jahrhunderts und dem klassischen Völkerrecht des 19. und frühen 20. Jahrhunderts – Udo Fink hat das eingangs sehr schön dargestellt. Enthielt sich das klassische Völkerrecht noch weitgehend einer Bewertung gegenüber den Versuchen einer zwangsweisen „Homogenisierung" der Gesellschaft, so hat das Völkerrecht im Verlauf der letzten Jahrzehnte praktisch alle Formen der „ethnischen Säuberung", der Deportation, Vertreibung oder gar des Völkermordes mit Acht und Bann belegt. Sie sind – als Verstöße gegen das Genozidverbot, gegen humanitäres Völkerrecht und Menschenrechte – nicht nur flagrante Völkerrechtsverletzungen, sondern werden nach neuester Praxis eindeutig als völkerrechtliche Verbrechen gewertet. Wird den Staaten jedoch die Option der gewaltsamen Ausmerzung von sprachlicher und kultureller Vielfalt versperrt, so werden sie auf Dauer wohl lernen müssen, mit dem vorgefundenen Ausmaß an sprachlich-kultureller Differenz zu leben. Die Ansätze eines völkerrechtlichen Minderheitenschutzes sind insoweit nur konsequente Fortführungen eines Entwicklungspfades, den das Völkerrecht mit dem Menschenrechtsschutz schon unmittelbar nach dem Zweiten Weltkrieg eingeschlagen hat. Es wird zwar noch eine gewisse Zeit brauchen, bis dies im Denken und Handeln der vielen nach wie vor nationalstaatlich geprägten Politiker (und Gesellschaften) ankommt; dieser Einsicht wird sich die Politik aber kaum mehr entziehen können, will sie sich nicht dem Verdikt des offenen Völkerrechtsbruches aussetzen. Die Toleranz der Weltöffentlichkeit gegenüber staatlicher Gewalt und Unterdrückung unter Mißachtung der Menschenrechte wird immer geringer. Schon so mancher Machtpolitiker klassisch nationalistischer Prägung (wie Saddam Hussein oder Slobodan Milosevic) hat diese Lektion erfahren müssen. Der Bewußtseinswandel ist mühsam – und wird noch so manches Opfer am Wegrand hinter sich lassen. Die Änderungen im normativen Grundgefüge des Völkerrechts, die diesem Wandel teils vorausgehen, teils parallel zu ihm stattfinden, sollten aber Hoffnung geben, daß das konstruktivistische Projekt der gezielt vereinheitlichten Staatsnation bald zu Grabe getragen werden kann. Die nun schon ein ganzes Jahrhundert geführte wissenschaftliche Debatte um Minderheiten- und Volksgruppenschutz hat nicht wenig dazu beigetragen, diesen Änderungsprozeß auf den Weg zu bringen und ihm immer wieder neue Kraft zu verleihen. Man kann nur hoffen, daß das im Gedanken des Minderheitenschutzes liegende Erbe der Aufklärung nicht seine Anziehung verliert und der Vergessenheit anheimfällt.

Zur Person des Diskutanten siehe S. 81-82.

Elisabeth Sándor-Szalay, Fünfkirchen/Pécs

Der innerstaatliche Schutz der Minderheiten in Ungarn ist gleich mehrfach in der Verfassung Ungarns verankert:
- Art. 7 Abs. 1: Verhältnis zwischen Völkerrechtsverpflichtungen und ungarischer Rechtsordnung; Verpflichtung zur Schaffung der Übereinstimmungen beider;
- Art. 8: Anerkennung der allgemeinen Menschenrechte;
- Art. 32/B: Einstellung eines Parlamentsbeauftragten für die Rechte der nationalen und ethnischen Minderheiten;
- Art. 68 Abs. 1: die Minderheiten in Ungarn sind staatsbildende Faktoren und Teilhaber an der Macht des Volkes;
- Art. 68 Abs. 2-5: Verpflichtung des Staates zum aktiven Minderheitenschutz in den Bereichen Kultur und Unterricht; Garantie zur Vertretung der Minderheiten, insbesondere durch Errichtung von autonomen Körperschaften (Selbstverwaltungen), sowohl auf örtlicher als auch auf nationaler Ebene; Verabschiedung eines Minderheitengesetzes (erfolgte 1993);
- Art. 70/A: Prinzip der Nicht-Diskriminierung.

Zur Zeit gibt es 13 vom Gesetz anerkannte Minderheiten, die mehr als 800 örtliche, aber nur elf Landesselbstverwaltungen besitzen; auf Komitatsebene ist also die Vertretung sehr gering. Die Zahl der einzelnen Minderheitengruppen bewegt sich zwischen einigen Tausend und rund 800.000 Angehörigen.

Sämtliche im Zuge der „Konjunktur" des Minderheitenschutzes entstandenen Deklarationen und Verträge – sei es auf universeller, sei es auf europäischer Ebene (überwiegend im Rahmen des Europarates) – sind von Ungarn unterschrieben bzw. ratifiziert worden. Zwischen 1991 und 1996 sind fünf bilaterale Nachbarschaftsverträge abgeschlossen worden, die umfangreiche Minderheitenschutzbestimmungen beinhalten. In diesem Zusammenhang ist darauf hinzuweisen, daß sich Ungarn in Art. 6 Abs. 3 seiner Verfassung als auch für die Auslandsungarn verantwortlich deklariert. Dies ist insofern von Bedeutung, daß es umgekehrt als selbstverständlich abgesehen werden muß, wenn sich (Nachbar-) Staaten für die entsprechenden in Ungarn lebenden Minderheiten engagieren.

Wenn man über Vertreibung und Minderheiten in Europa spricht, so kann man im Falle Ungarns die Vertreibung der deutschen Bevölkerung unmittelbar nach dem Zweiten Weltkrieg sowie den forcierten sogenannte Bevölkerungsaustausch zwischen der Tschechoslowakei und Ungarn nicht ausblenden. Beides sind Ereignisse einer völkerrechtswidrigen Kollektivbehandlung und es kommt nicht von ungefähr, daß man nur schemenhafte Fakten kennt. Wenn von 200.000 deutschen Vertriebenen und von rund 2.000 „ausgetauschten" Ungarn gesprochen wird, so sind dies keine wissenschaftlich abgesicherten Zahlen. Die seinerzeit ebenfalls einsetzende Zwangsmagyarisierung führte dazu, daß viele Minderheitenangehörige auch noch Anfang der neunziger Jahre Angst vor der Bekanntgabe bzw. Anerkennung ihrer Zugehörigkeit zu einer Minderheit hatten. Diese Furcht hat sich allerdings in den letzten zehn Jahren stark verringert.

In dieser Zeit sind jedoch neue Migrationen zu verzeichnen gewesen, die wiederum neue Konfliktlagen geschaffen haben: So kamen aus Rumänien einige Personen (nicht nur ungarischer Abstammung) sowie Flüchtlinge aus dem kriegsgeschüttelten Ex-Jugoslawien.

Abschließend ist darauf hinzuweisen, daß heutzutage Personen unter Nachweis auf eine frühere ungarische Staatsangehörigkeit im Eilverfahren ihre ungarische Staatsangehörigkeit wiedererlangen können; dies betrifft sowohl Ungarn als auch Vertreter der Minderheiten.

Dr. Elisabeth Sándor-Szalay
Universität Pécs/Fünfkirchen
Staats- und Rechtswissenschaftliche Fakultät
Lehrstuhl für Völker- und Europarecht
48-as tér 1
H-7621 Pécs / Ungarn
Tel.: 0036-72-21-1433 / -3237
Tel.: 0036-72-31-4729
Fax: 0036-72-21-1419
Email: zsoka@elender.hu

Elisabeth Sándor-Szalay (geb. 1961): 1981-1986 Studium der Rechtswissenschaften an der Universität Pécs/Fünfkirchen und an der Universität Bayreuth; 1986-1993 Wissenschaftliche Assistentin an der Rechtswissenschaftlichen Fakultät der Universität Pécs/Fünfkirchen; 1991 Promotion und 1992-1997 Gastprofessorin an den Universitäten Bayreuth, Budapest und Graz; seit 1999 Dozentin am Lehrstuhl für Völker und Europarecht der Rechtswissenschaftlichen Fakultät der Universität Pécs/Fünfkirchen.

Minderheitenproblematik in Bosnien-Herzegowina
Verica Spasovska, Köln

Seit Ende 1995 hält der zerbrechliche Frieden in Bosnien-Herzegowina, doch auch wenn kaum noch ein Schuß fällt, so werden die Menschenrechte in dem Dayton-Staat vielfach mit Füßen getreten. Zu diesem bedrückenden Urteil kommen die sogenannten Ombudsmänner des OSZE-Hochkommissars für Fragen der nationalen Minderheiten in ihrem Jahresbericht zur Lage der Menschenrechte. Aufgabe der drei regierungsunabhängigen Juristen ist es, die Behörden in dem zweigeteilten Land zu kontrollieren und sich um Eingaben von Bürgern zu kümmern.

„Wohnen ist ein Menschenrecht. Aber dieses Recht wird sowohl in der kroatisch-muslimischen Föderation als auch in der serbisch dominierten Republika Srpska nicht durchgesetzt", heißt es in dem Bericht. So ist in der Föderation seit dem Ende des Krieges im Herbst 1995 lediglich ein Viertel aller Flüchtlinge in die eigenen vier Wände zurückgekehrt. Eine halbe Million Menschen leben noch immer als Flüchtlinge in provisorischen

Behausungen, viele von ihnen sogar noch in Sammelunterkünften. Den Grund für die schleppende Rückkehr sehen die Ombudsmänner vor allem darin, daß der politische Wille fehlt, die Anträge auf Rückgabe von Wohneigentum zügig und korrekt zu bearbeiten. Die Behörden — so heißt es in dem Bericht weiter — wollten die ethnischen Säuberungen, die während des Krieges durchgeführt worden waren, nicht wieder rückgängig machen, weil sie „ethnisch reine" Gebiete zu erhalten beabsichtigten.

Den schweren Vorwurf, die lokalen Behörden — sowohl in kroatisch und bosnisch dominierten Gemeinden als auch in der Republika Srpska — obstruierten massiv die Rückkehr und würden dabei direkt von politischen Interessen geleitet, untermauern die Ombudsmänner mit detailliertem Faktenmaterial: Von knapp 9.000 Eingaben, die sie 1999 von hilfesuchenden Bürgern erhielten, hätten sich 60 Prozent auf erfolglose Versuche, Wohneigentum zurückzuerlangen, bezogen. Am zügigsten verlaufe die Rückkehr von ethnischen Minderheiten in stark zerstörte Vororte und Dörfer, weil diese zumeist mit ausländischer Hilfe wiederaufgebaut würden. Diese Rückkehr verfolgten die Behörden häufig relativ passiv. Am schwierigsten gestalte sich die Rückkehr in die Stadtzentren, denn in den guten und daher begehrten Wohnlagen hätten sich zwischenzeitlich zumeist neue Bewohner einquartiert, die nun ausgewiesen werden müßten. Dies sei in der Praxis außerodentlich schwer umzusetzen, weil die rückkehrwilligen Angehörigen der ethnischen Minderheiten gegen einen ganzen Behördenapparat der dortigen ethnischen Mehrheit anzukämpfen hätten. So würden die Behörden Anträge auf Wohnungsrückgabe besonders langsam bearbeiten, sie verlangten Dokumente, die gar nicht erforderlich seien und schöben Beschwerden gegen abgelehnte Anträge auf die lange Bank. Im westbosnischen Caplina wäre beispielsweise 1999 von 730 Anträgen kein einziger bearbeitet worden, im kroatisch dominierten West-Mostar von rund 6.000 Anträgen ganze 22 und im muslimisch dominierten Ost-Mostar von 1.400 lediglich 64. Im zentralbosnischen Zenica, das nun mehrheitlich von Muslimen bewohnt wird, wären von 6.000 Anträgen zwar die Hälfte bearbeitet worden, aber nur zehn Prozent hätten einen positiven Bescheid erhalten. Diese Beispiele seien symptomatisch für die Gesamtsituation in Bosnien-Herzegowina.

Ein weiteres Hindernis für das Zusammenwachsen des fragilen Dayton-Staates ist die Tatsache, daß beide Entitäten zwei unterschiedliche Verfassungen haben, in denen die ethnischen Minderheiten jeweils diskriminiert werden. In der Republika Srpska gelten lediglich die bosnischen Serben als staatstragendes Volk, alle Nicht-Serben per Gesetz als Minderheit. In der kroatisch-muslimischen Föderation hingegen gelten nur bosnische Kroaten und Muslime als konstitutives Staatsvolk — hier werden alle Angehörigen anderer ethnischer Gruppen als Minderheit betrachtet. Dieser Zustand sorgt bei allen Beteiligten für ein Gefühl permanenter Benachteiligung. Doch das Bundesverfassungsgericht von Bosnien-Herzegowina, in dem alle drei ethnischen Gruppen gleichberechtigt vertreten sind, kann sich nicht auf eine gemeinsame Verfassung einigen.

Impulse für ein Zusammenwachsen des *de facto* zweigeteilten Staates gehen bisher vor allem vom Internationalen Bosnien-Beauftragten der OSZE aus, der mit der Implementierung des zivilen Teils des Daytoner Friedensvertrages beauftragt ist. Er hat dafür gesorgt, daß das Land unter anderem über gemeinsame Reisepässe, gemeinsame Autokennzeichen und eine gemeinsame Währung verfügt. Mit diesen Maßnahmen wurde die Bewegungsfreiheit der Menschen in beiden Entitäten erheblich verbessert und das Leben normalisiert. Auch das strikte Vorgehen des Hohen Repräsentanten gegen nationalistische Hardliner in den Gemeinden, die er gegebenenfalls ihrer Funktion enthebt, hat das

Vertrauen der Bürger in die internationale Gemeinschaft gestärkt. Auf lokaler Ebene setzt sich zudem in intensiven Verhandlungen der internationale Streitschlichter Christian Schwarz-Schilling dafür ein, daß Gemeinden ihren Widerstand gegen die Rückkehr von Vertriebenen und Flüchtlingen aufgeben. Und im Rahmen des Stabilitätspaktes ist auch der ehemalige Bremer Bürgermeister und Administrator von Mostar Hans Koschnick mit der Rückkehr der Flüchtlinge beauftragt. Zweifellos bemüht sich die internationale Gemeinschaft mit zahlreichen Maßnahmen, die Rückkehr der Flüchtlinge als eines der Haupthindernisse für die Reintegration beider Entitäten auf den Weg zu bringen. Unter den Menschen sitzt das gegenseitige Mißtrauen hingegen immer noch tief. Bei den Kommunalwahlen im April 2000 lagen deshalb erneut mehrheitlich die nationalistischen Politiker vorne. Lediglich in den großen Städten der kroatisch-muslimischen Föderation Sarajevo, Tuzla und Zenica errangen die Sozialdemokraten Mehrheiten. Insbesondere die Flüchtlinge und Vertriebenen stimmen traditionell mehrheitlich für nationalistische Politiker, weil sie hoffen, daß diese ihre nationalen Interessen besser vertreten. Der demokratische Wandel bleibt in Bosnien-Herzegowina somit ein langwieriger Prozeß, doch er erscheint nicht hoffnungslos: Skeptiker des multi-ethnischen Gesellschaftsmodells in Bosnien-Herzegowina sollten bedenken, daß die Wunden, die der dreieinhalb Jahre währende Krieg geschlagen hat, Zeit zur Heilung benötigen.

Verica Spasovska M.A.
Deutsche Welle
Chefin vom Dienst DW-Radio Deutsches Programm
Raderberggürtel 50
D-50588 Köln / Deutschland
Tel.: 0221-389-4404
Fax: 0221-389-4395
Email: verica.spasovska@dw-world.de
Internet: www.dw-world.de
Verica Spasovska (geb. 1960): 1986 Magister Artium in Slawistik, Germanistik und Südslawistik in Köln; Praktikum bei RTV/Skopje und bimediales Volontariat bei der Deutschen Welle; seit 1988 bei der Deutschen Welle tätig: 1988-1993 Redakteurin im Deutschen Programm/Zeitfunk, 1993-1995 Redakteurin mit besonderen Aufgaben in den Südosteuropa-Programmen, parallel Einsätze als Reporterin im ehemaligen Jugoslawien während des Krieges in Bosnien-Herzegowina, 1995-1997 Leiterin des „Sonderprogramms für bosnische Kriegsflüchtlinge", 1996 Chefin vom Dienst der Südosteuropa-Programme, 1997-2000 Leiterin des neu eingerichteten Bosnischen Programms, 1999-2000 Einsatz als Reporterin für das ARD-Hörfunk-Studio Wien in Skopje/Mazedonien und seit August 2000 Chefin vom Dienst im Deutschen Programm von DW-Radio; seit 1995 Vortragstätigkeit im „Zentrum Innere Führung" der Bundeswehr zur Ausbildung von SFOR- und KFOR-Soldaten.

„Multikulturalität darf keine Einbahnstraße sein"
Zur Überwindung der kulturellen Distanz zwischen den Völkern im Kosovo
Adelheid Feilcke-Tiemann, Köln

„Wir dürfen den Serben nicht dasselbe antun, was sie uns angetan haben!" Das sagte ein alter Albaner aus dem Kosovo, nur wenige Wochen nach dem Ende des Krieges, als er zusammen mit anderen Männern seines Dorfes in der „Oda", dem traditionellen Versammlungsraum, einen Kriegstoten beklagte.[1] Doch nach dem Ende des Krieges hat den Kosovo eine Welle ethnisch geprägter Gegengewalt und Racheakte erschüttert. Die albanische Bevölkerungsmehrheit – jahre- und jahrzehntelang ethnisch, kulturell und politisch unterdrückt – ließ nun die nötige Toleranz gegenüber der serbischen Kultur und Nation vermissen. Immer wieder gab es Meldungen über ethnisch motivierte Angriffe und Morde. Opfer werden zu Tätern. Das mag im Einzelfall nachvollziehbar sein, wenn man die Leiden und Traumata der noch frischen Kriegserlebnisse berücksichtigt. Doch mit Recht drängen alle internationalen Organisationen darauf, im Kosovo eine Gesellschaft entstehen zu lassen, die auf rechtsstaatlichen Prinzipien beruht, zu denen auch der Respekt und die Achtung gegenüber Menschen mit anderer ethnischer Zugehörigkeit, anderer Religion und Rasse gehört.

Daraus leitet sich folgendes Ziel ab: Den Serben und Roma, den Aschkali und allen anderen Völkern und Volksgruppen, die als Minderheiten im Kosovo leben, muß nicht nur Sicherheit für Leib und Leben gewährt werden; ihnen muß auch Raum für die eigene kulturelle Entfaltung sowie politische, wirtschaftliche und gesellschaftliche Teilhabe eingeräumt werden. Doch wie soll das funktionieren?

Zwar kann man das Zusammenleben der Völker, oder – wie UN-Verwalter Bernhard Kouchner es ernüchtert seit Dezember 1999 formuliert – ein Nebeneinander der Völker im Kosovo erzwingen oder besser: durchsetzen; KFOR, UNMIK, Polizei etc. können unter erheblichem materiellen und logistischen Aufwand Sicherheitszonen für die jeweilige Minderheit schaffen. Doch diese Enklaven – die bereits heute in serbischen Klöstern, einzelnen Dörfern oder in der brisanten Zone Nordmitrovica bestehen – bieten den Menschen auf Dauer keine Lebensperspektive. Die Trennung verschärft vielmehr die Spannungen und die Frontenbildung. Die nötige Deeskalation kann nur gelingen, wenn es zu einer kulturellen und gesellschaftlichen Aussöhnung sowie zu einer Kultur der gegenseitigen Akzeptanz kommt.

In der kulturellen Distanz zwischen Serben und Albanern – ein entscheidender Unterschied etwa zur Situation in Bosnien – liegt eine der Wurzeln für die Probleme im Kosovo: Das Zusammenleben zwischen Albanern und Serben ist schon lange gestört, die international erwünschte friedliche Koexistenz nur Fiktion, weil es schon immer nur ein Nebeneinander gab. Ein sicheres Indiz für diese kulturelle Distanz ist, daß im Kosovo interethnische Ehen selbst in Zeiten der staatlich verordneten sozialistischen Verbrüderung sogar im städtisch-gebildeten Umfeld praktisch nicht vorkamen.

Die Unkenntnis und das Unverständnis gegenüber dem anderen nähren die Gefühle von Inferiorität und Dominanz. Die kulturelle Distanz wurde in den vergangenen Jahren

---

[1] Aus einer Reportage von Valentina Saracini (Morina/Kosovo), die von der Deutschen Welle Ende Juni 1999 in ihrem Radioprogramm Albanisch ausgestrahlt wurde.

und Jahrzehnten von den jeweiligen Machthabern politisch instrumentalisiert.[2] Und sie hat mit dazu geführt, daß auf beiden Seiten die Vorurteile internalisiert wurden.

Wer heute mit Albanern und Serben ebenso wie mit Türken oder Roma im Kosovo spricht, stößt sehr schnell an die seit Jahren eingeübten ethnischen Vorurteile, an eine holzschnittartige Wahrnehmung der anderen Volksgruppe. Dabei ergibt sich folgendes grobe Schema: Der Serbe empfindet sich häufig als kulturell überlegen, als eine Art Herrenmensch. Gleichzeitig sieht er sich als Opfer der Geschichte. Er verachtet den ungebildeten Albaner, den er als zurückgeblieben ansieht und sich gleichzeitig vor ihm fürchtet, weil er ihm wild und unkalkulierbar erscheint und ihn (latent) mit relativ höherer Fertilität und seiner Religion, dem Islam bedroht. Der Albaner dagegen fühlt sich aufgrund der kulturellen Unterdrückung und der mangelnden Bildungsmöglichkeiten in den vergangenen Jahren entsprechend unterlegen und reagiert deshalb mit Abwehr, Mißtrauen und Haß auf alles Serbische. Er wiederum macht serbische Politik und Mentalität dafür verantwortlich, daß sich die albanische Kultur nicht so stark zivilisieren konnte, und lehnt alles Serbische ab. In der Tat ist diese Darstellung der gegenseitigen Vorurteile verallgemeinernd, doch ist dieses Denken allgegenwärtig und blockiert einen unverkrampften Dialog.

Aus albanischer Sicht sind der jugoslawische Staat und das Serbentum identisch, während andererseits aus serbischer Sicht Albanertum mit Staatszersetzung und Terrorismus gleichgesetzt wird. Leider dominiert bei vielen Serben heute eine Verdrängung der gegenüber den Albanern angewandten staatlichen Gewalt und ethnischen Unterdrückung. Die Aufarbeitung der bis zum Sturz Slobodan Milosevic betriebenen rassistischen Belgrader Politik hat noch nicht begonnen, nur wenige distanzieren sich offen vom Belgrader Regime. Die Übergriffe auf Serben, die nicht politisch koordiniert sind und von allen politischen Parteien der Albaner scharf verurteilt werden, werden aus Sicht der Kosovo-Albaner mit dem staatlich gestützten Genozid der vergangenen Jahre an den Albanern gleichgesetzt. Aber so wenig wie erlittenes Unrecht neues Unrecht rechtfertigt, so wenig kann man Verbrechen auf die Waagschale legen. Es gibt keine Gleichheit im Unrecht. Doch dieser moderne Rechtsgrundsatz hat es schwer in einem Umfeld, in dem Menschen bisher immer den Staat als Feind oder zumindest als Parteigänger empfunden haben und sich eine unabhägige und „gerechte" Rechtskultur erst entwickeln muß.

Die genannten Faktoren zeigen, daß die Voraussetzungen für die erstrebte Koexistenz in Gleichberechtigung und Freiheit, in einem Staat, den die unterschiedlichen Ethnien bejahen und als ihre Heimat erleben können sollen, denkbar ungünstig sind. Die naive Vorstellung, daß mit dem Rückzug der serbisch-jugoslawischen Repressionsinstrumente das friedliche Zusammenleben der Völker im Kosovo möglich würde, erwies sich als Illusion. Diese ernüchternde Analyse sollte nicht zu dem Umkehrschluß führen, ein Miteinander könne nicht doch möglich sein. Allerdings bedarf es hierfür von allen Seiten umfangreichere und langfristigere Anstrengungen, als dies bisher zu verzeichnen ist. Die langfristigen Maßnahmen müssen über die rein technische Befriedung Kosovos und die

---

[2] Die ethnisch-religiöse Dimension des Konflikts ist in Funktion der politischen Dimension (Ablenkung von innerjugoslawischen Konflikten) nur eine von mehreren Faktoren (wirtschaftliche Interessen (Bodenschätze bei Trepca), militärische Aspekte (Sinngebung für die Armee) etc.). Erst nach Ende des Krieges wurde diese zuvor untergeordnete Konflikt-Dimension zunehmend dominant.

Gewährleistung der inneren und äußeren Sicherheit hinausgehen.

Letzteres geschieht zur Zeit durch den Aufbau der politischen, administrativen und sicherheitsrelevanten Rahmenbedingungen, die im Kosovo bei der Zivilverwaltung durch die UNMIK und beim Militär durch die KFOR wahrgenommen werden. Wichtigste Aufgabe nach der Installation der „Protektorats"-Organe ist es, möglichst schnell lokale Gruppen und Individuen in die Verantwortung einzubinden. Dies geschieht durch die Schulung kosovarischer Polizisten, durch das Kosovo-Schutzkorps und im politischen Bereich durch die im Dezember 1999 gebildete Übergangsregierung unter UN-Führung. Zudem sind erste kommunale Wahlen avisiert, um demokratisch legitimierte politische Strukturen zu schaffen.

Im Vorfeld dieser Wahlen findet eine Bevölkerungs-Registrierung statt. Eine objektive Bestandsaufnahme der Bevölkerungsstruktur unter Berücksichtigung dessen, wer wann und wo gewohnt hat und aktuell wohnt, ist für die zukünftige Befriedung Kosovos, für den ethnischen Aussöhnungsprozeß von entscheidender Bedeutung. Vertreibung, Verdrängung und Ansiedlungsprogramme sind im Kosovo seit Jahrzehnten ein Mittel der Politik gewesen. Noch heute wird mit den künstlich erzeugten Siedlungsstrukturen politisch manipuliert. Die derzeitige Registrierung der Bevölkerung, an der sich auch die Menschen beteiligen sollen, die zur Zeit außerhalb Kosovos leben, kann hier erste Klarheit bringen. Ein Register ist technische Voraussetzung für alle Proporzmaßnahmen, Wahlen, Gremien etc. Der unter OSZE-Führung stehende Zensus wurde innerhalb dreier Monate (von Mitte April bis Mitte Juli 2000) abgeschlossen. Problematisch war dabei, daß diese erste Registrierung als Stichtag den 1. Januar 1998 setzte, an dem die Betroffenen im Kosovo ihren Wohnsitz hatten haben müssen. Da die repressive Politik im Kosovo jedoch mindestens seit 1989 zu massiver Abwanderung und Emigration aus unterschiedlichen Gründen geführt hatte, blieben somit viele Kosovoalbaner zunächst unberücksichtigt. Hinzu kommen Statusprobleme der in Deutschland lebenden Albaner. Gerade diese Menschen dürfen, um ihren Status in Deutschland oder anderswo nicht zu gefährden, nicht in das Land ihrer Verfolgung einreisen. Diese Kosovaren befinden sich zur Zeit in dem Dilemma, zwar in ihre Heimat zurückkehren, aber gleichzeitig nicht ganz ihren Anker etwa in Deutschland aufgeben zu wollen, weil nach wie vor Ängste bestehen, es könnte wieder zu einem Krieg kommen.

Politische und gesellschaftliche Normalität kann ohne Aussöhnung nicht gelingen. Und Aussöhnung braucht Verständnis gegenüber dem anderen. Dieses wiederum kann nur über einen längerfristigen Prozeß des kulturellen Kennenlernens und Verstehens erarbeitet werden. Dazu bedarf es folgender Voraussetzungen:

1. Es muß ein serbisches Schuldeingeständnis geben, so wie es auch Bundesaußenminister Joschka Fischer Anfang März 2000 in Prishtina gefordert hatte: Nur so kann glaubwürdige serbische Politik im Kosovo entstehen, die ihrerseits Toleranz einfordert.
2. Es müssen Wahrheitskommissionen gebildet werden, und gleichzeitig muß die juristische Aufarbeitung vorangetrieben werden. Nur so entstehen Wege, früheres Unrecht zu verarbeiten, Entschädigung einzufordern etc. Es ist selbstverständlich, daß ein Kriegsverbrechertribunal und Wahrheitskommissionen Menschenrechtsverstöße ohne Ansehen der Volkszugehörigkeit behandeln müssen.
3. Notwendig ist die gegenseitige Achtung der anderen Kultur und Sprache. Sichtbare Zeichen hierfür sind das Erlernen der anderen Sprache und die Tolerierung der anderen Kultur und Religion. Zur Zeit besteht ein eklatantes Ungleichgewicht: Während

immer noch die meisten Albaner Serbisch sprechen und verstehen können und somit einen Zugang zur serbischen Kultur haben, besteht auf serbischer Seite große Unkenntnis und Unverständnis gegenüber der albanischen Sprache und Kultur. Das Gebot lautet also für die Kosovo-Serben: Sie sollten Albanisch lernen, um ihren Integrations- und Kooperationswillen zu bekunden.

Dies mag unrealistisch erscheinen, aber es ist eine Tatsache, daß früher (noch in den siebziger und achtziger Jahren) viele alteingesessene Serben im Kosovo auch Albanisch sprachen, ebenso wie noch zu Zeiten der Autonomie (1974-1989) die Ortsnamen sowohl Albanisch als auch Serbisch angegeben worden waren. Wer heute den albanischen Namen einer Stadt nennt, gilt schnell als albanischer Nationalist. Das zeigt eine Verzerrung der Realität: Zu den Grundzügen einer kulturellen Autonomie gehört, daß Sprache und Kultur dieser Nation geachtet werden. Das ist bis heute für kaum einen Serben akzeptabel. Dieses „Herrenvolk-Denken" muß abgebaut werden – völlig unabhängig davon, ob der Kosovo künftig Autonome Region, Republik oder unabhängiger Staat sein wird.

Sprache ist der wichtigste und erste Schritt der Integration. Hier sollte die internationale Gemeinschaft viel stärkere Anstrengungen unternehmen, Kurse anbieten und Anreize für Mehrsprachigkeit schaffen. Wer offen Interesse an der Kultur seines Nachbarn zeigt, seine Sprache lernt und seine Perspektive zu verstehen versucht, wird auch in seiner eigenen kulturellen Identität viel eher akzeptiert werden. Die erwünschte Multikulturalität im Kosovo darf keine Einbahnstraße sein. Das Ziel sollte der Aufbau einer gemeinsamen kosovarischen Identität in Vielfalt sein.

Adelheid Feilcke-Tiemann M.A.
Deutsche Welle
Albanische Redaktion/Leitung
Raderberggürtel 50
D-50588 Köln / Deutschland
Tel.: 0221-389-4687
Fax: 0221-389-4690
Email: adelheid.feilcke-tiemann@dw-world.de
Internet: www.dwelle.de

Adelheid Feilcke-Tiemann (geb. 1962): Studium der Musik-, Theater-, Film- und Fernsehwissenschaft und Völkerkunde in Köln; 1989 DAAD-Stipendium in Albanien; 1990 Magister Artium in Musikethnologie; 1991-1993 Aufbaustudium Kulturmanagement an der Hochschule für Musik und Theater Hamburg mit Abschluß als Diplom-Kulturmanagerin; 1983-1984 Zeitungsredakteurin; seit 1992 Aufbau und Leitung der Albanischen Redaktion der Deutschen Welle und zudem seit 1995 Dozententätigkeit in Albanien sowie im Kosovo in der Journalistenfortbildung; seit 1998 regelmäßige Vortragstätigkeit bei der Bundeswehr und der Polizei über südosteuropäische Themen, insbesondere Medien, politische Lage sowie „Land und Leute".

Personenregister

Register of Characters

Aufgeführt werden sowohl Personen der Zeitgeschichte als auch Wissenschaftler, deren Positionen auf den Seiten 13–191 im Haupt- oder Anmerkungstext diskutiert werden.

Bauer, Otto 137 f.
Bedjaoui, Mohammed 118
Berber, Friedrich 106

Capotorti, Francesco 29, 34, 37, 105, 108, 116
Castrén, Erick 123

Deschênes, Jules M. 29

Erler, Georg 107 f.

Fink, Udo 183
Fischer, Joschka 190

Hasselblatt, Werner 143
Huber, Max 104 f.
Hussein, Saddam 183

Jellinek, Georg 108

Koschnick, Hans 187
Kouchner, Bernhard 188
Kozyrev, Andrej 155

Laun, Rudolf 120, 143
Lenin 138

Milosevic, Slobodan 183, 189

Napoleon 24

Päts, Konstantin 144
Pless, Fürst von 105

Renner, Karl 71, 137 f.

Schwarz-Schilling, Christian 187
Semenov, Alexej 150
Smetona, Antanas 76
Stalin 138
Stauffenberg, Ludwig Graf 33
Stephanie, Joachim 22
Stephanie, Matthias 22
Stoel, Max van der 126

Tocqueville, Alexis de 70
Tomuschat, Christian 179

Uibopuu, Henn-Jüri 69

Wilson, Woodrow 26

Zemanek, Karl 107

Sachregister

Register of Deeds

Akt des Wiener Kongresses 25
Albaner 97 f., 115, 174, 188 ff., 191
Albanien 101, 104, 115
Al-Kitab 168
Annexion 44, 175
Apartheid 38
Assimilation 9, 11, 45, 58, 63, 65 f., 80, 82, 116
Asylbewerber 40, 42
Augsburger Religionsfrieden 21 ff.
Auswanderung 22, 65, 151
Autochthone 15, 17, 41, 88
Autonomie 20, 57, 67 ff., 72 f., 78, 80 f., 83, 96 ff., 122 f., 129 f., 138 f., 141, 165, 182, 191

Baltische Staaten 72 f., 76, 101, 104, 133, 147, 151 ff., 155, 175 f.
Barcelona-Traction-Fall 104
Baskenland 68
Belgien 68, 77, 104, 153
Berliner Vertrag von 1878 24 f.
Borti 167
Bosnien-Herzogowina 174 f., 185 ff., 188
Bulgarien 25

Charta der Volksgruppenrechte 33
China 24, 189
Chorzow-Fall 117 ff.

Dajnowa 167
Dänemark 74, 117, 120, 153
Dänen 37, 40, 73, 87
Danzig 108 ff., 110, 124
Deklaration der UN-Generalversammlung vom 18.12.1992 und vom 24.11.1993 29 f.
Deportation 9, 171, 172 ff., 176 ff., 180 ff., 184
Deutschbalten 141, 144
Deutsche in Weißrußland 168 f.

Diskriminierungsverbot 20, 95, 172
Domowina 74
Doppelstaatsangehörigkeit 151

Edikt von Nantes 22
Eigentumsschutz 116 ff.
Estland 76, 133, 137 ff., 140, 147, 151 f.
„ethnische Säuberung" 9, 134, 171, 172 ff., 180, 183, 186
Europäische Charta der Regional- oder Minderheitensprachen 16, 107, 154
Europäische Menschenrechtskonvention (EMRK) 16, 31, 104, 153, 176
- Zusatzprotokoll von 1950 31
Europäische Konvention über Staatsangehörigkeit 152, 154
Europarat 16, 30, 40, 43, 46, 81, 107, 133, 151, 184
Europäische Union 32 ff.

Finnen 147, 150
Finnland 72, 77, 122 f.
Flamen 77
Flüchtlinge 40 f., 43, 131, 151, 161, 185, 187
Foundation on Inter-Ethnic Relations 130 ff.
Frankreich 24 ff., 25, 70
Französische Revolution 23
Friesen 37, 40, 87

Gastarbeiter 40 ff.,
Gebietsplebiszite 89
Gemeinsame Außen- und Sicherheitspolitik der EU (GASP) 59
genuine link 152
Gleichheitsprinzip 23
Griechenland 65, 72
Großbritannien 24 f.

Hugenotten 22

Integration 9, 13 f., 63, 65, 67, 71, 80, 94, 130, 132 ff., 164 f., 168, 181f., 191
Internationale Konvention von Konstantinopel 25
Internationaler Pakt über bürgerliche und politische Rechte 30, 93, 95, 153, 176
Intervention 50, 106, 121, 176
Italien 24, 41
Italiener 87

Juden 69, 141, 144, 148 f., 160 f., 166, 175, 183
Jugoslawien 88, 97, 106, 174 f., 177, 185, 187

Katalonien 68
Kolonisten-Fall 119

Konvention für den Schutz der Minderheiten 30, 154
Konvention über die Rechte des Kindes 30, 154
Kosowo 188 ff.
Kosovo-Konflikt 97
Krim-Tataren 128
Kroaten 174 f., 186
Kroatien 74, 89 f., 127, 174
KSZE/OSZE 32, 42, 57 f.
Kulturautonomie 9, 63, 69, 72 ff., 76, 80 f., 97, 137 ff., 153
Kulturselbstverwaltung 76, 141 ff.

Lappland 77
Letten 148 ff., 161, 169
Lettland 9, 25 f., 76, 127, 133, 135, 141, 147 ff., 152 f., 169
Lia Rumantscha 74
Litauen 9, 25 ff., 76, 147, 167 f.
Litauer 148 ff., 161, 167
Litwinen 165

Mährischer Ausgleich 71 f.
Mazedonien 127, 131, 187
Minderheiten
– Abgrenzungskriterien 35
– Begriff 9, 19 ff., 63, 90 f., 107 ff., 112
– Definition 19 ff., 92, 107 f.
– deutsche Minderheit in Estland 141 ff.
– deutsche Minderheit in Polen 49 ff., 79, 115
– ethnische 23, 36 f., 87, 90, 93, 97
– in Estland 127, 144, 147, 149 f., 153

– in Lettland 127, 147 f.
– in Litauen 147
– in Ungarn 184
– in Weißrußland 157 ff.
– kulturelle 33, 36, 63 f., 66, 130, 157, 182
– Stabilität 41 ff.
– nationale 36, 87, 90, 107, 125 ff., 128, 141, 143, 157, 159
– numerische Inferiorität 34, 37
– objektive und subjektive Kriterien 27
– rassische 36
– religiöse 21 f., 24 ff., 29, 35 ff., 107, 111 f., 115, 157
– Schicksalsgemeinschaft 43, 46, 90
– Solidaritätsgefühl 27, 45 f.
– sprachliche 25 f., 29, 31, 33, 35 ff., 38, 46, 63 f.,106f., 109, 111 ff., 115, 157, 182,
– Zugehörigkeitsgefühl 44 ff.
Minderheitenpolitik 66 f., 69, 80 f., 127, 147 ff.
Minderheitenrechte 9, 20, 43, 91, 93, 126, 130, 132, 153, 172, 175, 179
Minderheitenschulen 46, 52 ff., 73, 78, 11 ff., 114 f., 121
Minderheitenschulenfall 52 ff.
Minderheitenschutz 9, 20, 28, 32, 38, 49 ff., 63 ff., 83 ff., 101 ff., 171 ff.
Minderheitenschutzsystem des Völkerbundes 107, 115 ff., 120 ff.
Minderheitensprache 16, 20, 63, 66, 79, 107, 131 f., 153 f., 182

Nachbarschaftsverträge 57 ff., 184
Niederlande 24, 153
Nottebohm-Fall 152
Nürnberger Religionsfrieden 21

Oberschlesienabkommen 51 ff., 72, 105, 110 f.
Osmanisches Reich 72
Österreich 19, 24 f., 42, 74, 121, 137, 155
Österreicher 37, 143
Österreich-Ungarn 137
Osterweiterung der EU 59
OSZE 32, 81, 125 ff., 186, 190
OSZE-Hochkommissar für Fragen der nationalen Minderheiten 9, 125 ff., 185

Pariser Vertrag von 1856 24 f.
Personalautonomie 20, 57, 69, 72 f., 77 ff.
Personalitätsprinzip 137 ff., 141

Polen 19, 25, 49 ff., 57 f., 63, 79, 101, 105 ff., 109 ff., 121, 148 f., 159 ff., 163 ff., 166, 168
Poleschuken 165
Polnischer Minderheitenschutzvertrag 49 ff., 110
Portugal 25, 153
Preußen 19, 24 f., 71, 166
Protokoll der Londoner Konferenz von 1830 24

Rahmenkonvention für den Schutz der nationalen Minderheiten 30, 107
Recht auf Bildung 20, 95
Recht auf die Heimat 60, 178 f.
Reisefreiheit 20
Religionsfreiheit 20
Resolution des Europäischen Parlaments über die Maßnahmen zu Gunsten der minderheitlichen Sprachen und Kulturen 33
Resolution des Europäischen Parlaments über eine Charta der Rechte der ethnischen Minderheiten 32 f.
Resolution des Europäischen Parlaments über die Sprachen und die Kulturen der regionalen und ethnischen Minderheiten der Europäischen Gemeinschaft 33
Roma 40, 46, 48, 128, 169, 188 f.
Römisches Reich 31 f.
Ruanda 174, 177 f.
Rumänien 26, 72, 110, 127, 159
Rußland 19, 24 f., 138 ff., 151 f., 155, 161 f., 164
Russen 76, 141, 147 ff., 150 f., 153, 155, 160 ff., 164, 168

Sami 77
Sardinien 24
Schleswig-Holstein 73
Schweden 22, 25, 35, 76, 122 f., 141, 149 f.
Schweiz 74
Segregationspolitik 65 ff.
Selbstbestimmungsrecht der Völker
- defensives 88, 90
- offensives 90 ff.
- Subjekt 86 ff.
Selbstverwaltung 20, 69 f., 72, 76 ff., 97 f., 129, 137, 140 f., 143, 153 f., 184
Serben 174 f., 186, 188 f., 191

Serbien 106
Sezession 44, 80, 89 f., 94 f., 98, 129 f.
Sinti 40, 46, 48, 128
Slowakei 127, 132
Slowenen 74 f.
Slowenien 74, 89
Sorben 40, 79
Souveränitätsprinzip 26
Spanien 35, 104
Sprachprüfungen 54 f.
Srpska 185 f.
Staatsangehörigen 46, 107, 108 ff., 111, 115, 150 ff., 163, 176
Staatsangehörigkeit 13, 31, 33 f., 37, 38 ff., 57 f., 87, 91, 109 f., 123, 147 ff., 185, 176
Ständiger Internationaler Gerichtshof 9, 27, 47, 49, 101 ff., 152
Südtirol 68
Szekler 72

Tataren 128, 160, 167 f.
Territorialautonomie 57, 68 f., 72 f., 82, 129
Territorialitätsprinzip 137 ff.
Tientsin, Vertrag von 24
Tschechen 71
Tschechoslowakei 106, 110, 132, 184
Türkei 24 ff., 41, 159
Türken 65, 128, 153, 189

Ukraine 74, 127, 136, 159, 164 ff.
Ukrainer 148 ff., 160, 164 ff.
Umsiedlung 46, 56 f., 144, 157 f.
UN-Ausschuß für Menschenrechte 93
UNESCO-Konvention gegen die Diskriminierung im Unterrichtswesen 30
UNESCO-Konvention über die Kinderrechte 30
Ungarn 24 f., 78 f., 106, 121, 127, 184 f.
UNO 27 ff., 31, 39
uti-possidetis-Regel 88 f.

Versailler Vertrag von 1919 25, 49, 51, 117 ff.
Vertrag, deutsch-polnischer 57 ff.
Vertreibung 9, 44, 56 f., 94, 171 ff.
Vertreibungsverbot 96
Völkerbund 25 f., 49 ff., 54 ff., 103 ff., 112 ff., 120 ff., 144
- Volksgruppenschutzsystem 55 ff.
Völkermord 173, 177, 183
Völkermordkonvention 96

Volksgruppe 15 f., 20, 24, 33, 37 f., 41 ff., 49 ff., 63 ff.
Volkssouveränität 23 ff.

Wallonen 77
Weißrussen 148 ff., 161 ff.
Weißrußland 9, 157 ff.

Westfälischer Friede 22 f.
Wiener Kongreß 19, 25, 32
Wiener Schlußakte 19
Wiener Vertrag 24

Zession 44, 118, 120
Zessionar 117

Abkürzungsverzeichnis

List of Abbreviations

A	Dokument der UN-Generalversammlung
AJIL	American Journal of International Law
AVR	Archiv für Völkerrecht
AWR	Forschungsgesellschaft für das Weltflüchtlingsproblem
BGB	Bürgerliches Gesetzbuch
BGBl.	Bundesgesetzblatt
BT-Drs.	Bundestags-Drucksache
BVFG	Bundesvertriebenen- und Flüchtlingsgesetz
CN	Dokument einer Kommission des UN-Wirtschafts- und Sozialrates
DDR	Deutsche Demokratische Republik
E/+Zahl	Nummer eines Dokuments des UN-Wirtschafts- und Sozialrates
E/CN.4+Zahl	Nummer eines Dokuments der UN-Kommission für Menschenrechte
EMRK	Europäische Menschenrechtskonvention
EPIL	Encyclopedia of Public International Law
EU	Europäische Union
EuGH	Gerichtshof der Europäischen Gemeinschaften
EuGRZ	Europäische Grundrechte-Zeitschrift
FVV	Friedensvertrag von Versailles
HRLJ	Human Rights Law Journal
HStR	Handbuch für Staatsrecht
ICJ	International Court of Justice
IGH	Internationaler Gerichtshof
ILM	International Legal Materials
ILO	International Labor Organization
IPBPR	Internationaler Pakt über bürgerliche und politische Rechte
KFOR	NATO-led International Force Responsible for Establishing a Security Presence in Kosovo
KSZE	Konferenz für Sicherheit und Zusammenarbeit in Europa
LNTS	League of Nations Treaty Series

NATO	North Atlantic Treaty Organisation
OSA	Oberschlesienabkommen
OSZE	Organisation für Sicherheit und Zusammenarbeit in Europa
ÖZöR	Österreichische Zeitschrift für öffentliches Recht
PCIJ	Publications of the Permanent Court of International Justice
PMV	Polnischer Minderheitenschutzvertrag
RdC	Recueil des Cours
Res.	Resolution
RGBl.	Reichsgesetzblatt
SFOR	Stabilization Force
StIGH	Ständiger Internationaler Gerichtshof
UdSSR	Union der Sozialistischen Sowjetrepubliken
UN	United Nations
UN-Doc. A/Conf.	Nummer eines Konferenzdokuments der UN-Generalversammlung
UN-Doc. E/CN.4	Nummer eines Dokuments der UN-KommiSsion für Menschenrechte
UNO	United Nations Organization
UNTS	United Nations Treaty Series
VBS	Satzung des Völkerbunds
VwGO	Verwaltungsgerichtsordnung
WdVD	Wörterbuch des Völkerrechts und der Diplomatie
WGO	Monatsheft für osteuropäisches Recht
YBILC	Yearbook of the International Law Commission
ZaöRV	Zeitschrift für ausländisches öffentliches Recht und Völkerrecht
ZPO	Zivilprozeßordnung

Forschungsergebnisse
der Studiengruppe für Politik und Völkerrecht

ISSN 1434-8691
Die Bände erscheinen durchgehend im Format 24 x 17 cm

Band 32:
Dieter Blumenwitz: Positionen der katholischen Kirche zum Schutz von
Minderheiten und Volksgruppen in einer internationalen Friedensordnung
2000, 175 Seiten, Broschur, ISBN 3-8046-8886-1   16,- EUR

Band 31:
Gilbert H. Gornig: Territoriale Entwicklung und Untergang Preußens
Eine historisch-völkerrechtliche Untersuchung
2000, 374 Seiten, Broschur, ISBN 3-8046-8885-3   24,- EUR

Band 29:
Dietrich Murswiek: Das Wiedervereinigungsgebot des Grundgesetzes und die
Grenzen der Verfassungsänderung. Zur Frage nach der Verfassungswidrigkeit
der wiedervereinigungsbedingten Grundgesetzänderungen
1999, 75 Seiten, Broschur, ISBN 3-8046-8871-3   10,- EUR

Band 27:
Dieter Blumenwitz: Interessenausgleich zwischen Deutschland und den östlichen
Nachbarstaaten. Die deutsch-tschechische Erklärung vom 21. Januar 1997
1998, 168 Seiten, Broschur, ISBN 3-8046-8854-3   16,- EUR

Band 26:
Otto Luchterhandt: Nationale Minderheiten und Loyalität
1997, 149 Seiten, Broschur, ISBN 3-8046-8836-5   14,- EUR

Band 25:
Dietrich Murswiek: Peaceful Change. Ein Völkerrechtsprinzip?
1998, 116 Seiten, Broschur, ISBN 3-8046-8853-5   12,- EUR

Band 24:
Dieter Blumenwitz: Internationale Schutzmechanismen zur Durchsetzung
von Minderheiten- und Volksgruppenrechten
1997, 242 Seiten, Broschur, ISBN 3-8046-8840-3   24,- EUR

Band 21:
Boris Meissner: Die Sowjetunion und Deutschland von Jalta bis zur
Wiedervereinigung. Ausgewählte Beiträge
1995, 207 Seiten, Broschur, ISBN 3-8046-8826-8   20,- EUR

Band 18:
Wolfgang Seiffert: Die Verträge zwischen Deutschland und seinen
östlichen Nachbarn
1994, 96 Seiten, Broschur, ISBN 3-8046-8821-7   10,- EUR

Verlag Wissenschaft und Politik
Pf. 25 01 50 • D-50517 Köln / Deutschland
Tel. 0221-2196490 • Fax 0221-2196491• helker.pflug@t-online.de

Staats- und völkerrechtliche Abhandlungen der Studiengruppe für Politik und Völkerrecht

ISSN 1434-8705
Die Bände erscheinen durchgehend im Format 24 x 17 cm

Band 19:
Ein Jahrhundert Minderheiten- und Volksgruppenschutz
Hrsg. von Dieter Blumenwitz, Gilbert H. Gornig und Dietrich Murswiek
2001, 200 Seiten, Broschur, ISBN 3-8046-8887-X   18,- EUR

Band 18:
Fortschritte im Beitrittsprozeß der Staaten Ostmittel-, Ost- und Südosteuropas zur Europäischen Union
Hrsg. von Dieter Blumenwitz, Gilbert H. Gornig und Dietrich Murswiek
1999, 171 Seiten, Broschur, ISBN 3-8046-8869-1   18,- EUR

Band 17:
Rechtsanspruch und Rechtswirklichkeit des europäischen Minderheitenschutzes
Hrsg. von Dieter Blumenwitz, Gilbert H. Gornig und Dietrich Murswiek
1998, 176 Seiten, Broschur, ISBN 3-8046-8857-8   16,- EUR

Band 16:
Der Beitritt der Staaten Ostmitteleuropas zur Europäischen Union und die Rechte der deutschen Volksgruppen und Minderheiten sowie der Vertriebenen
Hrsg. von Dieter Blumenwitz, Gilbert H. Gornig und Dietrich Murswiek
1997, 196 Seiten, Broschur, ISBN 3-8046-8838-1   16,- EUR

Band 15:
Der Schutz von Minderheiten- und Volksgruppenrechten durch die Europäische Union. Hrsg. von Dieter Blumenwitz und Gilbert Gornig
1996, 190 Seiten, Broschur, ISBN 3-8046-8834-9   18,- EUR

Band 14:
Rechtliche und politische Perspektiven deutscher Minderheiten und Volksgruppen. Hrsg. von Dieter Blumenwitz und Gilbert Gornig
1995, 164 Seiten, Broschur, ISBN 3-8046-8830-6   16,- EUR

Band 13:
Aktuelle rechtliche und praktische Fragen des Volksgruppen- und Minderheitenschutzrechts
Hrsg. von Dieter Blumenwitz und Dietrich Murswiek
1994, 153 Seiten, Broschur, ISBN 3-8046-8814-4   14,- EUR

Band 12:
Minderheiten- und Volksgruppenrechte in Theorie und Praxis
Hrsg. von Dieter Blumenwitz und Gilbert Gornig
1993, 112 Seiten, Broschur, ISBN 3-8046-8802-0   12,- EUR

Band 11:
Fortentwicklung des Minderheitenschutzes und der Volksgruppenrechte in Europa. Hrsg. von Dieter Blumenwitz und Hans von Mangoldt
1992, 152 Seiten, Broschur, ISBN 3-8046-8787-3   14,- EUR

Band 10:
Neubestätigung und Weiterentwicklung von Menschenrechten
und Volksgruppenrechten in Mitteleuropa
Hrsg. von Dieter Blumenwitz und Hans von Mangoldt
1991, 120 Seiten, Broschur, ISBN 3-8046-8779-2　　　　　　　　12,- EUR

Band 9:
Menschenrechtsverpflichtungen und ihre Verwirklichung im Alltag.
Hrsg. von Dieter Blumenwitz und Hans von Mangoldt
1990, 126 Seiten, Broschur, ISBN 3-8046-8757-1　　　　　　　　12,- EUR

Band 8:
40 Jahre Bundesrepublik Deutschland. Verantwortung für Deutschland
Hrsg. von Dieter Blumenwitz und Gottfried Zieger
1989, 99 Seiten, Broschur, ISBN 3-8046-8734-2　　　　　　　　10,- EUR

Band 7:
Die deutsche Frage im Spiegel der Parteien
Hrsg. von Dieter Blumenwitz und Gottfried Zieger
1989, 192 Seiten, Broschur, ISBN 3-8046-8724-5　　　　　　　　18,- EUR

Band 6:
Das deutsche Volk und seine staatliche Gestalt
Hrsg. von Dieter Blumenwitz und Gottfried Zieger
1988, 142 Seiten, Broschur, ISBN 3-8046-8710-5　　　　　　　　14,- EUR

Band 5:
Menschenrechte und wirtschaftliche Gegenleistungen. Aspekte ihrer völkerrechtlichen Verknüpfungen. Hrsg. von Dieter Blumenwitz, Gottfried Zieger
1987, 104 Seiten, Broschur, ISBN 3-8046-8700-8　　　　　　　　10,- EUR

Band 4:
Die Überwindung der europäischen Teilung und die deutsche Frage
Hrsg. von Dieter Blumenwitz und Boris Meissner
1986, 144 Seiten, Broschur, ISBN 3-8046-8670-2　　　　　　　　14,- EUR

Band 3:
Staatliche und nationale Einheit Deutschlands - ihre Effektivität
Hrsg. von Dieter Blumenwitz und Boris Meissner
1984, 167 Seiten, Broschur, ISBN 3-8046-8637-0　　　　　　　　14,- EUR

Band 2:
Das Selbstbestimmungsrecht der Völker und die deutsche Frage
Hrsg. von Dieter Blumenwitz und Boris Meissner
1984, 156 Seiten, Broschur, ISBN 3-8046-8626-5　　　　　　　　16,- EUR

Band 1:
Staatliche Kontinuität unter besonderer Berücksichtigung der Rechtslage
Deutschlands. Hrsg. von Boris Meissner und Gottfried Zieger
1983, 149 Seiten, Broschur, ISBN 3-8046-8622-2　　　　　　　　14,- EUR

Verlag Wissenschaft und Politik
Pf. 25 01 50 • D-50517 Köln / Deutschland
Tel. 0221-2196490 • Fax 0221-2196491 • helker.pflug@t-online.de

Bibliothek Wissenschaft und Politik

Stefan Luft:
Mechanismen, Manipulation, Mißbrauch
Ausländerpolitik und -integration in Deutschland
2002, 211 Seiten, ISBN 3-8046-8842-X, 20,- EUR

Wohin steuert die Osteuropaforschung?
Hrsg. von der Redaktion der Zeitschrift „Osteuropa"
2000, 281 Seiten, ISBN 3-8046-8888-8, 20,- EUR

Thomas E. Fischer:
Geschichte der Geschichtskultur
Über den öffentlichen Gebrauch von Vergangenheit
2000, 235 Seiten, ISBN 3-8046-8855-1, 24,- EUR

Sozialgeschichte der baltischen Deutschen
Hrsg. von Wilfried Schlau
2000, 294 Seiten, ISBN 3-8046-8876-4, 20,- EUR

Sung-Wan Choi:
Von der Dissidenz zur Opposition
Die politisch alternativen Gruppen in der DDR
1999, 238 Seiten, ISBN 3-8046-8839-X, 24,- EUR

Verlag Wissenschaft und Politik
Postfach 25 01 50 • D-50517 Köln / Deutschland
Tel. 0221-2196490 • Fax 0221-2196491 • helker.pflug@t-online.de